분단시대
탈경계의 동학
탈북민의 이주와 정착

신효숙 지음

지식과 문화

분단시대 탈경계의 동학: 탈북민의 이주와 정착

제1쇄 펴낸 날 2023년 11월 7일

지은이 신효숙
펴낸이 박선영
주 간 김계동
디자인 전수연
교 정 김유원

펴낸곳 명인문화사
등 록 제2005-77호(2005.11.10)
주 소 서울시 송파구 백제고분로 36가길 15 미주빌딩 202호
이메일 myunginbooks@hanmail.net
전 화 02)416-3059
팩 스 02)417-3095

I S B N 979-11-6193-076-3
가 격 18,000원

ⓒ 명인문화사

지식과 문화

분단시대 탈경계의 동학
탈북민의 이주와 정착

신효숙 지음

목차

|

도해목차

서문

1990년 한소수교는 냉전의 종식을 알리는 세기적 사건이었다. 소련의 개방과 동시에 필자에게 소련 땅을 밟을 기회가 주어졌다. 그런데 한반도 분단과 냉전체제의 한 축이었던 사회주의 종주국 소련은 수교 1년 만에 지구상에서 사라졌다. 체제전환 과정에서 계획경제가 마비되고 배급체계가 한 순간에 붕괴됐다. 상점은 텅텅 비고 생필품을 구하기 위한 생계 줄은 길어만 갔다. 신흥부자가 출현하면서 사회의 양극화는 심화되고 대다수 국민들은 상대적 박탈감에 분노하고 좌절했다.

다수의 전문가들은 북한도 그렇게 붕괴될 것으로 전망했다. 빗나간 진단은 아니었다. 소련의 해체가 북한사회에 던지는 충격은 적지 않았다. 러시아와의 무역거래 방식이 경화결재로 바뀌면서 석유, 원자재 등의 수입이 급감했다. 게다가 1994년 김일성 주석의 사망과 김정일로의 정권이양, 자연재해, 경제난이 겹치면서 '고난의 행군'이 시작됐다. 수많은 주민들이 굶어 죽고 탈북 난민이 대량으로 발생했다.

필자는 러시아 현지에서 격동기의 변화를 온몸으로 체감하면서 북한 급변사태 시 통일한국을 준비하는 마음으로 박사논문을 집필했다. 1998년 '소련군정기 북한의 교육정책'을 주제로 논문을 마무리하고 대학 강단에 섰다. 한번은 북한사회에 대한 심층적인 이해를 위해 탈북민을 특별강사로 초빙했다. 그는 30분이나 지각하고도 전혀 미안해하는 기색이 없었다. 그때는 전력난과 교통수단 미비로 약속을 제때에 지킬 수 없었던 북한주민의 일상습관을 이해할 수 없었다. 사소한 습관 하나라도 통일과정에서 결코 간과해서는 안 될 요소임을 실감했다. 이제까지 통일교육이라는 거대한 담론에 천착해 북한주민들의 정서와 일상에 대해 무지했음을 자성했다. 이러한 고민과 성찰을 반복하면서 탈북민과 함께하는 일터에서 실천적·경험적인 연구와 교육을 병행할 수 있었다. 한국교육개발원의 탈북청소년교육지원센터와 통일부 산하 남북하나재단에서 창립 멤버로 일하게 된 배경이다.

탈북청소년교육지원센터에서는 탈북학생의 학교 중도탈락이 높았던 시기에 이들의 학교적응을 위해 학습지원, 진로진학 지도 등 자료개발과 지원시스템을 마련하는 데 심혈을 기울였다. 탈북학생 지도교사와 관리자를 대상으로 연수 프로그램을 개발하고 교육을 실시하는데 주력했다. 또한, 탈북학생의 학교적응을 도와주기 위해 북한 교사 출신 탈북민을 전담 코디네이터로 선발해 학교나 복지관에 파견하는 사업을 착수했다. 2013년부터는 학교에 파견하는 14명 전원을 북한 교사 출신으로 교체함으로써 오늘날의 '통일전담 교육사'로 확대 운영되고 있다. 이들은 탈북학생들의 학교 적응에 기여하고 자신들도 교원 경험을 통해 남북 교원통합의 초석을 다지는 역할을 수행할 수 있게 됐다.

남북하나재단에서는 남북한 직장인이 함께 일하는 '작은 통일'을 경험하는 일상이었다. 탈북민의 한국사회 정착을 지원하는 공공기관으로서 전체 직원의 28% 정도가 북한 출신이다. 남북한 직장인이 함께 일상을 나누는 시간은 문화충격에 의한 어려움도 있지만 새로운 경험을 공유하는 기쁨도 적지 않았다. 코로나19 팬데믹 시기에는 자주 도시락을 싸 와서 함경도 향토음식인 가자미식해도 맛볼 수 있었다. 생각만 해도 군침이 도는 그때의 그 맛이다. 남북한 직원 간 상호 보완적인 업무영역도 적지 않았다. 재단업무의 성격상 탈북민의 한국사회 정착과정에서 발생한 민원이 폭주했다. 남한 출신 직원들이 기피하는 업무영역이다. 그러나 북한 출신 직원들은 탈북민의 고충을 너무도 잘 이해하기에, "나도 북에서 왔다. 당신들의 어려움과 고충을 이해한다"라고 말문을 열기 시작하면, 큰소리치던 탈북 민원인들이 잠잠해지곤 했다.

남북하나재단의 탈북민 지원업무는 북한 출신 직원에게는 자신의 한국생활 적응경험을 전수하는 것이요, 나아가 북한의 가족과 함께 살아갈 날을 고대하면서 통일을 준비하는 의미와 가치를 갖는 것이다. 물론, 재단에서 남북한 직원이 함께 일한다는 것은 오해와 갈등의 경험도 동반한다. 자주 부딪치는 문제로는 남북한의 언어와 생활방식의 차이에서 기인한다. 남한 직원들은 북한 직원의 직설적인 발언에 익숙하지 않아 당황하는 경우도 있다. 이렇게 남북한 주민들은 접촉경험 속에서 서로 영향을 주고받으며 함께 성장하는 것이다. 갈등은 가정, 직장, 지역, 국가 간에도 항상 존재한다. 직장에서 '작은 통일'을 일상적으로 경험하면서 갈등은 '남북'의 문제이면서 동시에 '남남'의 문제임을 인지했다. 오히려 남남 갈등이 더 복합적이며 고질적으로 얽혀 있음을 알게 됐다.

탈북민들은 '통일아미'의 첨병이나 다름없다. 방탄소년단(BTS)이 아미(Army)와의 자발적 연대가 가능했던 것은 BTS 멤버들의 메시지가 누구나 공감할 수 있는 자신들의 삶에서 우러나온 스토리텔링이 있었기 때문이다. "세상의 불평등과 폭력을 용인하지 말자! 자신을 사랑하자! 더 나은 세상을 위해 함께하자!"라는 RM의 유엔총회 연설이 세계인의 심금을 울렸다. 전 세계의 15억 명 청각장애인들은 BTS의 '퍼미션 투 댄스(Permission to Dance)'의 '수어(手語) 안무'를 보면서 장애에도 불구하고 음악을 함께 즐길 수 있음에 감격했다. 이렇듯 탈북민도 자신만이 간직한 삶의 스토리텔링을 통해 '통일'이라는 거대담론을 전 세계에 전파할 수 있다. 그 누구도 '먼저 온 통일', '통일미래', '통일의 역군' 임은 부인할 수 없다. 이들은 고난과 고통의 삶을 통일에 있어 자신의 역할과 소명으로 승화시켜야 한다는 점에서 '통일아미'의 아이콘이다.

제2차 세계대전 이후 지구상에 마지막 남은 한반도의 분단은 한민족의 의지만으로는 극복될 수 없다. 분단이 주변 열강에 의해 강제됐듯이 통일도 국제사회의 협력이 필요하다. 전 세계인이 다 함께 통일을 위한 아미여야 할 이유가 바로 여기에 있다. 인위적인 아미 군단은 확장력을 가질 수 없다. BTS의 아미처럼 자발적이어야 한다. 최근 3만 4,000명의 탈북민 중에서 작가, 연구자, 유튜버들이 다양한 SNS를 통해 북한 생활, 탈북과정, 한국생활 정착 등 자신들의 삶의 경험과 생각을 잔잔히 풀어내고 있다. 이들은 자신처럼 고난과 역경을 겪은 다른 탈북민과 자녀들, 그리고 북한 주민들에게 희망과 용기를 주고자 한다. 북한땅은 자신이 태어나고 자란 고향으로서 언젠가는 가고 싶은 곳, 가야 하는 곳이기에 통일은 이들에게 간절한 소망일 수밖에 없다.

전 세계 통일아미들도 이념과 편견의 마스크를 벗고 탈북민과 함께 춤추는 통일팬덤의 그날을 준비해야 할 것이다.

필자는 소련 해체 직후 격동기에 사회주의체제하에서 살아온 러시아 주민들의 삶의 현장을 직접 목격하고, 한국에서는 북한학을 연구하고 강의하며 작은 통일의 현장에서 탈북민들과 동고동락했다. 졸저는 지난 30여 년간 사회주의 국가들의 삶의 현장과 아카데미 속에서 지득한 통일교육의 이론적 배경과 탈북 업무의 현장경험이 녹아져 있다. 탈북민은 한국 현대사에서 분단의 고통을 통해 통일의 절실함을 일깨우는 희망의 등촛임을 새삼 느꼈다. 통일의 그 날은 그냥 오지 않는다. 남북한 주민 모두가 더불어 살아갈 미래를 함께 공유하고 준비해 나가야 한다. 지금까지 통일의 여정을 함께 하며 이 글을 꼼꼼히 읽고 의견을 준 남편 박종수 박사와 부모 따라 해외를 전전하면서 마음고생이 많았던 아들과 딸에게 고마움을 전한다. 남북하나재단에서 '작은 통일'의 경험을 함께 나눴던 동료 직원들, 신우회 회원들과도 '작은 성취'의 기쁨을 함께 나누고 싶다. 끝으로 졸저를 기꺼이 출간해준 명인문화사 박선영 대표를 비롯한 직원 모두에게 감사드린다.

저자 신효숙

서론

이 책은 탈북민의 탈북과 이주, 한국사회 정착과정, 남북한 주민의 접촉과 갈등, 통일사회를 만드는 데 있어 한국인과 탈북민의 역할과 가능성을 다각도로 살펴보고 이해하는 데 도움이 되고자 했다. 일반적으로 탈북민에 대한 연구는 일정한 관점이나 시각으로 특정 주제나 내용을 다루고 있다. 한국사회에 정착한 탈북민은 그들의 숫자만큼 스토리텔링을 가지고 있다 할 정도로, 개개인은 각기 다른 독특한 경험을 가지고 있다. 탈북민의 탈북과 정착에 대한 이해는 보편적이면서도 일반적인 특성뿐만 아니라 개개인의 삶에 대한 다양성과 독특성을 간과해서는 안 될 것이다.

이와 관련해서 필자가 주목하고자 했던 점은 다음과 같다. 우선 체제구조적 관점, 거대담론도 중요하지만, 그 안에서 살아가고 있는 탈북민 개인의 욕구와 생각, 삶이라는 미시적 측면에도 주목하고자 했다. 탈북민의 북한-중국-한국으로의 경계넘기와 이주, 정착에는 체제와 구조적 작동원리가 강력하게 영향을 미칠 수밖에 없었다. 동시에 북한생활, 탈북과 중국 유랑, 한국사회 정착과 자립의 과정에는 탈북민 개인의 동기와 의지, 고난과 회복력, 문제해결과 관계형성 능력, 정착의지와 노력 등 개인적 차원의 미시적 측면이 작동하고 있다는 점이다.

둘째로, 기존의 탈북민 연구가 피해자, 수동적 관점에서 접근하는 경향이 있었다면 적극적이며 주체적인 존재로도 인식되어야 한다는 점이다. 일반적으로 탈북민에 대한 내러티브는 북한에서의 경제난과 아사, 중국에서의 인신매매와 성폭력, 북송 시 겪는 인권 침해, 한국사회에서의 심리정서적 부적응과 트라우마, 탈남과 재입국 등 고통을 겪고 도움을 기다리는 수동적인 희생자로 정형화되는 경향이 있었다. 그러나 이러한 고난과 역경에도 불구하고 상당수의 탈북민은 자신의 고난의 역사를 당당하게 직면하고 스스로의 삶을 개선해 가는 주체임을 드러내고 있다. 이들은 외상후 성장을 통해서 한국사회의 민주시민으로 살아가는 존재이기도 하다. 더 나아가 이들은 고난과 고통의 삶을 오히려 북한과 한국을 연결하는 통일역군으로서 자신의 역할로 승화시키고 있다.

셋째로, 탈북민의 한국사회 정착은 정부, 민간, 탈북민의 세 요소가 조화롭게 역할과 기능을 담당할 수 있어야 한다는 점이다. 정부 차원에서의 지원제도가 아무리 잘 마련되어도 탈북민 본인의 정착의지나 노력이 수반되지 않는다면 효과를 발휘할 수 없다. 정부 차원에서는 탈북민의 자립과 자활에 필요한 정착지원정책과 지원제도를 마련하고 개개인이 체감할 수 있는 현장 지원서비스를 실시해 나가야 한다. 이러한 정부 정책은 지역, 단체, 소집단 차원의 민간의 역할과 연결되어야 정착지원이 보다 효과를 발휘할 수 있다. 특히 민간의 역할에 있어서 선주민인 한국인은 탈북민의 이웃으로서, 심리정서적 지지자로서의 역할이 중요하다. 여기에 탈북민 본인의 정착의지와 노력이 결합될 때 성공적 정착의 시너지를 발휘할 수 있다.

넷째로, 남북주민 통합은 탈북민의 인식과 한국인의 인식을 함께 바라보며 상호 해결할 과제를 모색해야 한다는 것이다. 탈북민과 한국인의 통합은 탈북민이 우리 사회에 적응하고 정착하는 것만으로 해결되는 문제가 아니다. 우리 사회에는 탈북민이 느끼는 편견과 차별, 남한주민의 탈북민에 대한 부정적 인식은 증가하고 있다. 이러한 사회구조적 배경에는 한반도 분단체제와 이로 인한 남북한의 상이한 가치교육과 교육경험이 내재해 있다. 남북한 주민의 내적 통합을 위해서는 선주민인 한국인의 인식 변화가 중요하다.

한국인이 탈북민을 편견과 차별, 동정과 관용의 대상으로부터 '공감'과 '환대'로 전환하기 위한 방법들, 남북주민의 내적통합을 위한 방안을 모색해야 함을 제시했다.

이 책은 크게 3부분으로 구성된다. 제1부 '탈북의 동기와 과정'에서는 탈북민들의 탈북 동기, 탈북 유형 및 탈북 과정을 다루었다. 제2부 '탈북민들의 한국사회 정착'에서는 한국정부의 탈북민 정착지원정책과 제도, 탈북민들의 자립 정착의 성공사례와 장애요인, 탈북민들의 문화적·심리적 부적응 문제에 대해 고찰했다. 제3부 '탈북민과 한국인의 사회통합 과제'에서는 한국사회에서 탈북민의 정체성 및 남북한 주민의 상호인식과 갈등을 살펴보고, 남북한 통합에 있어 한국사람들의 역할 및 탈북민의 역할과 가능성을 제시했다. 장별로 세부 내용을 살펴보면 다음과 같다.

2장 '탈북의 의미와 동기'에서는 탈북의 동기가 정치적, 체제구조적 요인뿐만 아니라 경제적, 가족 및 개인적 동기에 이르기까지 다양화되고 있음을 설명한다. 탈북의 동기는 일차적으로 사회주의권의 몰락과 자연재해가 겹치면서 식량난이라는 경제적 위기에서 시작되어 북한체제에 대한 환멸과 불만이라는 정치적 요인으로 나타났다. 이들의 탈북 동기가 북한 독재정권의 탄압이나 정치범으로 생명의 위협을 받는 등 난민적 속성을 지니고 있지만 식량을 구하거나 돈을 벌기 위해 중국에 체류하는 등 경제적 난민이라는 이주적 속성도 가지고 있다. 이와 관련해, 탈북의 의미와 동기를 어떻게 바라보고 이해할 것인지에 대한 질문이 제기되고 있다. 따라서 탈북자들을 난민 또는 이주민으로 볼 것인지에 대한 논의를 우선 분석하고, 북한체제의 탄압과 식량난을 피해 탈북한 난민이라는 단순한 논리를 넘어서 다변화되고 있는 탈북의 동기와 탈북의 의미를 살펴보고자 한다.

3장 '탈북 과정'에서는 북한을 이탈하여 해외 유입과 유랑을 거쳐 한국 입국까지의 탈북 유형과 탈북 과정을 고찰하고자 한다. 일반적으로 알려진 탈북 유형은 중국 및 제3국을 통한 탈북, 해외 거주 시 탈북, 휴전선이나 해상 경로를 통한 탈북이다. 탈북 유형에서 특히 중국을 경유한 탈북 과정은 국제사회의 인권문제로 제기되고 있다. 북중 국경을 넘는 순간에 밀입국자나 불법체류자라는 최악의 신분으로 전락해 인신매매, 성매매, 노동력 착취, 멸시와 폭력 등 심각한 인권유린을 당하게 된다. 따라서 북한을 이탈한 후 해외에 체류하고 있는 탈북자 현황, 중국 거주 탈북여성의 체류과정과 인권 문제, 북한 및 중국의 탈북자 정책 및 기타 주변국과 국제사회의 탈북자 정책을 살펴보고자 한다. 특히 탈출과정에서 겪은 트라우마가 일시적 현상에 그치는 것이 아니라 이후 이들의 삶에 지속적으로 영향을 주는 인간의 존엄성 문제임을 지적하면서 실질적인 인권 향상을 위한 국내외적 정책이 필요함을 강조했다.

4장 '탈북민 정착의 체계화'에서는 탈북민이 한국사회에 정착하는 과정을 정부의 정착지원제도와 탈북민의 자립이라는 관점에서 고찰하고자 한다. 탈북민이 한국에 입국하면 우리 국민으로서 사회정착에 필요한 다양한 지원제도를 마련하고 있다. 이와 관련하여 탈북민 정착지원에 대한 개념과 시각의 변화, 통일부를 중심으로 한 정착지원정책과 제도의 내용과 특징이 무엇인지 분석하고자 한다. 하나원의 사회적응교육을 포함해 통일부가 중심이 된 정착지원체계의 기능과 역할을 분석하여 최근 정착지원체계의 논쟁점과 발전 방향을 짚어 볼 것이다. 정착지원의 일차 목표는 탈북민의 자립자활이다. 정착과 자립에 성공한 다양한 사례들이 있는 가운데 이를 방해하는 장애요인도 공존하고 있다. 지원제도, 교육자본 등을 활용해 성공한 사례의 배경에는 탈북민 자신들이 주어진 상황과 자신의 삶을 주도적으로 만들어가는 이들의 주체적인 역량, 임파워먼트에 주목할 필요가 있다. 그리고 탈북민의 한국사회 정착을 위해 정부, 민간, 탈북민이 함께 협력하여 이루어야 할 자립자활의 과제를 살펴보고자 한다.

5장 '탈북민의 한국사회 정착과 부적응'에서는 탈북민의 한국사회 정착과 적응의 어려움에 대해 고찰하고자 한다. 탈북민이 겪은 재북 및 탈북 과정에서의 강한 스트레스와 트라우마 경험이 한국사회 적응에 큰 영향을 미치고 있다.

한국 입국 초기에 개인별로 정도의 차이는 있지만, 새로운 환경에서 불안, 우울, 낮은 자긍심, 정체성 혼란 등 문화적응 스트레스를 경험하고 있다. 북한체제 및 탈북 과정에서의 생존 트라우마, 한국사회 정착과 심리정서적 부적응 문제, 이러한 부적응과 트라우마를 극복하고 적응 능력을 높이기 위해 필요한 과제가 무엇인가를 분석하고자 한다. 또한, 탈북민에게 있어서 가족은 탈북과 이주, 재정착 과정에서 삶을 지탱해주는 원천이면서도 정착을 어렵게 하는 장애요인이기도 하다. 탈북가족의 구성 실태, 탈북가족의 해체와 재결합, 복합가정의 문제점, 탈북자녀 대상 교육지원체계와 내용, 탈북청소년 교육의 과제에 대해 살펴보고자 한다. 또한, 대다수 탈북민들은 한국사회에 정착하여 뿌리를 내리고 있지만, 일부 탈북민은 부적응과 불만을 넘어 탈남이라는 새로운 이동을 시도하였다. 특히 탈북과 탈남의 문제를 초국적 자본을 활용해 더 나은 삶의 기회를 찾아 이동하는 거시적 관점에서도 짚어 보았다.

6장 '남북주민 접촉의 갈등과 포용'에서는 남북한 주민의 접촉과정에서 보이는 갈등 현상을 다각적으로 분석하여 탈북민과 한국인의 사회통합 문제에 대해 고찰하고자 한다. 정부 차원에서 탈북민 사회통합을 정책으로 표방하고 있음에도 불구하고 탈북민이 느끼는 편견과 차별, 한국인의 부정적 인식은 증가하고 있다. 갈등의 기저에는 한반도 분단체제가 놓여 있다. 분단체제와 마음의 분단은 어떤 관계를 맺고 있는지, 분단의식이 탈북민에 대한 부정적 인식에 어떻게 연결되는지를 분석하고자 한다. 또한, 남북한 주민의 접촉에서 상호인식의 차이와 갈등, 탈북민이 한국사회 정착 과정에서 경험하고 느끼는 어려움으로서 언어와 생활문화의 차이, 경제생활 및 민주시민 인식의 차이 등도 짚어 보고자 한다. 탈북민에 대한 시선과 갈등은 배려와 동정의 대상에서 출발해 적개심과 혐오의 실체에 이르기까지 폭넓은 스펙트럼으로 인식되고 있다. 따라서 탈북민이 한국사회 적응의 어려움에도 불구하고 다양한 인정투쟁을 통해 자신의 정체성을 어떻게 재구성하고 있는지, 한국인들이 탈북민을 동정과 관용의 대상에서 공감과 환대로 맞이하기 위해 어떻게 해야 하는지, 남북주민의 통합을 위한 방안은 무엇인지 살펴보고자 한다.

7장 '정착, 통합, 한반도 통일'에서는 한반도 통일과 민족통합에 있어서 탈북민의 역할과 가능성을 고찰하고자 한다. 한반도 통일과 민족통합의 관점에서 볼 때, 탈북민은 분단과 통일이라는 역사적·지리적 관점에서 다차원적 이해가 요구된다. 분단 상황에서 '북한주민', '탈북자', '북한이탈주민'의 속성을 지님과 동시에 통일 한반도에서 '통일민족'의 속성을 지닌다. 이런 관점에 따라 대북·통일정책에 있어서의 탈북민의 성격, 새로운 이산가족으로서 탈북민 정책의 필요성 등을 살펴본다. 또한, 한반도 민족공동체와 다문화주의·상호문화주의 논의, 탈북민의 민족 유대감의 좌절과 회복 방안도 짚어 보고자 한다. 2,500만 북한주민들의 '작은 거울'이라 할 수 있는 탈북민에 대한 정책은 이주민 정착지원의 차원을 넘어서 '통일시대에 대비한 통합작업'이라는 의미를 지닌다. 따라서 통일한국에 있어서 탈북민의 존재가 분단을 넘어 남북 간 거리를 좁히고 남북을 뛰어넘는 통일 상상력을 확장시킬 수 있는 새로운 자원임을 제시했다.

제1부

탈북의
동기와 과정

탈북의 의미와 동기

이 장에서는 탈북의 의미와 동기에 대해 살펴본다. 1990년 대 중반에 극심한 기아사태를 겪으면서 수많은 탈북자들이 중국으로 유입되었으며 그중 일부는 여러 나라를 거쳐 한국으로 입국했다. 북한을 이탈한 탈북자들을 난민 또는 이주민으로 볼 것인지에 대해 논의가 이루어지고 있다. 이들의 탈북 동기가 북한 독재정권의 탄압이나 정치범으로 생명의 위협을 받는 등 난민적 속성을 지니고 있지만 식량을 구하거나 돈을 벌기 위해 중국에 체류하는 등 경제적 난민이라는 이주적 속성도 가지고 있기 때문이다. 탈북의 동기가 북한 대내외 환경의 변화, 북한체제 내적 요인과 주민의 의식변화, 한국에 입국한 가족과의 재결합이나 더 나은 삶을 위해서 등 다변화되고 있다. 탈북자는 북한 독재정권의 탄압과 식량난을 피해 탈북한 난민이라는 단순한 논리를 넘어서 다변화되고 있는 탈북의 동기와 탈북의 의미를 살펴보고자 한다.

I. 탈북의 의미: 탈출인가 이주인가

난민인가 이주민인가

탈북자는 난민인가 이주민인가. 1990년대 중반에 북한에 가뭄과 대홍수로 인한 식량난이 발생하고 극심한 기아사태를 겪게 되면서 중국으로 유입된 탈북자들의 숫자는 기하급수적으로 늘어났다. 수많은 탈북자들이 국경을 넘는 과정에서 북한 및 중국에서 심각한 인권 침해를 경험하였다. 탈북자는 중국에서 난민으로 인정되어 한국으로 입국하거나 난민인정을 받아주는 국가로 갈 수 있어야 한다. 그러나 현실은 그렇지 않다. 중국은 탈북자에 대한 난민인정을 거부하고 이들을 불법월경자로 간주하여 체포 후 북한으로 강제송환 하고 있다. 강제북송된 탈북자는 조국을 배반한 정치범으로 간주되어 노동교화형 등 인권유린을 당하고 있다. 중국 체류과정에서 난민으로 인정하기 않기 때문에 불법체류자로서 임금체불, 인신매매, 성폭행, 강제 결혼, 불법체포 등 반인륜적 인권침해를 당하고 있다. 이런 점에서 연구자들은 물론 정부 차원에서 탈북자를 난민으로 인정하고 인권을 보호해야 함을 강조하고 있다.

우리는 일반적으로 탈북자는 헌법에 규정된 대로 대한민국 국민이라고 생각하고 있다. 북한을 탈출하면 우리 국민으로서 '난민'으로 인정받아 한국으로 입국할 수 있을 것이라고 생각한다. 그러나 우리의 생각처럼 쉬운 문제는 아니다. 탈북자가 경유하거나 체류하는 국가에서 탈북자를 자동적으로 우리 국민, 난민으로 인정해 주지 않기 때문이다. 그렇다면 해외에서 탈북자가 '난민'으로 인정받기 위해서는 어떤 자격이 필요한지 살펴보아야 한다.

국제사회의 난민의정서 협약 내용에 비추어 보면, 탈북자는 난민 특성을 갖는다는 것을 알 수 있다. 1967년 난민의정서에 따르면, 난민은 "인종·종교·국적·특정사회 집단의 구성 신분 또는 정치적 의견을 이유로 박해받을 것을 원하지 아니하는 자 및 상주국 밖에 있는 무국적자로서 종전의 상주국으로 돌아갈 수 없거나, 그 공포로 인해 종전의 상주국으로 돌아가는 것을 원하지 않는 자"로 규정하고 있다. 따라서 중국에 있는 탈북자들은 첫째로 북한 정권이 정치적 비판을 허용하지 않는 전제정권이라는 속성과 국가탈출 자체를 정치범으로 간주하는 북한체제의 속성, 둘째로 강제송환된 탈북자를 형사범으로 처벌할 것을 규정한 북한 형법의 존재, 셋째로 탈북자 가족 및 인신매매 희생자도 '특정 사회

집단의 구성원'으로 인정될 가능성, 넷째로, 탈북자는 이민자와는 달리 고국으로 돌아갈 수 없다는 점 등을 들어 국제인권법상 난민으로 허용해야 한다고 제시하고 있다.[1] 이들이 난민 지위를 획득하면 북한으로의 강제송환이 금지되고 자신이 원하는 망명처를 선택할 수 있게 된다. 이런 점에서 인권실무자들과 연구자들을 주축으로 탈북자에게 난민지위를 보장해 인권을 보호해야 한다는 입장이 제시돼 왔다. 우리 정부 및 미국을 비롯한 서구, 국제사회에서는 탈북자에게 난민지위를 보장받을 수 있도록 다양한 노력을 기울이고 있다.

한편, 국제사회는 해외체류 탈북자를 난민으로 인정하고 보호해야 한다고 주장하지만, 실제 난민으로 인정받는 것은 쉽지 않다. 국제사회가 현실적으로 난민을 보호하는 관행이 있음에도 불구하고 탈북자가 난민으로 인정받고 보호받는 것이 어려운 데는 어떤 요인이 작용하는가. 이는 각국 정부의 정책에 따라 난민에 대한 수용과 보호하는 정책이 다르다. 또한, 난민협약에서의 난민 정의는 개인별로 난민 지위를 인정하고 있어 탈북자 개인이 난민임을 스스로 입증해야 하는 문제가 있다. 탈북자가 북한국적이라는 이유로 자동적으로 난민 지위가 인정되지 않고, 신청자들이 개별적으로 심각한 박해의 위협을 받고 있음을 입증해야 한다. 탈북자들이 강제송환됐을 때 정치적 박해를 받을 가능성이 높다는 주장이 설득력을 얻고 있음에도 불구하고, 여전히 탈북자라는 이유로 자동적으로 이들의 난민 지위를 인정하지는 않고 있다.

또한, 탈북자의 난민 지위에 대한 국제사회의 인식은 국가별, 시기별로도 차이가 난다. 탈북자들이 가장 많이 거주하는 나라는 영국이다. 영국정부는 2007년과 2008년에 한때 각각 151명과 174명의 탈북자를 난민으로 인정할 정도로 가장 많은 숫자를 수용했으나 이후 숫자가 현저히 줄어들었다. 최근에는 난민신청자 수도 줄고 난민으로 인정받은 수도 극히 적다. 다음으로 탈북자를 난민으로 많이 받아들인 나라는 캐나다다. 캐나다정부는 2011년, 2012년 한때 각각 115명, 222명의 탈북자를 난민으로 인정할 정도로 많은 수의 난민을 받아들였으나 이후 위장 탈북자 단속이 강화되면서 난민의 수가 줄어들었다. 미국의 경우는 2006년부터 최근까지 매년 10명 내외의 탈북자를 꾸준히 난민으로 받아들여 왔다. 영국과 캐나다의 사례는 공통적으로 각 정부가 초기에는 북한주민 인권문제의 심각성을 인정하고 탈북자의 난민 지위를 인정했지만, 점차 그들이 한국에서 국적을 취득했거나, 조선족임에도 불구하고 난민으로 위장하고 있음을 근거로 난민 신청을 기각하고 있다. 이와 같이 각 국가별로 시기에 따라 다양하게 탈북자의 난민 지위를 인정하고 있음을 알 수 있다.[2]

한편 탈북자의 지위를 '난민'으로 규정하기에는 이들의 탈북 동기가 난민으로서의 특성도 갖지만 경제적 요소가 개입된 '이주'의 성격도 가지고 있어 복잡하다. 탈북자 중에는 어려운 식량난으로 인해 북한을 떠난 이들도 있고, 기독교인 및 적대계층으로 분류되어 북한 독재정권의 탄압을 피해 떠난 이들도 있는 등 탈북자들의 탈북 동기가 다양하다. 이러한 동기 중에서도 식량부족과 경제적 어려움 때문에 탈북한 대부분의 경우에는 경제적 난민으로 보기 때문에 난민협약의 보호를 받을 수 없게 되는 것이다.

이와 같이 탈북자는 탈북 동기와 이동이라는 점에서 난민과 이주민의 특성을 함께 가진다. 우선 이주란 개인이나 집단이 단기적 체류나 영구적 정착을 위해 주권국가의 영토 내에서 다른 지역으로 이동하는 국내 이주, 그리고 국경을 넘어 다른 국가로 이동하는 국제 이주의 모든 행위를 지칭한다. 이와 관련해서 난민은 자발적 이주자가 아니라 박해와 분쟁을 피해 살던 곳에서 탈출한 강제이주자다. 난민은 생명을 유지하고 자유를 보전하기 위해 이주하는 사람이며 자국으로부터의 보호를 구할 수 없는 사람이다.

반면 이주민은 난민 정의에 포함된 것 이외의 사유로 다른 국가에 거주하기 위해 자발적으로 본국을 떠나는 사람을 의미한다. 북한주민의 이주는 탈북 동기와 그 성격으로 보면 구조적 이주(forced migration)와 자발적 이주(voluntary migration)의 속성을 함께 지니고 있다. 탈북자는 경제위기나 정치적 억압과 같은 사회구조적 환경에 기인한 난민으로서의 구조적 이주의 속성을 지님과 동시에 돈을 벌거나 더 나은 삶을 위한 경제적 이주라는 측면에서 자발적 이주의 속성을 포괄하고 있다.[3]

탈북자들의 탈북과 그 후 이주 현상이 북한체제에 대한 탈출 등 구조적·환경적 요인으로만 바라볼 수 없는 부분에 대한 이해가 필요하다. 모든 탈북자들이 북한을 떠날 때 처음부터 최종 목적지를 정하지는 않는다. 처음부터 한국으로 이주를 결심하고 탈북하는 경우도 있지만 어떤 사람은 식량을 구하고 돈을 벌기 위해 중국으로 월경했다가 다시 북한으로 귀국하는 경험을 반복하고 있다. 어떤 탈북자는 중국에 체류하는 동안 경제활동을 위해, 또는 인신매매로 어쩔 수 없이 중국에 정착해서 살아가야 하는 경우가 있지만 북한과 중국 당국의 철저한 단속으로 인해 동아시아 국가와 한국으로 이주하게 되는 결정을 하기도 한다. 이러한 성격으로 볼 때 탈북자의 탈북과 이주 현상은 구조적 환경에 의해 촉발되기는 했지만 자신의 이해와 기대에 따라 최종 목적지와 이주 형태를 선택하는 이주민으로서의 성격을 지니고 있다는 것이다.

탈북, 이주와 경계넘기

탈북의 의미가 탈출인가 이주인가 하는 논의는 난민 또는 이주민으로의 성격 규정과 연계됨을 살펴보았다. 이는 해외 체류 과정에서 이들의 인권 보호와 한국으로의 이주와도 긴밀히 연계된다. 탈북자의 탈북과 이주 현상이 북한의 구조적 환경에 의해 촉발됨으로써 난민적 성격을 가지지만 탈북자 자신의 이해에 따라 이주의 성격도 가미하게 되었다. 이에 대한 논의는 최근 탈북자의 탈북을 '이주'와 '경계넘기'의 관점에서 바라보며 그 의미를 새롭게 해명하고자 하는 시도로 이루어지고 있다.

탈북민 연구는 한반도라는 역사적·지정학적 특수성을 함축한 이주 경험을 반영해야 하며, 사회구조적 차원에서 연구할 필요성이 제기되고 있다. 이주와 정착의 경험을 지역의 역사적·사회적 맥락을 고려하면서도 일상세계의 경험을 분석하는 사회구조와의 관계성에서 연구하는 것이다. 이와 관련해 이주 연구는 경계인이론(Marginal man theory), '경계넘기(border crossing)'의 관점에서도 이루어지고 있다. 근대 사회의 경계(border)는 국가를 구성하는 정치적 경계인 '국경'이었다. 최근 세계화의 영향으로 경계는 '국경'에만 한정되는 것이 아니라 문화적 혹은 계급적 차이를 드러내는 경계, 사회구성원들의 무의식과 의식을 넘나드는 상상적 '경계'에 이르기까지 다양하며 연구의 지경도 넓혀지고 있다. 탈북민은 여러 나라의 경계를 넘으며 다양한 경계를 경험했다. 한국으로 이주한 탈북민은 일상에서 다양한 경계를 경험하고 이 과정에서 또 다른 '경계넘기' 혹은 초국적 민족 공간의 경계를 확장해 가기도 한다.

파크(Robert Park)의 경계인이론에 따르면 탈북민은 경계를 넘은 사람으로서 '경계인'의 특성을 가진다. 경계인은 혼종 문화인, 완벽하게 상호 침투하여 융합될 수 없는 두 별개의 집단 사이에서 살아가는 자이다. 두 다른 공동체 사이에서 특히 두 공동체가 다를 뿐 아니라 적대적인 문화를 가진 사회에서 살도록 운명 지어진 사람을 경계인이라 설명한다. 탈북민은 태어나서 자라고 생활한 공간은 북한이지만 현재 한국사회에 정착하는 과정에서 혼란을 겪는다는 점에서 경계인적 특성을 지닌다. 탈북민은 두 나라 사이에서 어느 사회에도 속하지 않는 소위 '경계인'의 특성을 지닐 수 있다.[4]

또한, '탈북'을 '이주', 더 나아가 '초국가적(transnational) 이주'의 관점에서 바라보는 연구도 진행되고 있다.[5] 탈북을 탈출을 넘어서 '이주'에 초점을 두게 되면 탈북자의 행위 주체에 주목하게 된다. '초국가적'이라는 정의는 국가가 아닌 행위자들 사이에 국경을 넘나들며 유지되는 연결망이나 지속되는 교류다. 탈북민의 이주를 냉전적 시각에서만 바라보는 것의 한계를 지적한 것이다. 기존 연구에서는 탈북의 성격을 북한의 독재정권에 의한 탄압대상, 사회주의 경제체제의 희생자로서 바라보고 이 범주 내에서 탈북민의 성격을 규정지어 왔다. 그런데 '이주'의 맥락에서는 탈북민 이주의 성격을 '희생자' 또는 '영웅'으로서의 의미보다는 '주체' 또는 '행위자'로서의 역할에 주목한다. 탈북민이 북한, 중국 등 여러 나라를 거쳐 한국으로의 '경계넘기' 과정, 초국가적 이주로서의 사회문화적 특성과 논리를 분석하게 된다. 탈북을 통해 북한이라는 지역성을 초월하는 경계넘기를 하고, 북한과 중국, 중국과 한국이라는 국경넘기 과정에서 다양한 사회문화적 경험을 하게 된다.

이러한 연구에서는 탈북자의 삶을 '탈북 행위'라는 좁은 시야를 넘어서 '초국적 이주' 과정에서 분석하면서 탈북과 결혼이주, 노동이주가 중층적으로 교차하는 과정 및 이들이 경험하는 다양한 정체성의 변위를 보여준다. 이러한 연구의 특징은 북한에서의 생활과 탈북과 이주 과정의 경험을 연속적인 것으로 볼 수 있도록 한다. 이들이 초국적 경계 경험을 통해 한국으로 이주한 후 자신의 정체성을 능동적으로 재구성해 나가는 과정을 이해할 수 있게 한다. 탈북민의 탈북 동기를 구조적 또는 개인적 차원에서만 바라보는 것이 아니라 자발적 이주, 경계넘기, 초국적 이주 등 다양한 이주 관점에서 살펴봄으로써 탈북자에 대한 중층적이고 다면적인 이해와 해석을 가능토록 해준다.

1990년대 후반부터 시작된 북한주민의 대량탈북 사건은 북한체제의 구조적 요인에서 촉발되었다. 북한주민들이 자유를 찾거나 신변의 위협을 피하기 위해서와 같은 정치적 성격으로, 먹고 살기 위해서나 돈을 벌기 위해서와 같은 경제적 성격, 또는 가족과의 결합이나 사회적 신분 상승 등 북한체제의 구조적 특성에 초점을 맞추었다. 위에서 살펴보았듯이, 최근 탈북민 연구는 탈북이라는 이주의 원인을 구조적 측면과 자발적 측면을 동시에 고찰하면서 다층적 인식의 필요성이 논의되고 있다.

특히 탈북자의 탈북 동기가 구조적 요인에 의해 촉발됐지만 자발적 이주에 가까우며, 이들의 이주의 목적은 정치적 박해가 아니라 경제적 이유에 기인한다는 것이다. '이주', '경계넘기'라는 개념을 통해 1990년대 후반에서 2000년대 초반 대규모의 탈북과 북중 경계넘기의 다층적 의미를 분석하고 있다. 이 개념에 따른 탈북은 이주의 동인으로서 지리적·문화적 특성에 주목한다. 탈북자의 월경은 북중 경계지역의 문화적 특성과 이주과정에서의 행위 주체성에 관심을 기울이게 된다. 고난의 행군 시기에 다수의 북한주민이 북중 국경을 넘어 이동하고 탈북을 시도했다. 북한주민의 탈북과 이주 과정은 북중 경계지역의 사회문화적 및 역사적 특성에 대한 이해를 전제한다. 우선, 북한주민은 한국으로 이주하기 전에 수차례 북한과 중국 사이의 국경을 넘는 경험이 있었다. 심각한 식량난으로 인해 북한주민이 중국을 오가며 생계를 유지하는 일이 흔해졌다. 많은 탈북자들이 도강, 체포, 석방의 경험을 가지고 있고, 이러한 경험들이 누적되어 보다 위험한 선택인 한국으로의 이주를 감행하게 되었다는 점이다.[6]

이렇게 북한주민이 북중 국경을 자주 오갈 수 있었던 배경에는 중국에 친척들과 조선족이 있었다. 중국의 친척들은 부모나 조부모가 중국의 문화혁명(1966~1976년)의 회오리를 피해 북한으로 이주한 조선족 출신인 경우가 많았다. 부모 세대의 이주가 한 세대 이후 자녀 세대의 이주를 가능하게 한 배경이 된 것이다. 국제 정세에 따라 부모 세대는 중국에서 북한으로 이주했지만, 자녀 세대는 반대로 북한에서 중국으로 이주하게 되었다.[7]

북한주민의 이동경험에는 북중 경계지역이라는 공간과 이곳에서 오랫동안 형성되어온 조선족-북한주민의 동일 언어와 문화 커뮤니티가 있었다. 중국에 친척 등의 연고가 있고 한국말을 할 줄 아는 조선족 커뮤니티가 형성돼 있었던 맥락을 파악해야 한다. 중국 동북3성과 북한의 국경지대는 근대적 '국경'이 설정되기 전부터 오랫동안 혈연적, 문화적으로 묶여 있던 지역이었다. 특히 함경북도와 두만강을 두고 맞닿아 있는 중국의 연변 조선족 자치주는 조선족이 거주하며 조선말과 문화를 사용하는 특성을 지니고 있다. 따라서 북한주민이 굶주림과 경제난에 직면했을 때 중국에 거주하는 친척들을 방문해 도움을 청했다. 중국에 연고가 없는 경우에도 조선족이 거주하고 있어 도움을 요청하거나 일자리를 찾을 수 있을 것으로 기대하고 국경을 넘어 중국을 오갈 수 있었던 것이다.

경계넘기의 관점에서는 탈북의 '내적 동인'에도 주목한다. 다수의 북한주민이 경제적 어려움에 봉착했을 때 중국의 경계지역으로 월경한 후 단기간 체류하면서 경제적 이득을 취한 후 북한으로 돌아가는 행위를 반복했다. 이것은 단순히 정치적 이유 때문에, 한국행을 목적으로 탈북을 결심한 것은 아니었다. 북중 경계지역은 북한여성이 경제위기를 극복할 수 있는 기회의 공간이면서 다양한 일상의 경험을 구성하는 공간이기도 했다. 사람마다 차이가 있지만 생존을 위한 나름의 방식을 체득했다. 중국이라는 낯선 땅에서 노동과 직장생활을 통해 경제활동을 하며, 중국어를 익히면서 다양한 정보를 접하고 일상생활을 경험하며 생존하는 방법을 체득해 가는 공간이기도 했다. 물론 북중 경계지역은 북한여성에게 가부장제의 여성 혹은 성적 대상으로서의 여성 역할을 강요하는 불평등을 경험하는 장소이기도 했다. 돈을 벌고자 간 중국 땅에서 인신매매를 당하고 노동을 착취당했다. 탈북이 북중관계 및 중국의 사회구조적 환경 속에서 탈북민에게 극한의 인권적 상황에 직면하는 장소이기도 했다. 따라서 중국에서 북송의 위협이나 인권 유린의 상황에서 벗어나기 위해, 안정적인 생존 환경을 보장받기 위해, 보다 나은 삶을 바라며 한국으로의 입국을 선택하게 되는 것이다.

2. 탈북의 동기: 생존을 위한 탈북

국제환경 변화, 사회주의권의 몰락

탈북의 동기는 무엇보다는 고난의 행군시기 굶주림을 면하기 위한 생존을 위한 탈북을 들 수 있다. 북한체제의 위기 상황은 1990년대 전후의 사회주의권 몰락이라는 국제환경의 변화, 자연재해라는 환경적 요인, 북한체제의 구조적 요인이 맞물려 야기되었다. 이러한 생존을 위한 대량 탈북 사태를 야기한 촉발 요인으로서 국제환경의 변화와 북한의 대내외적 상황을 살펴보고자 한다. 우선 고난의 행군시기 북한주민들의 굶주림의 실태와 탈북할 수밖에 없었던 정황들을 살펴볼 수 있다. 굶주림을 면하기 위해 두만강을 건너 중국으로 넘어가고, 여성의 경우는 인신매매와 북송을 피하기 위해 다시 한국으로 들어오게 된 경우다.

"그는 1997년 수많은 주민이 굶주림에 목숨을 잃던 고난의 행군시절, 만 14세의 어린 나이로 중국에 가서 쌀 한 배낭이라도 메고 와 가족을 살리자는 외삼촌의 말에 따라 두만강을 건넌다. 그 과정에서 정착 외삼촌은 급류에 휩쓸려 실종된다. 이후 천신만고 끝에 길림성 훈춘시에 도착해 한족과 조선족의 집에 기식하며 살다가 한 선교사의 도움으로 허베이성으로 이주, 조선족 부부의 집에 살면서 막노동으로 생계와 학업을 이어가며 한국행을 모색하던 중 2002년 5월에 한국에 들어온다."[8]

"그 때 고난의 행군 시기 1년 정도 한 6개월 정도 굶어봤어요. 진짜 한 달을 한 열흘을 굶어봤나? 진짜 강짜 못 먹고 물만 먹고 열흘을 굶으니까 진짜 일어도 못나겠더라구요 … 두만강을 건넜던 거 같애요. '이렇게 하면 죽는다.' 싶어가지고 … 그저 무작정하고 강을 건너서 갔으니까 그 어떤 집이라고 들어갔는데 뭐 그 집에서 결국은 삼촌 집을 보내준다 하고. 그 때 생각해 보면 삼촌 집을 보내준다고 믿었는데 그게 아니더라구요 … 그냥 결국은 팔렸죠."[9]

탈북민들은 생존을 위한 최소요건인 '먹을 것이 없어서 죽을 것 같아', '자신이 살기 위해', '가족을 살리기 위해' 탈북했음을 밝히고 있다. 생존을 위한 선택이었는데, 오히려 재북송 위협과 인권유린, 인신매매라는 생존을 위협받는 상황에 직면하게 된다. 이렇게 탈북을 강요하는 북한사회를 어떻게 이해해야 할까. 탈북자 발생의 배경과 원인은 무엇인가. 가장 먼저 떠오르는 단어는 '고난의 행군'이다. 이 시기에 탈북자 하면, '꽃제비', '대량탈북', '인신매매', '북송'

등의 단어가 연상된다. 아사를 피하기 위해, 먹고 살기 위해, 가족을 찾아 온갖 고난을 무릅쓰고 고국을 떠나기 시작했다. 배고픔에 시달린 북한주민들은 무작정 도강해 일시적으로 중국에 머물면서 식량과 생필품을 구하는 데 혼신의 힘을 다했다. 우리민족 제일주의, 사회주의 강성대국, 교육의 나라, 전인민의 인텔리화 등을 주창한 북한, 바로 그런 나라에서 체제위기와 함께 대량 탈북이 발생한 것이다.

'고난의 행군'으로 대표되는 북한의 구조적인 경제위기가 대량 탈북사태를 야기했다. 원래 고난의 행군은 1938년 김일성의 항일유격대가 일본군의 토벌 작전을 피해 혹한과 굶주림 속에서도 한 명의 낙오자도 없이 강행군을 했던 사건을 일컫는다. 극도로 어렵고 힘든 시기를 사상과 의지로 돌파하자는 의미에서 '고난의 행군'이라는 용어를 사용했다. 이 역사적인 '고난의 행군' 시기를 소환해 현재의 난관을 타개하자는 것이다. 북한에서는 고난의 행군이 세 가지 요인, 즉 사회주의 시장의 붕괴, 미 제국주의의 경제봉쇄, 그리고 자연재해가 동시에 엄습했기 때문이라고 한다. 이로 인해 식량난, 전력난, 외화난이라는 삼중의 고통을 겪을 수밖에 없었다는 것이다. 대외적으로는 북한은 식량난을 타개하기 위해 국제기구와 한국에 지원을 요청했다. 아울러 1996년을 '고난의 행군'의 해로 정하고 항일시기의 혁명정신으로 이 위기를 타개하고자 했다.

북한 역사상 가장 위태로운 시기로 기록될 '고난의 행군' 시기는 이렇게 북한의 대외환경 변화와 함께 사회 내부의 심각한 위기를 가져왔다. 북한사회의 위기를 촉발시켰던 국제환경 변화는 바로 사회주의권의 와해와 동맹국 소련의 해체였다. 주지하다시피 1990년대는 세계 역사상 격변의 시기였다. 1989년 독일의 베를린 장벽이 무너졌다. 폴란드, 체코슬로바키아, 헝가리 등 동유럽 사회주의 진영이 와해되고, 1991년에는 소련이 해체됐다. 이러한 국제정세의 변화는 냉전종식과 함께 미국 중심의 단극체제를 예고했다. 소련의 해체 및 사회주의 진영의 체제 전환, 그리고 러시아와 중국의 한국과 수교 등 북한에게는 이제까지 경험해 보지 못한 최악의 국제적 환경이 조성됐다. 설상가상으로 1994년 7월 서울 방문을 열흘 남겨둔 상황에서 김일성 주석이 사망하고 기록적인 대홍수가 있었다. 북한은 국제적으로 고립되면서 외부의 경제지원이 대부분 중단되고 사회주의 계획경제의 실패와 맞물리면서 극심한 경제난에 직면했다.

　무엇보다도 북한의 경제위기에 결정적인 영향을 미쳤던 것은 소련의 해체였다. 신생 러시아는 북한과의 무역에서 경화결제 방식을 요구했다. 양국은 1990년 11월 「조소 무역결제체제 변경에 관한 협정」을 체결한 후 국제시장가격에 의한 경화결제 방식이 적용됐다. 소련시기에 북한은 국제시세보다 저렴한 '우호가격'에 의해 무역이 이루어졌고 해당 결제는 달러가 아닌 루블 또는 물물교환의 방식이었다. 북러 간 경화결제 방식이 적용되면서 양국 간 무역은 크게 위축됐다. 경화결제 능력이 절대적으로 부족한 북한은 원유와 같은 원자재를 구입할 수 없었고 이는 북한의 경제난을 가중시키는 요인으로 작용했다.

북한의 경제구조는 전적으로 소련 의존형이었다. 한국전쟁 후 소련의 경제지원과 무상원조를 통해 김책제철소, 승리화학공장, 평양화력발전소 등 70개 이상의 중공업 시설이 건설됐다. 소련해체 직후까지 전력 60%, 철광석 40%, 철강 및 압연강판 30%, 석탄 10%, 직물 19%가 소련의 지원으로 건설된 산업체에서 생산됐다. 또한, 북한은 기계부품, 원유, 유연탄 등 산업시설 운영에 필요한 중요 원자재를 대부분 소련으로부터 수입해왔다. 북한과 소련 간 무역규모는 1990년 25억 7,000만 달러로서 북한 전체 대외무역의 53.3%를 차지했다. 그러나 1991년에는 3억 6,600만 달러, 1994년에 1억 달러로 대폭 감소했다. 이와 같이 무역 결제방식의 변경은 원유와 같은 원자재 수입의 감소로 이어지고, 북한의 경제난을 촉진시키는 요인으로 작용했다.[10]

북한은 러시아로부터의 원자재 수입 부족분을 중국의 지원으로 보충하려 했으나 사정은 마찬가지였다. 중국과도 1992년 조중무역협정을 체결함으로써 경화에 의한 무역 결제방식이 적용됐다. 결과적으로 사회주의권 붕괴로 인한 사회주의 시장의 파산은 북한에게 원료, 연료, 자재 공급지의 상실을 가져왔고 경제난의 심화로 이어졌다. 이러한 변화는 북한 경제에 심각한 영향을 끼쳐 지속적인 마이너스 성장을 야기했고 국제사회로부터 정치·경제적으로 더욱 고립됐다.

북한의 대내 구조적 요인

북한의 경제위기는 사회주의권 시장의 붕괴라는 국제적 환경뿐만 아니라 북한의 내부 요인도 작용했다. 구조적인 내적 요인은 사회주의 계획경제의 실패다. 북한은 만성적인 사회주의 계획경제 자체의 문제점을 안고 있었다. 국제적 분업을 무시한 자립적 민족경제운영, 중공업 우선 불균형 성장정책, 체제강화를 위한 우상화 건축물 공사나 각종 정치행사 등 비생산적 투자의 급속한 확대 등을 그 원인으로 꼽을 수 있다.[11]

게다가 1994년 김일성의 사망과 1995년 대홍수로 촉발된 최악의 경제난은 식량난을 극도로 악화시켰다. 1994년부터 시작된 5년간의 고난의 행군 시기에 각 지역별로 먹는 문제를 자력갱생하라는 김정일의 교시가 내려졌다. 이에 따라 각 지역은 각자도생 방안을 스스로 찾아야만 했다. 그 결과, 북한의 명목 국민총소득(GNI: Gross National Income)은 1990년 232억 달러에서 경제난이 최고조로 달했던 1998년에 126억 달러로 떨어져 무려 45.4%나 하락했다.

1990~1998년 사이에 북한 경제는 경제성장률이 연평균 −3.8%로서 총 생산력이 1980년대 말에 비해 거의 절반 수준이었다. 1990년대 중반에는 공장 가동률이 20%대에 머무는 것으로 알려졌다.[12]

가장 심각한 경제위기는 농업분야였다. 과거에도 북한은 지리 환경의 부적절한 조건, 집단 농업 시스템에 따른 노동 생산성 저하 등에 따라 식량 자급이 구조적으로 불가능한 식량 부족 국가였다. 식량 부족을 해결하기 위해 연간 30~50만 톤 정도를 중국과 소련으로부터 수입했다. 그러나 소련이 해체되고 중국으로부터 우호가격으로 수입이 불가능해지면서 식량 수급에 큰 차질을 빚게 됐다. 공업 부문의 위기에도 영향을 미쳤다. 농기계와 농자재가 부족해 공장 가동률이 저하되고, 농업 시설의 낙후로 자연재해에 노출되는 취약성을 보였다.

경제사정의 악화와 심각한 자연재해가 반복되면서 북한의 식량 사정은 최악의 상황에 이르렀다. 1995년에 100년만에 한 번 오는 대홍수로 520만 명의 이재민과 152억 달러의 재산피해가 발생했다. 1996년에 다시 국지적 홍수, 1997년에 유례없는 가뭄 등 자연재해가 반복되면서 식량난은 극에 달했다. 기근이 가장 심했던 1995~1997년간 식량생산량은 평균 354만 톤에 불과했다. 감량배급 기준으로도 식량 부족량이 평균 164만 톤인 것으로 추정됐다. 1996년에 식량난

타개를 위한 곡물 증산을 유도하기 위해 분조의 규모를 기존 10~25명에서 7~8명으로 축소하고 분조의 목표 생산량의 초과분에 대한 현물 처분권을 부여하는 등 일부 내용을 수정했다. 그러나 이러한 조치들은 사회주의적 집단영농 방식을 그대로 유지한 채 이루어진 부분적 개선조치였기 때문에 근본적인 식량난 해결에는 한계를 보일 수밖에 없었다.[13]

식량증산의 일환으로 산비탈을 개간해 경작지로 만들었지만 큰비로 떠내려갔다. 홍수로 저수지의 댐이 터져 수만 정보의 농토가 쓸려갔고 많은 탄광이 침수됐다. 탄광의 침수로 석탄생산이 제대로 이루어지지 않았고 석탄공급의 차질로 화력발전소의 가동률이 떨어졌다. 외부로부터 석유수입 감소와 북한의 자체 전력 생산의 차질은 비료와 공업원료 생산의 어려움으로 이어지고, 이는 공장과 기업소의 가동을 중단시킴으로써 식량 생산량을 증대시키지 못하게 하는 등 연쇄적인 악순환을 야기했다.

심각한 식량난이 닥치자, 북한은 국제기구와 한국에 식량지원을 요청했다. 국가의 배급체계가 무너지고 식량부족 현상이 장기화되면서 대규모 아사자가 발생하기 시작했다. 북한정부는 이에 대한 해결책을 제시하지 못하고 식량배급을 지역에서 알아서 처리하도록 방임했다. 식량 배급이 끊기면서 아사자가 발생하고 중국 인접지대에는 식량을 구하기 위해 북한주민들이 몰려들기 시작했다. 최대 피해자는 병약한 노인과 아동이었다. 영양실조와 질병으로 수많은 사람들이 희생됐다. 외국 구호단체들은 식량난으로 최소 100만 명 이상이, 국내 대북 인도적 지원단체들은 200~300만 명 내외의 주민이 아사한 것으로 추정한 바 있다.[14]

초창기의 대량 탈북사태는 북한의 구조적인 경제위기에 기인한 생존을 위한 탈북이었다. 탈북양상은 식량을 구하기 위한 생존차원과 함께 일자리를 구하고 가족을 찾거나 재결합하기 위한 이주의 성격이 가미됐다. 특히 고난의 행군 시기에 국가의 식량배급이 끊기고, 국영상점 진열대가 점차 비어가면서 주민들은 먹고 사는 문제를 스스로 해결해야 했다. 식량배급을 보장해 주지 못한 직장생활에 몰두하기보다는 다양한 개인 부업에 힘을 쏟기 시작했다. 이런 방식으로 얻은 생산물을 농민시장이나 암시장에 판매했고, 개인이 필요로 하는 양곡과 생필품을 구매했다. 생필품을 구하기 위한 주민 이동이 늘고 출근율은 낮아지면서 조직생활에 대한 의지도 약해졌다. 이로 인해 2000년대 이후 북한주민들은 의식주를 국가에 의존하기보다 시장에서 개인이 스스로 해결하는 양상을 보였다.

3. 탈북의 동기: 체제 불만, 개인 미래

정치사회적 및 개인적 탈북 동기

탈북은 1차적으로 경제적 위기나 정치적 억압과 같은 사회 구조적 환경에 기인함을 알 수 있다. 탈북자 개인의 입장에서 탈북 동기로 북한체제에 대한 환멸, 자유를 찾아서 등과 같은 체제 및 정치적 요인이 아직도 많은 비중을 차지한다. 우리는 정치적 요인의 탈북 동기가 북한체제와 사상에 대한 반발이나 저항으로 흔히 생각하지만, 현실적으로 북한체제에 대한 공개적인 저항이나 반대는 쉽지 않다. 생존의 위협에 몰리도록 한 정치경제적 요인이 더 적합할 것이다. 일반적으로는 국가가 배급을 보장하지 않는 상황에서 생계를 위해 장사를 한다거나 물자를 빼돌리는 비법적인 행동을 하다가 발각되는 경우가 있다. 또한, 무심코 한 당국에 대한 불만이 누군가에 의해 고발당해 처벌을 받게 된 경우이다. 이렇게 비법적인 경제활동이나 체제 불만 및 불평으로 인해 신변의 위협을 느껴 탈북을 선택하게 되는 경우가 있다. 이를 북한체제에 대한 비판적인 정치적 동기로 탈북한 것으로 간주할 수 있다.

미디컴 대표인 허영철은 자신의 수기에서 탈북의 동기로 정치적 동기가 크게 작용했음을 보여주고 있다. 고난의 행군 시기에 나라꼴이 말이 아니라고 불평한 것이 보위부에 적발되어 1996년 새해를 하루 앞두고 체포됐다. 다행히 주변의 도움으로 석방됐지만 주변 사람들이 줄줄이 체포되는 것을 보았고, 자신을 아껴주었던 사람이 처형되는 것을 보고 무사하지 못할 것이라는 예감이 들어 마침내 아내와 함께 탈북했다. 첫 탈북은 실패해 북송됐다. 다시 탈북해 중국에서 숨어 살았지만 또 다시 북송됐다. 세 번째로 탈북해 중국에서 지냈지만 가족의 안전을 보장할 수 없었기에 한국행을 선택했다.[15]

탈북민의 탈북 동기로 정치적·경제적 동기와 함께 사회적·개인적 요인도 중요한 동기로 작용하고 있다. 돈을 더 많이 벌고 잘살기 위한 경제적 요인과 함께 자녀들의 교육 문제, 개인과 가족의 삶의 질을 중시한 사회관계적 요인과 미래적 동기를 반영한 탈북의 비중이 높아지고 있다. 특히 탈북을 결심하게 된 내면적 동기로 출신성분으로 인한 북한 체제에 대한 반발, 다른 사회에서 더 나은 삶을 살고자 하는 의지가 강하게 작동하고 있음을 알 수 있다.

"어릴 적 꿈은 교사가 되는 것이었지만, 부모가 농장원이었기 때문에 불가능해서 일찍 포기했다. 그래서 졸업할 때에는 간호원 양성소에 가고 싶었지만 그것도 불가능했다. 북한에서 수재학교라고 하는 제1중학교에 다녔고 성적도 좋았지만, 간호원 양성소는 기본적으로 부모 중에 의사나 의료일꾼이 있어야 갈 수 있고, 의사 부

모가 있으면 성적이 안 좋아도 갈 수 있다. 그래서 할
수 없이 사람을 치료하는 간호사 대신 동물을 치료하는
수의치산과라도 가고 싶었지만, 결국 부모의 직업에 따
라 농업전문학교로 갈 수밖에 없었다. 하고 싶지 않은
일이라도 나라에서 정해주는 대로 부모 직업을 물려받
도록 만들어 놓은 것은 너무나 잘못되어 있다."[16)]

북한 청소년들은 부모의 출신성분이나 계층에 따라 일찍
이 대학 진학이나 직업 선택을 준비한다. 대학 진학이 가능
한 학생들은 열심히 공부를 하지만, 대학 진학이 어려운 학
생은 일찍이 학업을 포기하고 대충대충 학교생활을 보내며
또래집단과 어울려 보낸다. 대학 진학이 어렵거나 부모의
직업에 따라 농장이나 광산에서 일해야 하는 청소년들은 무
력감과 열등감을 내면화 하고 자신의 삶에 대해 자포자기
하는 심정을 느끼기도 한다. 학교를 정상적으로 졸업해도
국가 정책으로 부모의 직업이 대물림되거나, 출신성분으로
인해 대학 진학 및 지위 상승을 꾀할 수 없는 학생들은 북한
사회의 불평등 구조에 전적으로 순응하거나 소극적 또는 적
극적 형태의 일탈행동을 보이기도 한다. 이러한 자신의 내
면에서 올라오는 북한체제에 대한 불만과 자신의 미래에 대
한 고민이 탈북의 동기로 작용하게 되는 것이다.

북한에서 동요계층이나 적대계층으로 낙인이 찍히면 시
민권이라고 할 수 있는 당원이 되기가 어려울 뿐만 아니라

대학 입학, 간부직 등용 등 주요 경력의 관문마다 배제당하는 불이익을 받는다. 개인의 노력이나 능력에 따라 사회계층의 사다리가 결정되는 것이 아니라 출신성분으로 결정되고 있다. 이는 개인에게만 한정되는 것이 아니라 가족과 그 자녀에게까지 영향을 미친다. 정치적 성향에 상관없이 계급적 출신의 배경에 근거해 일단 낙인이 찍히면 개인은 체제에서 출세를 할 수 있는 희망을 상실하게 된다. 따라서 탈북민 중에는 이러한 자신의 출신성분을 인식하고 이를 타개하기 위한 내적 동기로 탈북을 선택한 경우도 적지 않다. 북한에서 학교에 다니기 시작하면서 부모로부터 자신의 출신성분에 대해 들었다. 자신이 아무리 공부를 잘해도 원하는 대학에 진학하는 것도 힘들고, 졸업 후 원하는 직장에 들어가거나 좋은 출신성분의 배우자와 결혼하는 것이 어렵다는 것을 알았다. 자신의 미래에 제약이 많은 북한체제에서 벗어나 새로운 세상을 경험하고 자신이 원하는 삶을 살 수 있을 것이라는 기대로 한국행을 선택한다. 이러한 경우에 한국행을 통해 고등교육의 기회를 활용하여 당당히 전문가로서의 삶을 살아가는 경우를 접할 수 있다.

탈북의 내적 동기는 적대계층 출신이 아닌 노동자, 농민 출신의 경우에서도 볼 수 있다. 적대계층의 출신성분이 아닌 일반 노동자, 농민 출신인 경우에도 북한사회에서 계층 이동이 어렵다는 것을 알고 탈북하는 계기로 작동한다. 경재난 이후 북한에 시장화가 확산되면서 북한사회의 계층이 동은 당성과 출신성분에 이어 '가정의 경제력'이 중요한 요인으로 추가되었다. 개인의 능력보다 당성, 그리고 부모의 출신성분·직업·경제력 등의 요인이 교육 기회 및 직장 배치에 중요한 요인이 됐다.

"북한사회에서 아무리 공부를 잘해도 경제가 안 되면 어디까지 올라갈 수 있는 길이 안 보여 가지고. 중학교 3학년 때. 그때쯤에 아예 공부를 그냥 포기했던 거 같아요 … 세대주가 농장이니까. 언니나 저나 학교를 졸업하면 그쪽으로밖에 갈 수 없다. 이 얘길 하시는데. 그때 뭔가. 아. 이 사회가. 제가 선택권이 없었던 거 같아요 … 출신성분이 정말 안 좋고 심지어 한국에 친척이 있고 이래도 그냥 돈만 있으면 다들 자가용을 타고 대학교 가는 그런. 10년 전인데도 자가용을 타고 대학교 가는 거를 봤을 때 되게 충격이었던거 같아요."[17]

이렇듯 부모의 직업이나 경제력이 변변치 않아 원하는 대학이나 직장에 갈 수 없다는 것을 깨닫고 막막해 하며 자신들의 좌절된 희망을 표출하고 있다. 청소년들은 대학 진학이나 좋은 직장 배치가 국가의 객관적이고 공정한 기준에 따르기보다 가정의 경제력과 사회적 인맥에 의해 결정되는 현실을 경험한다. 이 과정에서 일부 북한청소년은 부모님의 좋지 않은 출신성분과 직업, 그리고 경제적으로 어려워서 공부도 할 수 없고 돈을 벌 수 있는 직장에 취직할 수도 없음을 이해하게 된다. 이러한 자신의 발전가능성이 없는 미래에 직면해 북중 경계넘기를 시도하게 된다.

아오지 탈북청년 조경일[18]은 어린 나이에 엄마를 따라 탈북해서 중국에서 2년 정도 살았으나 14살 무렵 누군가의 신고로 체포돼 북송된 후 풀려나 북한에서 살고 있었다. 한국에 먼저 도착한 엄마가 한국에 오라고 했을 때 아버지의 만류에도 불구하고 "엄마가 말했어요. 여기 오면 대학까지 공부를 시켜준다고. 저는 정말 공부를 하고 싶었어요. 아오지에 있으면 대학은 꿈도 못꾸거든요"라며 한국행을 선택했다. 이와 같이 가족 중에 탈북을 시도한 경험이 있는 경우에 북한사회에서 언젠가 밝혀지거나 위험을 감수해야 하기 때문에 미래가 없다는 판단 속에서, 또한 자신의 꿈을 펼칠 수 있는 세상을 찾아가기 위해 탈북을 선택하고 있다.

북한체제와 북한주민의 속성

탈북의 동기는 일차적으로 사회주의권의 몰락과 자연재해가 겹치면서 식량난이라는 경제적 위기에서 시작되어 북한체제에 대한 환멸과 불만이라는 정치적 요인으로 나타났다. 이러한 탈북의 정치적 요인은 북한체제와 사상에 대한 공개적인 저항이나 반대라기보다는 먹고 살기 위해 한 경제적 활동이 북한사회의 비법적인 행동으로 발각되거나 고발되면서 정치적 탈북 동기가 되었음을 살펴보았다. 북한사회에서 체제 외적 소외계층인 적대계층의 자녀이거나 노동자 농민으로서 개인의 미래를 고민하는 과정에서 탈북을 결심하게 되었음도 살펴보았다. 그렇다면 처음부터 북한체제를 비판하고 탈북했다기보다는 체제적 요인이 탈북을 하도록 강요한 측면을 가지고 있다고 할 수 있다. 따라서 이 절에서는 탈북의 내적 동기로 작용한 북한체제의 작동원리와 그 속에 살아가고 있는 북한주민들의 인식세계와 가치관의 변화에 대해 살펴보고자 한다.

탈북민은 남북한 분단이라는 역사적 조건에 일차적으로 규정받는 존재이다. 북한에 거주할 때는 자신의 조국인 북한의 국가정체성을 가진다. 탈북민은 탈북 이전에 자신의 존재기반인 북한 국가체제의 특성, 북한주민들의 생활방식과 의식구조, 심리적 특성 등에 익숙한 상태에서 살아왔다. 북한주민의 특성이나 속성에 대한 이해는 탈북민의 내적·외적인 이주 동인을 심층적으로 이해하는 데 도움이 될 것이다.

우선 북한주민의 심리적 특성은 전 생애에 걸쳐 개인의 감정과 욕구를 억압한 채 공산주의적 인간으로 성장하고 살아왔다는 점이다. 이형종[19]은 북한주민들의 심리적 특성을 다음과 같이 제시하고 있다. 북한의 사회주의 심리학에 의하면, 인간발달의 과정에서 사회 도덕적 감정과 사상의식이 가장 중요하다. 인간발달 단계는 서구 심리학과 마찬가지로 영유아기, 아동기, 청소년기, 청년기, 성인기 등으로 구분되는 점에서는 유사하다. 그러나 북한사회는 모든 발달 단계 중에서도 특히 아동, 청소년기의 감정과 도덕성의 발달을 중요시 하고 있다. 이 시기의 특징은 수령중심의 사상의식과 집단주의의 원칙이 발달하는 시기로 중요하게 다루어진다. 개인의 욕구와 관련된 감정과 도덕성의 발달은 저급한 것으로 간주한다. 개인의 감정과 정서는 개인주의적인 것으로 치부하며, 집단생활을 통해 정치사상 의식과 의지가 발달할 수 있음을 제시한다. 정치도덕적 감정으로서 수령에 대한 충실성이 가장 중요하고 그에 부합할 때 기쁨과 행복의 감정을 느낄 수 있다.

북한 청소년들이 청소년기에 지니는 부정적 감정들이 있고 이러한 부정적 감정들은 배격해야 하는 것으로 제시한다. 청소년기에 자신에게 몰입하고, 자신의 정체성을 성찰하고, 질투와 열등감, 슬픔과 좌절, 우울과 낙담과 같은 감정들은 철저히 배제되고 있다. 청소년기에 다양한 감정들과 생각들은 묻어둔 채 사회적 인간으로 행동해야 한다. 남에게 지는 것을 수치스러워 하고 대담성과 용감성을 가지고 두려움 없이 앞으로 전진하는 혁명적 기질을 가져야 하는 것이다. 이러한 사회주의 인간상은 영유아 시기부터 소학교, 중학교, 청년기 등 전 기간에 걸쳐 발달하는 것이며, 수

령을 위한 충실성이 성격발달에서 가장 중요하다고 강조하고 있다.

이러한 북한의 인간관은 인간 본성에 대한 이해를 거부당한 채 사회정치적인 인간, 공산주의적인 인간만을 강요받는 것이다. 개인의 생리적 욕구, 심리정서적 욕구나 감정들은 무시되었다. 개개인의 기질, 성격, 생물학적 차이 등 개인적 특성이 무시되고 배제된 채 살아가도록 학습받았다. 성장과정에서의 개인적 경험, 결핍, 고통 등은 무시되었지만, 회피, 억압, 상처, 스트레스 등으로 표출되지 않고 내면에 잠재워져 있을 뿐이다. 표출되지 않는 에너지는 분노, 공격성, 파괴적 에너지로 분출될 수 있다. 북한주민들은 영유아기, 아동기, 청소년기를 거쳐 성인에 이르기까지 수령과 공동체만을 중시하는 인간으로 성장하는 것이다. 이는 국가가 추구하는 주체형 인간, 공산주의적 인간으로 성장할 수도 있지만, 다른 한편으로는 인간의 감정과 욕구를 억누르는 '트라우마 집단'의 속성을 내면에 숨긴 채 살아가는 것일 수도 있다.

이러한 사회주의적 인간발달 단계에 따라 북한주민들의 의식구조와 가치체계가 형성되고 있다. 북한주민의 속성은 국가이데올로기의 강제적 내면화와 세습독재체제의 경험에서 형성되고 있음을 알 수 있다.[20] 북한사회에서 주체사상은 지배적 통치원리이자 개개인의 사고체계와 생활규범에 이르기까지 규범력을 갖는다. 이 주체사상은 김일성-김정일-김정은으로 이어지는 독재체제를 정당화하는 논리로 작동됐다. 북한사회는 공식적으로 사회주의 교육의 원리에 기초해 지·덕·체를 겸비한 '공산주의적 인간' 양성을 표방하지만 실질적으로는 '주체형 인간' 양성을 목적으로 한다. 공산주의적 인간에게 필요한 성품은 "집단주의 정신, 인민을 사랑하는 정신, 노동을 사랑하는 정신, 계급교양 정신, 당에 대한 충실성"으로 표현할 수 있다. 주체사상과 세습체제가 확립되면서 북한사회는 인민·당·수령은 하나라는 논리에 의해 수령에 대한 충실성을 가장 중요시 하는 '주체형 인간'을 제시했다. 주체형 인간이란 수령에 대한 무조건적인 충성과 수령을 위해 목숨까지 바칠 수 있는 인간이다. 1990년대 '고난의 행군' 시기를 거치고 3대로 이어지는 세습체제에서도 지도자에 대한 무조건적인 충성과 주체형 인간은 계속 강조되고 있다.

북한주민의 속성은 조직생활을 통한 집단주의 내면화에서도 찾을 수 있다. 북한은 온 사회를 조직화해 주민에 대한 조직적 통제를 극대화했다. 조직적 통제는 조직생활을 통한 사상교육과 가치관 확립뿐만 아니라 사회 질서를 유지하고 일상적인 노력 동원을 효율적으로 할 수 있는 체제이다. 유사시 언제든지 군사적 동원체제로 전환될 수 있는 구조이기도 하다. 우선 북한사회는 노동당을 정점으로 모든 사회조직이 계통적으로 구조화돼 있다. 조선노동당은 행정부, 입법부, 사법부의 상위에 위치하는 최고 권력기관으로서 모든 기관과 단체에 당 위원회로부터 최하위 조직인 당세포 조직까지 두고 있다. 당 조직 외에도 주거별, 직종별, 계층별로 조직된 당의 외곽단체가 조직돼 있다. 대표적인 단체로는 직업총동맹, 농업근로자동맹, 여성동맹, 김일성사회주의청년동맹, 소년단 등을 들 수 있다. 당 조직과 사회단체 조직은 당과 국가의 정책과 지침을 전달하고 정치사상교육을 교양하는 역할을 담당하고 있다. 북한주민들은 조직생활을 통해 집단 구성원으로서의 정체성을 강화해 왔다. 조직생활에서 집단적 포상과 처벌로 훈육되고 교육되었다. 상호비판, 생활총화 등을 통한 집단적 조직생활 방식을 통해 국가의 정치이데올로기를 습득하고 내면화했다. "이는 자신이 누구인지 하는 개별적 정체성이나 자식·형제·자매 등 구성원으로서의 정체성은 약화되고, 반면 집단의 구성원으로서, 사회주의 국가체제의 일원으로서, 혁명의 일꾼으로서의 정체성"[21]을 갖도록 교화됐다.

북한주민의 속성은 북한식 성분에 따른 계층구조의 특징과 북한주민의 의식변화 과정에서 찾을 수 있다. 북한에서는 사회주의적 개조를 통해 계급이 소멸됐고, 노동자, 농민, 여성 모두 평등한 공민임을 강조했다. 그러나 북한은 수령의 절대권한과 개인 우상화를 통해 전체주의적 왕조 세습체제를 유지하면서 불평등한 사회를 고착화했다. 주민들은 각자의 성분과 당성에 따라 핵심 계층, 기본(동요) 계층, 그리고 적대(복잡) 계층으로 분류되고 이는 다시 세분되어 각 계층에 상응하는 특혜 조치와 제재 조치가 강구되어 왔다. 이러한 계급질서에 따라 핵심계층은 모든 사회경제적 특권을 독점하지만, 피지배계급에 속하는 동요계급, 적대계급은 사회적 상승 이동이 상대적으로 제한되거나 막혀 있었다. 이와 같이 북한사회는 계층구조의 폐쇄성과 사회이동의 경직성으로 인해 계층·지역·직업 간 격차가 심화돼 왔다. 계급적 출신 배경에 의해 낙인이 찍힌 주민은 대학 입학, 공산당 입당, 직장 배치, 간부직 등용 등 주요 경력의 관문마다 배제당하는 불이익을 경험하게 된다. 이러한 계층구조는 특권적 지위자들에게는 특혜 상실에 대한 두려움과 강박관념으로 지위에 집착토록 하고, 반대로 다수의 일반주민들에게는 열등감과 무력감을 내면화하도록 하거나 일부는 문제행동을 표출하는 등 체제 외적 소외집단이 발생하기도 하였다.[22] 특히 국가에 대한 충성심이 의심되는 월남한 가족, 재일동포 출신 등이 있는 가족성분은 감시와 배제의 대상으로서 정치사회적으로 극심한 차별을 받았다. 따라서 1990년대 경제난과 배급체계가 중지된 절박한 상황 속에서 이들 체제 외적 소외집단, 적대 계층은 다시 국경을 넘는 선택을 시도할 수밖에 없었다.

북한주민의 속성은 대외적으로는 자력갱생의 방식에 의해, 대내적으로는 정신적 자극 우선에 의한 노동력 동원과 경제성장을 추구하는 중앙집권적 계획경제의 특징에서 살펴볼 수 있다. 북한의 중앙집권적 계획경제는 군사력의 강화와 경제발전을 목적으로 추진됐다. 구체적인 경제개발전략으로는 자력갱생, 정신적 자극 우선, 고축적·강축적, 중공업 우선발전 등이 제시됐다. 중앙집권적으로 소비 희생의 강제저축 메커니즘을 통해 높은 수준의 자본축적을 달성한 뒤, 이 자본을 중공업에 우선적으로 투자해 경제성장을 도모했다. 자력갱생론은 자립적 민족경제건설의 원칙에 기초한다. 자력갱생의 원칙을 기초로 인민의 힘과 자국의 자원을 동원해 자신의 기술과 자금에 의거할 때에 자립적 민족경제건설이 가능하다는 것이다.[23] 북한의 경제발전전략은 미국의 대북제재 등 외부의 경제제재에 맞물려 생산설비를 투자하고 기술을 개발하는 데 한계를 노정했다. 그 대신에 자력갱생을 강조하며 정신적 자극, 노력동원, 인간개조운동 등에 의존했다. 현재도 생산 실적을 올리기 위해 동지적 협조, 노력 경쟁 등 인민의 힘과 자국의 자원·기술에 기반한 경제발전을 추동하고 있다.

그러나 1990년대 사회주의권 붕괴의 여파로 심각한 경제위기를 맞이하면서 북한 중앙집권적 계획경제체제의 구조적 모순은 북한주민들의 노동의식 왜곡과 변화를 가져왔다. 북한경제는 1950년대, 1960년대에 성장을 기록했지만 1970년대 후반부터 하강곡선을 긋기 시작했고, 1990년대에 심각한 경제위기와 국가 공급체계의 와해를 불러왔다. 공장이 제대로 돌아가지 않고 노동자들에게 임금이나 식료품이 공급되지 않았다. 이러한 국가 공급체계의 와해는 자연스럽게 노동의식의 변화를 가져왔다. 노동자의 자발성과 집단주의 정신을 통해 노동생산성을 발전시킨다는 이론이 실제 현장에서 노동자들이 이를 내면화하지 않았다. 또한, 북한 경제가 실패한 가장 큰 이유는 작업장에서 경제적 인센티브의 부재로 경제체제의 효율성이 저하되었다는 점이다. 사회주의 계획경제에서는 노동력을 효율적으로 배분하는 메커니즘으로서의 노동시장이 존재하지 않고, 고용과 임금, 사회적 서비스 등의 노동제도가 노동인센티브를 강화하는 방식으로 설계되지 않았다. 이러한 경직성은 효율성의 저하와 물자의 부족을 야기할 수밖에 없었다.[24] 그 결과, 1990년대 이후 북한에서는 계획경제의 공백을 시장경제가 빠른 속도로 메워가고, 공식경제와 비공식경제, 합법적 경제행위와 불법적 경제행위가 공존하는 경제시스템으로 운영되고 있다.

한편 1990년대 급격한 사회변화 속에서 북한주민들은 이중적 가치구조에 익숙해져 가고 있다. 경제난 이전 시기에는 배급제와 직장 및 거주지역을 중심으로 하는 조직생활체계가 비교적 정상적으로 작동됐다. 그러나 경제난 이후에는 생존의 위협 속에서 북한주민들의 삶의 방식이 크게 변화됐다. 북한주민들의 현저한 의식변화 양상은 국가의존형에서 시장의존형으로 바뀌고 있고, 국가에 대한 불신과 금전만능주의가 심화되면서 개인주의적 사고방식이 만연하고 있다는 점이다.[25] 북한주민들은 직장 일에 충실한 대신 근무시간을 이용해 개인 장사에 몰두한다거나, 관계망과 뇌물을 활용한 비법행위를 통해 부를 축적한다. 또한, 가까운 사람들끼리 모여 정치적 불만을 토로하거나, 남한의 대중문화를 비밀리에 향유하기도 했다. 중국으로부터 유입되는 정보와 상품, 자본주의적 암시장의 성행, 탈북자의 증가와 정보 교환 등이 주민들의 가치구조에 영향을 미치고 있다. 이제 북한주민들의 지배적 가치는 정치적으로 주체사상과 국가이데올로기에 충성하고 당에서 인정받아 출세하는 것이지만, 일상생활에서 북한주민들은 물질주의, 소유주의, 배금주의에 기초한 개인주의적 가치를 추구하고 있다.

분단이 초래한 체제와 이념의 분화에 따라 이질화된 '북한주민'의 속성은 다음과 같이 정리할 수 있다. 첫째, 북한주민들은 김일성-김정일-김정은으로 이어지는 세습독재체제 속에서 주체사상을 내면화하고, 집단주의적 통제를 경험하게 된다. 이는 북한주민들로 하여금 권력에 대한 의존성 증가 및 자유의지 상실, 그리고 시민적 권리의무 의식을 저하시킨다는 것이다. 둘째, 북한사회에서의 성분 계층에 따른 불평등 경험은 다수의 북한주민들에게 열등감과 무력감을 내면화하도록 하고, 이는 사회적 자본 및 신뢰관계를 형성하는 데 어려움으로 작용한다는 것이다. 셋째, 계획경제체제하에서 인간개조 방식의 집단주의적 노력동원과 생산방식을 경험한 북한주민들은 노동인센티브 경험의 부재로 인해 경쟁과 보상 개념이 부족하고, 자기계발을 통한 노동생산성 향상이라는 인적 경제역량 동기가 낮다는 것이다. 마지막으로, 경제난 이후 확대된 자유사회와의 접촉 경험을 가진 북한주민들은 물질주의, 소유주의 및 배금주의 등에 기초한 개인주의적 가치를 중시하고 있다는 것이다.

최근 팬데믹 상황에서 북한은 방역과 경제난 극복이라는 두 가지 난제를 동시에 해결해야 하는 부담을 떠안았다. 고강도의 대북제재와 코로나19 충격이 지속되는 가운데서도 북한은 2021년 '국가경제발전 5개년계획'에 따라 대내적으로 자력갱생 등을 내세워 생산을 독려하면서, 대외적으로는 큰 틀에서 봉쇄정책을 유지하되 중요 소비 물자에 대한 수입을 늘려가는 정책을 펼치고 있다.[26] 이 과정에서 북한주민의 상당수가 사경제 활동을 통해 생계를 유지하고 있다. 국가의 보호와 지원을 기대하기보다는 스스로 생계를 유지하고 극복해야 하는 상황이 지속되고 있다.

북한은 사회경제적 격변을 경험하면서 '사회주의 산업화 세대', '고난의 행군 세대', '장마당 세대' 등 세대 구분이 비교적 뚜렷하게 나타나기 시작했다. 계획경제가 붕괴한 이후 성장한 장마당 세대는 체제에 대한 충성도가 낮고, 개인주의 성향이 강하며, 이념보다는 실리를 더 중시하는 것으로 나타나고 있다. 이 과정에서 북한은 주민들의 사상적 해이와 일탈 행위를 방지하기 위한 사회통제를 한층 강화해 나가고 있다. 그럼에도 불구하고 북한주민들은 국가의존형에서 시장경제형으로 삶의 방식이 변해가고 있고 한국의 탈북 가족 및 중국과의 경제교류 등을 통해 외부 정보들을 다양한 방식으로 접하고 있다. 북한주민들은 경제적 생존과 사회적 역할, 가족과 자신의 미래를 고민하게 되는 상황에서는, 앞으로도 북한사회의 체제 내 위기가 탈북을 추동하는 중요한 동인으로 작동할 여지가 있다.

4. 탈북 동기의 다양화

한국 입국 현황

북한을 이탈한 탈북자 중에 국내에 입국한 탈북자를 '북한이탈주민'이라고 통칭한다. 탈북자의 특성은 연도별 입국 추세, 북한에서의 거주지역, 중국에서의 거주기간, 재북 직업, 재북 학력, 연령, 성별, 단독 또는 가족단위 입국 등에 따라 다양한 모습을 보여주고 있다. 이들의 탈북 동기는 개인 마다 다르지만 일반화 할 수 있는 경향성도 보여주고 있다. 이 절에서는 탈북민의 한국 입국 현황과 구성의 특성, 이들의 탈북 동기가 다변화되고 있는 실태를 살펴보고자 한다.

우리는 흔히 '북한이탈주민' 하면 북한을 탈출한 모든 사람을 지칭하는 것으로 생각한다. "북한이탈주민이란 북한에 주소, 직계가족, 배우자, 직장 등을 두고 있는 사람으로서 북한을 벗어난 후 외국 국적을 취득하지 아니한 사람"을 말한다. 북한에 거주하지만 중국 국적을 보유한 재북화교, 합법적 체류자격으로 중국에 거주하며 북한국적을 가진 북한 국적 중국동포, 그리고 북한주민의 자녀로서 중국 등 제3국에서 출생한 탈북민 자녀는 '북한이탈주민'에 포함되지 않는다.[27] 탈북민의 범주에 포함되는 사람들은 입국 시점이나 동기, 탈북 과정, 그리고 사회경제적 배경에 따라 상이한 속성을 가지고 있다. 상이한 배경과 속성, 그리고 개인적 특성에 따라 이들이 갖고 있는 문제와 이들에 대한 사회적·정책적 대응도 달라야 한다는 것을 의미한다.

국내에 입국한 탈북민 숫자는 재외 탈북자 규모에 비해 그렇게 많지 않다. 탈북민의 국내입국 추세는 1990년대 중반부터 큰 폭으로 증가 후 2000년대 이후 지속적으로 증가했다. 2003년부터 2011년까지 연간 입국 인원은 2,000~3,000명이었으며, 2012년 김정은 정권출범 이후에는 연평균 1,000~2,000명대를 기록했다. 그 결과, 2007년 2월에 탈북민 1만

명, 2010년 11월에 탈북민 2만 명, 2016년 11월에 탈북민 3만 명 시대를 맞이했다. 코로나 팬데믹이 시작되면서 탈북민 입국자 규모가 급감해서 2020년 229명, 2021년 63명, 2022년 67명이 입국했다. 입국인원의 급감 이유는 코로나19로 인한 북중 국경통제, 제3국에서의 이동제한 등의 영향으로 인식된다.

2023년 현재까지 국내로 입국한 탈북민은 약 3만 4,000여 명이다. 전체 입국자 중에서 여성이 약 72%를 차지하고, 국경지역인 함경북도와 양강도 출신이 전체의 약 76%이며, 입국당시 연령별로는 20~40대가 약 75%이다. 국경지역 출신의 높은 탈북 비율은 탈북자가 대량 속출했던 초기에 국경을 넘어 중국으로 이동하는 것이 다른 지역보다 수월하고 외부 정보를 쉽게 접할 수 있었던 요인도 부분적으로 작용했다. 탈북여성이 다수를 차지하는 것은 공식적 생산조직에 예속되어 있는 남성에 비해 북한여성의 이동이 수월했기 때문으로, 생활경험세계의 확장도 이주 요인으로 작용했다. 또한, 여성이 가족의 생계를 책임져야 하는 상황에 직면하면서 중국에 식량을 구하러 가거나 돈을 벌러 갔다가 인신매매, 매매혼 등으로 불가피하게 중국에 체류하게 됐고, 이 과정에서 한국행을 택하게 된 사례가 늘어난 점도 작용했다.

국내 입국 탈북자의 구성을 통해 다양한 측면을 짚어볼 수 있다. 북한에서의 직업과 학력이 초기보다 점점 다양해지고 있다. 노동자 출신, 직업이 없는 부양가족이 다수를 차지하고 있으나, 봉사분야, 관리직, 전문직, 예술체육 등의 직업군이 증가하고 있다. 중·고등학교 학력이 약 70% 정도로 가장 높은 비율을 차지하고, 전문대 이상 학력은 약 17% 정도에 불과하다. 북한에서 전문직, 관리직 등으로 일했던 다양한 직종의 탈북민 입국이 늘어나면서 북한에서 취득한 자격증이나 경력을 인정해 달라는 요구가 증가하고, 재북 경력과 연계된 한국에서의 경력개발과 취업에 대한 요구도 늘고 있다. 또한, 노동자 등으로 일했던 다수 탈북민의 경우에도 북한이나 중국 등 제3국에서 보다 나은 일자리나 삶을 찾아 입국한 경우가 늘어나면서 한국에서 양질의 일자리를 요구하고 있다.

탈북 동기 다변화

국내 입국 탈북자 구성의 변화와 함께 이들의 탈북 및 한국 입국 동기도 변하고 있다. 이러한 사실은 탈북민 정착실태의 조사 결과를 통해서 확인할 수 있다. 탈북을 결심하게 된 주된 이유를 묻는 질문에 '북한체제의 감시·통제가 싫어서(자유를 찾아서)'가 22.6%로 가장 높고, 다음으로 '식량이 부족해서'(21.4%), '가족(자녀 등)에게 더 나은 생활환경을 주려고'(12.9%), '먼저 탈북한 가족을 찾거나 함께 살기 위해'(9.6%), '돈을 더 많이 벌고 싶어서'(9.4%) 등의 순으로 나타나고 있다.[28] 탈북의 주요 동기로 정치형, 생계형, 가족 결합의 내용이 주를 이루고 있다.

이러한 조사 결과의 특징은 상위 순위가 최근 매년 동일하게 나타나고 있다는 점이다. '식량이 부족해서, 돈을 더 많이 벌고 싶어서'를 경제적 동기로 재분류하면 약 31%, '가족에게 더 나은 생활환경을 주려고, 가족과 함께 살고 싶어서'를 가족결합 동기로 재분류하면 약 22%이다. 즉 탈북의 동기가 북한체제에 대한 반대라는 정치적 요인도 있지만 경제적 요인이나 가족과의 결합이나 더 나은 삶을 위한 이주 동기가 다수 요인으로 작용하고 있음을 알 수 있다.

개인 입장에서 탈북 동기를 명확히 구분 짓기는 쉽지 않다. 탈북 동기는 크게 외적 요인과 내적 요인으로 나눌 수 있다. 외적 요인은 환경적 요인으로서 북한의 정치경제적 상황 및 이와 연관된 개인의 사회적·가정적 배경이다. 내적 요인은 탈북을 행동으로 옮긴 한 개인의 직접적인 요인이다. 그런데 이러한 탈북 동기는 일단 개인이 탈북한 후에는 개인의 내적 요인보다는 환경적 요인의 지배를 받고 휩쓸리게 된다. 개인을 둘러싼 생명과 안전에 위협적인 환경 속에 노출되기 때문이다.

초창기의 탈북 동기는 정치형과 생계형이 주를 이루었다. 최근에는 정치형, 생계형, 이주형 등으로 탈북 동기가 다양화되고 있다. 한국에 입국한 탈북민들은 과거에는 생활고,

정치체제 불만, 신변위협의 모면 등 도피성 탈북이 적지 않았다. 최근에는 가족결합, 자녀교육, 자유에 대한 동경 등 자발적 선택이나 삶의 질 향상을 위한 이주적 성격의 탈북이 증가하고 있다. 이는 본격적인 탈북 후 20여 년이 지나면서 탈북과 관련된 환경의 변화가 일부 작용한 것으로 보인다.

탈북의 내적 동기를 강하게 가지고 있는 경우에는 한국 정착과정에서 자기 노력이 지속되고 있음을 알 수 있다. "저는 처음부터 한국으로 탈출한 이유가 공부하고 싶어서였어요. 저는 인생 목표가 있었던 거죠. 그 목표가 있어서 그런지는 모르겠지마는 제가 탈북하는 과정에 이렇게 오면서 방콕에서 6개월 있었거든요. 그래서 저는 계속 컴퓨터를 배웠어요. '한국 가서 대학을 가려면 컴퓨터를 배워야 한다' 그러더라고요. 그래서 계속 컴퓨터를 배웠거든요."[29] 북한 사회에서 할 수 없었고 하지 못했던 학습과 대학교육의 기회 및 직업 탐색을 적극적으로 해나가는 것을 볼 수 있다.

탈북의 내적 동기로 생계 유지에서 시작한 경제활동이 자기실현의 욕구가 된 경우도 볼 수 있다. 한 탈북여성은 출신 성분은 그렇게 나쁘지 않은, 가정을 꾸린 평범한 여성이었지만 고난의 행군시기에 장마당으로 내던져졌다. 생계를 위해 장사를 하며 돈을 모으기 시작했다. 혼자서는 생기는 일감을 감당하기 힘들어 주변 사람들에게 일을 떼어주고 일당을 주면서 장사규모를 늘려갔다. 사람들에게 일을 주고 일당을 지불하는 경험을 통해서 자본이 더 큰 자본을 만든다는 자본주의 시장경제를 간접적으로 체험했다. 장마당 생활은 이 여성에게 가족을 먹여 살린다는 의미를 넘어서 자본과 경제력이 개인의 능력이 되는 현실을 마주하고 탈북을 결심한 계기였다. 경제적으로 더 나은 삶, 자신의 가능성과 꿈을 실현시킬 수 있는 삶을 찾아 한국행을 선택했다. 최근의 연구 중에는 탈북 동기에 따라 한국사회에 정착하는 마음가짐과 태도가 다를 것이라고 보고, 탈북 동기에 따른 한국사회 적응양상을 분석하는 연구도 이루어졌다. 연구 결과는 탈북 동기에 따라 한국사회라는 적응의 환경은 달라지지 않지만 심리적 적응의 차이는 유의미한 것으로 나타날 수 있다는 것이다. 경제형 동기와 미래형 동기를 가지고 탈북한 사람이 다른 동기를 가진 사람보다 심리적 적응이 높음을 보여주고 있다.[30]

최근에는 어쩔 수 없이 상황에 밀려 탈북하는 경우도 있지만 탈북과 한국으로의 입국도 탈북민 스스로의 선택에 의한 경우가 적지 않다. 탈북은 더 나은 삶을 위한 경제적 이주의 측면을 가지고 있다. 교육의 기회와 취업의 기회를 위해, 사회경제적으로 더 나은 삶을 살기 위해 이동하는 것이다. 이런 점에서 탈북은 북한이나 중국에서 보다 나은 삶을 살고자 하는 것이고 자기실현의 의미를 가진다. 다른 한편, 탈북은 이주적 성격이 많아지고 있지만 여전히 목숨을 건

위험천만한 일이라는 점에서 난민적 성격을 가진다. 이런 점에서 탈북은 인권을 보장받기 위한 이동이다. 생명의 안전을 보장받고, 한 국가의 국민으로서의 소속감을 갖고 안정되게 살기 위해 한국행을 선택하고 있다. 또한, 탈북민과 재북 가족 간 송금과 서신 교환, 남북한 간 정보 교류 등의 증가로 탈북의 동기는 더 다양화되고 있다. 탈북민의 탈북 및 한국 입국 동기가 정치적 요인이 아니라 가족의 결합이나 자신의 미래와 더 나은 삶을 위해 선택인 경우가 늘어가고 있는 것이다.

한편 탈북주민의 가족의 경우에 탈북하지 않고 북한에 남아서 살기를 선택하는 경우도 있고, 반대로 북한가족을 북에 둔 채로 유학형 한국행을 선택하는 경우도 생겨나고 있다. 가족 재결합 차원에서 북한에 있던 가족이 한국행을 선택하기도 하지만 반대로 가족과 헤어진 채로 북한에서의 삶을 선택하는 경우도 있다. 나이가 많거나 탈북의 위험을 감내하기 힘든 경우에, 또한 한국에서 새로운 사람들과 관계를 맺고 직장생활을 하는 것에 대한 두려움 등이 싫어서 한국에 오지 않는 경우이다. 또 다른 경우는 북한주민이 자신의 자녀만 탈북해 한국으로 가도록 하는 경우도 있다. 북한에서 성분으로 인해 교육과 취업 기회의 제한을 받으며 차별받고 사느니 한국에서 고등교육의 기회와 직업선택의 자유를 갖게 하고 싶은 것이다.

이와 같이 국내 입국 탈북자의 인구학적 배경 및 탈북 동기의 다변화는 이들에 대한 한국사회와 정책당국의 성격 규정의 변화를 야기하고 있다. 이들에 대한 사회적 성격이 새롭게 규정될 경우에 정부의 지원정책은 정책대상자의 성격에 맞게 재구성되고 보완될 필요가 있다.[31) 현재 정부의 지원정책은 난민, 정치적 박해자, 분단의 희생자 등과 같이 정치적 사유로 인한 탈북 상황을 전제로 정착지원의 수준과 범위를 결정한 측면이 강하다. 그런데 최근의 탈북 동기는 자녀에게 더 나은 교육기회를 제공하기 위해서, 돈을 벌기 위해서, 더 나은 노후보장을 위해서 등과 같이 정치적 난민의 의미보다는 경제적 이주자의 성격이 더욱 부각되고 있다. 그렇다면 향후 경제적 이주와 자기실현의 내적 동기의 측면을 더욱 강화하는 차원에서 정착지원정책이 보완될 필요가 있을 것이다.

3장

탈북 과정

이 장에서는 북한을 이탈하여 해외 유입과 유랑을 거쳐 한
국 입국까지의 탈북 과정을 살펴본다. 일반적으로 알려진 탈
북 유형으로는 중국 및 제3국을 통한 탈북, 해외 거주 시 탈
북, 휴전선이나 해상 경로를 통한 탈북이다. 일반 북한주민
이 해상과 휴전선을 통과해 탈북하는 것은 어렵기 때문에 가
장 손쉬운 방법은 압록강이나 두만강을 도강해서 중국으로
이동한 후 제3국을 거쳐 한국으로 입국하는 경우이다. 탈북
유형에서 특히 중국을 경유한 탈북과정은 국제사회에 인권
문제로 제기되고 있다. 북중 국경을 넘는 순간에 밀입국자나
불법체류자라는 최악의 신분으로 전락해 인신매매, 성매매,
노동력 착취, 멸시와 폭력 등 심각한 인권유린을 당하게 된
다. 따라서 북한을 이탈한 후 해외에 체류하고 있는 탈북자

현황, 중국 거주 탈북여성의 체류과정과 인권 문제를 살펴본다. 탈북 후 탈북자는 여러 나라를 경유하는 과정에서 곧바로 난민의 지위를 인정받기 어려운 상황이다. 탈북자에 대해서 북한뿐만 아니라 주변 국가들은 다양한 입장의 차이를 보이고 있다. 이와 관련해 북한 및 중국의 탈북자 정책 및 기타 주변국과 국제사회의 탈북자 정책을 살펴보고자 한다.

1. 탈북 유형과 탈북 과정

제3국을 통한 탈북

가장 일반적인 탈북 유형은 중국 및 제3국을 통한 탈북이다. 북한은 중국 및 러시아와 국경을 접하고 있다. 접경지역에 살고 있는 북한주민은 국경을 넘어 중국으로 친척을 만나거나 장사를 하러 간 경험이 축적되어 있다. 따라서 가장 일반적인 탈북 루트는 국경과 연결된 압록강이나 두만강을 도강해서 중국, 제3국으로 탈북하는 것이다. 북한은 압록강과 두만강 유역을 따라 중국과는 1,376km, 러시아와는 16km 정도의 국경을 접하고 있다. 지리적으로 비교적 접근이 용이한 두만강지역을 중심으로 탈북이 이루어져 왔다. 우선적으로 접경지역의 수심이 얕은 강을 건너서 탈북한다. 북중 접경지역의 조선족 자치주에는 북한의 친척들이 거주하고 있거나 언어적·정서적으로 통하는 편리성 때문에 탈북 경로로 이용되곤 한다. 중국 도착 후 탈북자들의 이동경로는 상황에 따라 다양하게 나뉘어진다. 중국 본토에서 곧바로 한국에 입국하는 경우, 몽골을 경유하는 경우, 중국 내륙을 종단한 후 동남아시아를 거쳐 한국으로 입국하는 경우가 대표적이다. 대부분은 브로커를 따라 중국 내륙을 종단한 뒤 베트남, 미얀마, 라오스 등을 거쳐 태국에 이르는 탈북 경로를 이용한다. 태국에 도착하면 이민수용소에서 조사를 받고 한국대사관으로 넘겨진 후 한국으로 오는 과정을 밟게 된다.

초창기의 탈북자들은 중국 루트를 통해 한국에 대규모로 입국했다. 중국에서 한국으로 오는 과정은 한때 다수의 탈북자들이 대사관에 진입하는 장면을 언론을 통해 접할 수 있었다. 브로커의 계획에 따라 탈북자 집단이 중국 주재 대한민국 대사관, 또는 다른 나라 대사관에 현지 경비를 뚫고 들어가 신변보장을 받는 방법을 이용해 한국으로 오는 것이 유행했었다. 그러나 중국 주재 모든 대사관의 경비가 강화되면서 이 방법을 통한 탈북 가능성이 희박해졌다. 대사관이나 영사관 정문은 물론 담을 넘어서 진입하는 것도 전기 철조망이 설치돼 있어 불가능해졌다. 또 다른 방법은 중국 브로커를 통해 여권을 위조하거나 죽은 사람의 호적을 사서 위명여권을 발급받는다. 위명여권 소지 탈북자들은 무비자로 입국 가능한 제주도로 비행기를 타고 와 제주국제공항 출입국사무소나 제주지방경찰청 등지에 자수하는 방식으로 입국하기도 하였다. 그러나 최근 중국의 출국심사와 공항보안 관리가 강화되면서 이 방법도 거의 힘들어진 상태이다.[1]

중국루트 이용은 2020년 코로나 팬데믹 이후 더욱 어려워졌다. 북한은 코로나바이러스 감염을 차단하기 위해 국경을 폐쇄했으며 국경감시를 위해 전자 장비까지 동원될 정도로 고도화됐다. 중국이 코로나 거리두기 정책을 강화하면서 탈북자들의 이동이 거의 불가능해졌다. 안면인식으로 신원을 확인하고 현금 없이 위챗으로 결제를 하는 등 개인정보 및 백신패스 관련 정책들이 강화되면서 탈북자들의 중국 경유가 더욱 어려워졌다. 2023년 전세계적인 '위드 코로나' 정책과 함께 중국은 물론 북한도 엄격한 방역을 완화해 가고 있다. 이러한 조치에 따라 탈북자의 이동과 증가가 어느 정도로 이어질지 주목하고 있다.

2000년대 초반에는 몽골이 탈북루트로 활용되기도 했다. 몽골은 탈북자들을 인도적으로 대우하기 때문에 초기에 이 루트를 이용했다. 다만 중국 국경에서 몽골까지 가는 경로는 고비 사막을 통과해야 하므로 생명의 위험을 감수해야 한다. 사막을 무사히 통과해 몽골 국경수비대에게 체포당하면 한국 대사관으로 인도되어 보호를 받다가 한국행 비행기를 탑승할 수 있었다. 그러나 탈북자들의 몽골 국경 월경이 빈번해지자 이 문제가 몽골과 중국의 외교 문제로 비화되었다. 몽골 루트는 사막을 가로지르는 극한의 위험 상황을 감수해야 했고, 몽골에 도착한 탈북자들이 중국으로 다시 보내지는 사례가 많아지면서 이 루트는 잘 사용하지 않게 되었다.

그 대신 다른 이동경로인 동남아시아를 가로지르는 탈북경로가 만들어졌다. 이 경로는 탈북브로커들에 의해 구축됐으며 다수의 탈북자들이 이 루트를 통해 입국했다. 대표적인 사례로서 2004년 7월 말 베트남에서 탈북자 468명이 대거 입국했다. 베트남 측은 한국 언론이 공개했다는 이유로 결국 이 루트를 차단해 버렸다.[2] 이 사건 이후 베트남지역을 경유하는 탈북 루트는 현재 사실상 봉쇄된 상태이다. 한때 선호했던 경로로는 중국-미얀마-라오스-태국을 경유하는 루트와 중국-라오스-베트남-캄보디아를 가로지르는 루트였다. 각국의 정치적 상황과 중국 및 북한과의 외교적 관계에 따라 경로가 조금씩 바뀌고 있다. 태국을 탈북 루트로 사용하는 경우, 주로 메콩강을 따라 배를 타고 내려와서 라오스, 미얀마, 태국 3국의 접경지역인 골든 트라이앵글에서 하선한다. 이곳은 미얀마 영토로서 폭 100m 정도의 얕은 강을 도보로 건너서 태국 땅으로 가야 한다. 태국 경찰에 체포되면 이후 방콕 이민국 수용소로 이송된다. 태국은 탈북자를 난민이 아닌 불법 입국자로 간주한다. 불법 입국자로 재판을 받고 벌금을 낸 후 몇 개월의 이민국 수용소 생활을 거친 후 한국으로 송환되는 과정을 거치게 된다.

탈북과정에서 탈북민이 경험하는 두려움과 공포감은 상당하다. 브로커들을 따라 길을 안내받고 이동하지만 중간에 체포돼 북송되는 사례가 종종 발생했기 때문이다. 언어가 통하는 한 명의 브로커가 처음부터 끝까지 이동의 여정을 함께하지 못하는 경우가 많다. 여러 나라의 국경을 넘나들기 때문에 중국에서는 주로 조선족이나 탈북자 브로커들이 안내하다가, 국경을 넘을 때마다 각 지역의 사람들이 인계받아 안내하고 있다. 지금까지 대부분의 탈북자들은 베트남, 태국 등 인도차이나 반도에 있는 국가들을 통해 한국으로 들어오고 있다.

해외 거주 시 탈북

해외 거주 시 탈북하는 경로로는 러시아, 동유럽, 동남아 현지에서 해외 근무 중에 작업장을 이탈하는 형식으로 탈북하는 것이다. 국외에 거주하는 북한주민들이 외국에 소재하는 대사관을 통해 한국으로 귀순하는 경우가 이에 해당한다. 『평양으로 다시 갈까』를 쓴 탈북작가 림일이 1997년 쿠웨이트에 해외 노동자로 파견되었다가, 그 곳에서 한국대사관을 통해 귀순한 것이 대표적인 사례이다. 김정은 정권으로 접어들면서 외교관 탈북자들이 늘어나고 있다. 이들 외교관들은 고위층으로서 가족과 함께 해외에 거주하는 경우가 많아서 그만큼 가족단위 탈북이 가능하다. 특히 유엔(UN: United Nations)의 대북제재가 시작되면서, 본국으로 송금해야 할 김씨 일가의 자금을 마련하지 못한 외교관들이 본국의 압력을 견디다 못해 탈북을 결심한 경우가 많다. 대표적으로 2016년에 탈북한 태영호 의원은 가족과 함께 탈북하는 데 성공했고 한국에서 국회의원으로 당선되어 정치활동을 하고 있다. 2018년 11월에는 이탈리아 주재 조성길 북한 대사대리가 미국으로 망명을 신청했으나 당시 딸을 못 데리고 왔기 때문에 탈북에 실패한 것으로 추측되었으나, 2020년에 한국에 정착한 것으로 확인됐다. 또한, 2019년 9월에는 쿠웨이트 주재 류현우 북한 대사대리가 가족과 함께 한국에 입국했다.[3]

해외거주 북한주민으로서 러시아 진출 북한노동자의 탈북을 빼놓을 수 없다. 북한과 러시아가 일부 국경을 접하고 있지만 러시아로 직접 탈출하는 경우는 많지 않다. 북러 국경에서 가까운 도시인 러시아 블라디보스토크에 대한민국 총영사관이 있지만 탈북을 방지하기 위해 경계를 철저히 하고 있다. 그러나 러시아에 벌목공으로 파견된 북한 노동자들이 탈북하는 사례들이 발생하고 있다. 1990년대에 러시아로 송출된 북한 노동자 대부분이 '시베리아 벌목공'이었으나 이후 건축업, 농업, 수산업 등 다양한 분야로 확대됐다. 이들은 연해주 주택건설 현장 주변에서 집단으로 숙식하며 노동자로 일하고 있다. 러시아에서 지정된 작업장에서 벌목공으로 일하다가 탈출한 뒤 일자리를 찾아 러시아 곳곳으로 떠도는 불법체류 노동자가 적지 않았다. 이들 중 일부가 망명신청을 하고 한국으로 입국하는 경우가 있다.

러시아에 노동을 목적으로 한 체류 신고 건은 2016년에 2만 7,417건이었으나 유엔 대북제재 이후인 2018년에 8,845건으로 줄어들었으며 코로나 이후 2020년에 753건으로 확인됐다. 코로나19로 북러 국경이 폐쇄되면서 철수 시점을 넘겨 돌아가거나 잔류하는 북한 노동자들도 생겨났다.[4] 2016년 8월 블라디보스토크에 파견된 북한 외교관 2명이 탈북했고 동년 10월 상트페테르부르크에 파견된 북한 노동자 10명이 총영사관에 자발적으로 망명 의사를 밝혔다.[5] 2022년 말에는 러시아의 북한 노동자 9명이 집단 탈북했다. 이들은 러시아에서 일감 부족으로 생활고에 시달리던 중에 러시아와 우크라이나 전쟁이 진행중인 친러 돈바스지역 재건사업에 파견될 수 있다는 우려가 번지면서 탈북을 결심했다고 밝히고 있다.[6] 이와 같이 러시아를 통한 탈북은 중간에 브로커의 역할을 통해 이루어지기보다 러시아에 체재하고 있는 북한 노동자가 생활고, 신변위협 등의 사유로 이루어지는 경우가 대부분이다.

직접 한국 유입

직접 한국으로 유입하는 경로로는 휴전선 비무장지대(DMZ: Demilitarized Zone), 북방한계선(NLL: Northern Limit Line)을 통과하거나 바다를 통해 들어오는 방법이다. 이 방법을 통해 한국으로 들어오는 경우는 극히 제한되어 있다. 큰 위험을 감내해야 하기 때문이다. 휴전선을 뚫고 비무장지대를 통과하여 한국으로 진입하는 경우가 있다. 지도상으로는 가장 가까운 탈북 경로이지만 북한은 물론 한국의 휴전선을 통과해야 하는 극히 위험한 경로이다. 북한군의 감시를 피하고 비무장지대에 들어서면 대한민국 국군을 만나게 되는데, 곧바로 탈북자로 인식하고 받아들이기 쉽지 않은 상황이다. 국군은 이들이 귀순하는 탈북자인지 아니면 무장공비인지를 구분하기 어렵기 때문에 생명의 위험을 감수해야 한다. 휴전선 경로를 이용하는 탈북자들은 대부분 휴전선 인근에서 복무하면서 비무장지대의 지형 조건과 북한군과 한국군의 경계 상황을 잘 파악하고 있는 북한군 소속이다.

이렇게 위험한 탈북 루트임에도 불구하고 매년 적게는 1명, 많으면 3~4명 정도의 탈북자가 이 방법을 통해 유입되고 있다. 2012년 10월 2일, 동부전선 쪽에서 불침번까지 자고 있던 초소 문을 두드리고 귀순해 군부대를 발칵 뒤집히게 했던 '노크 귀순' 사건도 이에 해당된다. 특히 2017년 11월에 북한군 1명이 판문점 공동경비구역(JSA: Joint Security Area)에서 총상을 입고 귀순한 사건은 온 나라를 떠들썩하게 했었다. 북한군 소속 오 씨가 판문점을 넘어 귀순하다 이를 저지하려는 북한군으로부터 5발의 총상을 당한 채로 한국군에 의해 구조된 사건이다.[7] 이 귀순 사건이 다른 북한군이 귀순하던 때와 달리 주목을 받는 이유는 귀순 과정에서 북한군에 의한 총격이 일어났다는 점이다. 종전에는 북한군의 감시가 별로 없거나 방심한 틈을 타 은밀하게 이뤄진 관계로, 귀순자들에 대한 물리적인 위협은 가해진 적이 없었다. 그동안 비무장지대를 넘어 한국으로 탈출한 북한군은 한국군의 경계지역으로 넘어와 조용히 귀순을 한 경우가 대부분 이었다.

북한에서 한국으로 직접 유입되는 경로로는 북방한계선을 통과하거나 바다를 통해 들어오는 경우도 이에 해당한다. 이 탈북 루트도 휴전선을 통과하는 것만큼이나 위험한 것으로 전해지고 있다. 휴전선을 돌아서 바다로 오는 경로는 물살도 가파르고, 수심이 깊다. 그런데 운좋게 수영해서 한국으로 들어오는 경우가 있었다. 북한에서 보위부 상위로 있다가 2016년 9월 바다를 헤엄쳐 20시간 가까운 사투 끝에 남쪽에 온 이철은 씨의 사례를 들 수 있다. 그는 친구와 둘이서 강을 헤엄쳐 탈북하기로 탈북 루트로 정하고 실행에 옮겨 둘다 성공한 사례이다.

마찬가지로 어선, 무동력선 등을 타고 서해안 혹은 동해안으로 빠져나와 한국 영해로 진입하는 경우도 간혹 있다. 가장 대표적으로 알려진 것은 1987년 2월에 '따뜻한 남쪽 나라'를 찾아간다며 일가족 11명을 50t급 '청진호'에 태우고 귀순한 김만철 씨를 들 수 있다. 이후에도 2002년에 세 가족 21명이 어선을 이용해 서해로 귀순했고, 2009년에 일가족 등 11명, 2017년 7월에 일가족 포함 5명이 소형 선박을 타고 동해로 귀순한 사례를 들 수 있다. 이후 가장 최근의 사례로는 2023년 5월 18일 황해남도 강령군에서 9인 가족이 나룻배를 타고 귀순에 성공한 사례를 들 수 있다. 두 형제의 가족으로 구성된 9인 가족의 탈북은 선장으로 일해오며 바다 사정에 밝았던 동생이 오래전부터 계획하고 주도하면서 안전하게 한국으로 들어올 수 있었다.[8]

바다를 통한 탈북이 늘자, 북한은 2007년부터 바다 출입증을 만들기 어렵도록 하거나 형제나 친척 등 가족이 한 배에 탈 수 없도록 하는 법, 그리고 자신의 거주지 이외의 지역에서 배를 탈 수 없다는 규정을 신설하는 등 바다를 통한 탈북을 막으려고 노력해 왔다. 북한당국의 탈북을 막으려는 다양한 조치에도 불구하고 휴전선 비무장지대나 북방한계선을 통과하거나 바다를 통해 들어오는 방법이 극히 드물기는 하지만 꾸준히 이어지고 있다.

2. 해외 유입과 유랑, 한국 유입 과정

해외 체류 탈북자 현황

고난의 행군 시기부터 대량 탈북이 이루어졌다. 탈북 이후 북한으로 돌아가지 않은 재외 탈북자의 규모에 관심이 모아졌다. 통상적으로 북한주민으로서 북한당국의 허가 없이 북한의 영토적 경계를 벗어나 귀환의 의사가 없이 북한이 아닌 국가에 체류하고 있는 자 또는 이들이 한국으로 입국해 정착하고 있는 자들을 탈북자, 북한이탈주민으로 통칭해 왔다. 이렇게 탈북자는 북한을 탈출한 사람을 모두 포괄해서 지칭한다. 이 절에서는 해외 체류 탈북자 현황, 중국 거주 탈북 유형과 특징, 탈북여성과 아동의 인권 문제를 살펴보고자 한다.

현재 북한을 탈북해 중국이나 러시아 등 제3국에 불법 체류하고 있는 탈북자들은 상당수에 달하는 것으로 추정된다. 그렇지만 이들은 불안정한 신분상 공개적으로 도움을 요청할 수 없기 때문에 정확한 규모 등 실태파악이 불가능하다. 대다수가 일정한 주거지가 없이 잠시 체류하고 이동하거나 은신하는 경우가 많기 때문이다. 탈북자 통계는 공식 집계보다는 탈북자와의 면담 등을 근거로 발표된다. 탈북자 규모는 기관이나 기관별 추산 방법에 따라 많은 차이를 보이고 있다. 고난의 행군 시기에 탈북해 중국에 체류하는 탈북자의 규모도 기관과 시기에 따라 차이를 보이고 있다. 일반적으로 중국 내 탈북자의 규모는 1998년부터 1999년까지 절정에 달해 대략 그 규모가 10만 명에서 20만 명이었으나 이후 크게 감소되어 2008년에 2~4만 명 정도로 추산하고 있다. 이는 중국 동북3성의 현지조사에 기반을 두고 있다. 중국 내 탈북자들은 신분에 따른 위협, 언어소통 문제 및 친척들의 도움 등을 이유로 연변 조선족 자치주에 밀집되어 있다는 전제하에 조선족 거주지역의 취락 구조와 인구 분포 상황 등을 고려해 현지조사를 실시했다.

2005년 2월 미 국무부는 탈북자의 규모가 1998년부터 1999년까지 절정에 달했고, 2000년경에는 7만 5,000명에서 12만 5,000명 선으로 추산됐다고 밝혔다. 『좋은벗들』은 1998년 11월 16일부터 1999년 4월 3일까지 중국 동북3성에 거주하는 탈북자의 실태 및 인권침해 양상에 대한 조사를 통해 중국 내 탈북자 규모가 30만 명을 넘을 것으로 추정했다. 그러나 『좋은벗들』은 다시 현지조사를 실시해서 2005년 6~7월 국경에서 500km 반경에 있는 동북3성 농촌지역에 대한 중국 현장조사 결과를 토대로 탈북자 규모가 5만 명선인 것으로 발표했다. 2006년에는 동북3성 서북쪽 오지 한족마을과 선양, 다롄, 칭다오 등 대도시 근교지역을 조사해 탈북자 10만 명과 탈북자가 출산한 자녀 5만 명으로 수정했다. 국제위기감시기구(International Crisis Group)도 다른 비정부기구들의 보고와 중국 조선족과의 현지인터뷰를 토대로 탈북자의 규모가 10만 명에 이르는 것으로 추정했다.

중국 내 탈북자의 규모는 지속적으로 감소하고 있다. 북한의 식량난이 심각한 시기에는 한국과 국제사회의 식량 지원이 이루어졌다. 이후 중국과 북한당국의 탈북자에 대한 정책과 단속이 강화되면서 탈북자가 감소하는 추세이다.

2008년에는 중국 내 탈북자가 크게 감소되어 2~4만 명 정도일 것이라고 추산했다. 존스홉킨스대학교 보건대학원 로빈슨(Curtland Robinson) 교수는 2009년 중국 동북3성지역에 체류하고 있는 탈북자와 탈북여성, 탈북여성이 출산한 아동의 규모를 각각 5,688명, 4,737명, 6,913명 선으로 추정했다. 2000년대 후반부터 중국 체류 탈북자의 규모가 급감했다. 그 이유로는 국경 경비와 단속 강화, 지속적인 강제송환, 탈북비용 증가로 인한 신규 탈북자 감소, 국경통행증 발급 확대에 따른 합법적인 중국방문 증가, 장마당 활성화 등 북한의 경제사정 호전, 한국 등 제3국 정착 증가 등으로 판단하고 있다.[9]

중국 체류과정과 한국 유입

국내 입국 탈북자 중 여성이 차지하는 비중은 약 72%다. 국내에 입국하지 않은 해외체류 탈북자 중에 다수가 탈북여성이고 이들이 낳은 자녀가 인권문제로 부상하고 있다. 중국내 탈북자 숫자가 크게 감소돼 2008년에 2~4만 명으로 추산되고 있다. 탈북여성이 중국남성과의 사이에서 자녀를 낳게 되는데 중국 전역에 있는 탈북자 2세 숫자는 명확치 않다. 2008년 기준으로 탈북자 2세는 1만여 명에서 2만여 명 사이로 추정된다.[10] 북한의 식량난이 장기화되면서 중국으로 건너가 돈을 벌어 오고자 하는 북한여성들이 많아졌고 중국에

갔다가 북한으로 돌아가지 않고 정착하는 경우가 늘어났다.

탈북여성이 중국에 거주하는 동안에 각종 인권침해를 당하는 원인은 이들이 국적이 없기 때문이다. 탈북여성이 매매혼 등으로 자녀를 낳고 가정을 구성하지만 국적이 없기 때문에 언제든 강제북송을 당할 상황에 처해진다. 중국의 강제북송 정책으로 항상 불안정한 가정구조를 이룬다. 호적에 등록하기도 어렵고 자녀를 낳아도 다시 호적을 얻는 문제를 고민해야 하며, 교육, 취업, 의료 등 해결해야 할 문제가 첩첩산중이다. 정상적인 가정생활, 사회활동과 기본적 권리를 보장받지 못하고 언제든 북송의 위험이 있는 상황에서 탈북여성이 선택할 수 있는 최선의 대안으로 한국행을 고려하게 된다.

중국체류 탈북여성 및 그 자녀의 삶과 관련된 중국 체류 과정, 인권실태, 한국 입국 및 정착실태에 대한 연구가 다양하게 이루어지고 있다. 중국 국적법은 "부모 쌍방 혹은 일방이 중국 공민이고 본인이 중국에서 출생하면 중국 국적을 소유한다"라고 규정하고 있다(제4조). 이 규정에 따르면, 중국남성과 탈북여성 사이에서 출생한 탈북자 2세는 중국 국적을 갖게 된다. 중국출생 자녀는 탈북여성 엄마에 비해 상대적으로 호구를 취득하는 과정이 수월하다고 한다. 유전자 검사나 주변의 증언을 통해 중국인 남성의 자녀라는 점을 확인하면 자녀의 호구를 만드는 것이 가능하다. 자

녀는 중국인 아버지와 혈연관계 증명을 통해 호구를 취득할 수 있다.[11]

그러나 탈북여성들은 자녀 출생을 신고하면 불법체류 신분이 발각돼 북한으로 강제송환될 것이 두려워 출생신고를 하지 못한다. 출생신고를 하지 못한 탈북자 2세들은 중국 호구를 취득하지 못하기 때문에 여러 가지로 어려움을 겪고 있다. 가장 큰 문제점은 의료혜택 및 교육의 기회를 갖지 못한다는 점이다. 또한, 중국의 한 자녀 정책으로 인해 호구를 만들 수 없는 경우도 적지 않았다. 자녀의 호구를 만들어 주는 이유는 아동의 교육 때문이다. 탈북여성의 자녀가 호구가 없어도 초등교육을 받는 경우는 많지만 대학 진학과 같은 공식적인 교육체계에 편입되는 것은 불가능하다고 전해지고 있다.

중국에서의 탈북여성 엄마와 자녀 관계는 상당히 어려운 상황이다. 자녀는 중국국적의 아버지 식구들과 의사소통을 자유롭게 하는 데 비해, 한국말을 하는 엄마와는 말이 통하지 않는다. 아버지 식구들은 엄마인 탈북여성이 북송될 가능성이 있고 한국행의 소문을 듣고 언제든 도망을 가거나 없어질 수 있는 존재로 인식하고 있어 자녀들에게 엄마의 출신을 밝히지 않는다. 북송되거나 한국으로 가버린 경우에 엄마의 존재를 자식을 버리고 간 사람, 사라진 사람, 몹쓸 사람 정도로 인식시키는 경우가 적지 않다. 이런 경우에 한국에서 탈북여성 엄마와 자녀가 재결합 했을 때 자녀에게

준 상처와 부정적 인식을 없애는 것이 쉽지 않다.

지금까지 중국 체류과정에 다수의 탈북여성들은 중국국적을 취득하기 어려운 상황에서 다양한 인권 침해 상황에 놓여 있음을 살펴보았다. 이 외에도 중국 체류과정에 탈북자들의 유형과 특징은 목적과 체류기간에 따라 다양하다. 이런 가운데서도 탈북자들의 중국 체류과정과 한국 유입의 일반적인 특징은 다음과 같이 살펴볼 수 있다. 첫째, 고난의 행군시기 및 2000년대에 다수의 북한주민은 일시적으로 탈북해 식량과 생필품을 구하거나 단기간에 돈을 벌어 자발적으로 귀환하는 단순 월경자들이었다. 이들은 국경을 넘을 때에 중국에 있는 친척들의 도움을 받기 위해, 또는 중국에 가면 돈을 벌 수 있다는 말에 무작정 월경을 하는 경우가 많았다. 식당이나 농촌에서 일자리를 얻어 일하다가 돈을 벌어서 다시 북한으로 돌아갈 생각으로 월경했다. 이들은 처음부터 돈을 벌어 다시 북한으로 돌아갈 계획을 가지고 있었기 때문에 한국행을 고려하지 않았다. 북한과 중국을 여러 번 왕래하면서 장사를 하고 일자리를 얻어 일한다. 이 과정에서 북한이나 중국 당국에 의해 체포되거나, 탈북한 사실이 알려져 귀환 시 체포될 위험이 높아지면서 북한을 완전히 탈북하는 경우가 있다.

둘째, 처음부터 북한을 탈출할 목적으로 탈북하는 경우이다. 북한에서 정치나 경제사범으로 몰릴 위기에 처해 북한을 이탈해야만 하는 경우, 또는 더 나은 삶을 위해 고향에 대한 미련을 두지 않고 목돈을 마련해 가족을 동반해 탈북을 시도하는 경우다. 탈북과 동시에 신변 안전을 위해 중국 내륙이나 제3국으로 신속히 이동한 후 한국으로의 입국이나 서방으로의 망명을 위해 비정부기구나 종교단체 등의 도움을 받아 목적을 달성한다. 특히 2000년대 이후에는 먼저 탈북해서 한국에 정착한 탈북자가 북한에 두고 온 가족을 브로커를 통해 돈을 지불하고 한국으로 데려오는 경우가 늘어났다.

셋째, 단기간에 돈을 벌어 돌아가겠다는 계획이나 친척 방문 등을 목적으로 월경했다가 장기 체류하게 되는 경우다. 탈북 후 생각했던 것과 달리 돈을 벌지 못하는 상황에서 일정한 주거지 없이 은신생활을 하며 장기 체류하는 경우가 발생한다. 또한, 탈북한 뒤 브로커에 의해 인신매매로 이곳 저곳 팔려가거나 중국남성과의 매매에 의한 사실혼을 선택하는 상황에 처하게 된다. 이들이 중국남성과의 사실혼 관계를 유지하면서 자녀를 출산하고 그곳에서 살기도 하지만, 일부는 현지어 습득을 통해 도시로 나가 일자리를 구하기고 한다. 이들은 중국인 신분을 얻지 못하고 불안정한 신분으로 장기 체류하면서 한국행 또는 서방으로의 망명을 희망하는 경우가 발생했다.[12]

넷째, 탈북은 했어도 북한에서의 정치사상교육의 영향으로 한국행을 감히 선택하지 못하는 경우가 많다. 일부는 경제적·정치적 이유 등으로 북한에서 살 수 없는 환경에 처해서 처음부터 한국행을 선택한 경우도 있다. 일부는 북한에서 한국의 드라마나 영화를 통해 한국의 소식을 접하고 막연한 동경이나 희망으로 한국행을 선택한 경우도 있다. 그러나 탈북한 후 중국에 잠시 또는 장기 체류하게 된 대부분의 탈북자들은 처음부터 한국행을 목적으로 탈북을 선택한 경우는 드물다. 중국살이를 하면서 미래에 대한 기대나 희망없이 살아가는 것도 힘든 데다가 수시로 신변의 위협을 받고 북송이될 위기 상황을 경험하게 되면서 마음이 바뀌게 된다.

다섯째, 중국 공안의 단속과 북송의 위험으로 인해 장기 체류를 접고 안정적인 신분보장과 생활을 위해 한국행을 선택하게 된다. 탈북여성들은 중국남성과의 사이에서 자녀를 낳고 가정을 이루어 사실혼 관계로 살면서도, 도시에 나가 일자리를 얻어 살면서도 끊임없이 중국 공안의 단속과 북송의 위험을 걱정해야 한다. 중국 공안의 정기적인 단속이나 주변의 밀고로 인해 강제북송돼 심각한 처벌을 받기도 한다. 북송경험을 가진 상당수의 탈북여성은 중국에서 다시 돈을 벌어 와야 하거나 그곳에서 출산한 자녀와 재결합하기 위해 재탈북을 감행하면서 탈북과 북송을 반복하기도 한다. 중국에 거주하는 것이 자신과 자녀의 기본적인 생존환경을 보장해 주지 못하는 상황에서 다양한 길을 고민하게 된다. 안정적인 신분보장, 자신과 자녀의 미래, 한국정부의 탈북민 정착지원 등을 다각적으로 고려해 한국행을 선택한다. 이렇게 해서 탈북자들은 브로커를 통해 몰래 한국에 혼자 들어오거나 혹은 중국남성의 도움으로 국내에 먼저 입국한 후 뒤에 자녀나 중국남성을 데려와 정착하게 된다.

몇몇은 중국살이를 하면서 살만하다 싶었지만 갑작스러운 신고와 체포, 북송으로 한국행을 결심하게 된다. 탈북청년 주은주 씨는 20세에 탈북해 중국에서 살았지만 북한의 남조선에 대한 부정적인 사상교육의 영향으로 한국행을 생각하지 못했다. 2008년 중국에서 대대적인 검거선풍이 벌어져 앞집과 뒷집에 살던 친한 북한여성들이 북송되는 것을 목격하면서 중국살이 6년을 접고 한국행을 선택했다고 밝히고 있다. 1999년에 탈북한 신영순 씨는 중국남성에게 의탁해 살면서 중국에서 회사에 잘 다니고 있었지만 지인의 신고로 북송됐다. 북한에 끌려가 인간 이하의 취급을 받는 경험을 통해 중국살이 7년을 접고 한국행을 결심하게 됐다[13]고 밝히고 있다.

탈북여성을 대상으로 탈북 동기와 한국 입국 동기를 구분해 조사를 실시한 적이 있다. 경기도 거주 탈북여성 400명을 대상으로 실시한 결과는 탈북 동기로는 경제적이거나 정치적 동기가 높았지만, 한국 입국 동기로는 신변 안전과 관련한 정치적 동기가 압도적이었다. 탈북여성의 탈북 동기로는 '돈을 벌거나 친지의 도움을 받기 위해서'가 36.3%로 가장 많고 '북한사회가 싫어서' 25.3%, 가족 친구를 따라서 등이 그 다음으로 나타났다. 그런데 한국 입국 동기로는 63.3%가 '탈북 후 중국에서 신변이 불안해서', '북으로 돌아갈 수 없어서' 한국행을 선택했고, 16.6%는 '자녀를 위해서나 본인을 위해서 더 잘 살기 위해서', 14.8%는 한국에 가족이 있어서 온 것으로 나타났다.[14] 탈북여성의 한국 입국 동기는 탈북 후 중국 등 제3국 체류과정에서 체포와 북송의 위험, 인신매매, 인권 유린 등 신변의 위협 속에서 시민권과 안전이 연계된 정치형 동기가 압도적인 것을 알 수 있다.

여섯째, 탈북한 후 곧바로 한국에 입국하기도 하지만 대부분의 경우는 중국 등 제3국 체류과정에서 불법체류자, 강제송환의 위험 등으로 난민적 성격을 가진다는 점이다. 이와 관련해 탈북자의 이주과정에서 제3국 체류기간에 대한 분석을 참고할 필요가 있다. 북한이탈주민 실태조사 자료[15]에 따르면 '제3국에서 거주한 적 없음'이 32.8%, '제3국에서 거주했지만 직업을 가진 적은 없음'이 33.4%, '직업 있었음'이 33.8%로 조사됐다. 제3국에 거주했다가 한국에 입국한 탈북민의 비율은 약 67%에 달하고 있다. 이 중에는 탈북해 한국에 입국하기까지 이주기간이 짧은 직행자도 포함될 수 있다. 또한, 중국 등 제3국에서 1년 이상 오랫동안 체류한 탈북민의 경우에 노동이주, 결혼이주로서의 성격을 가지고 더 나은 삶을 찾아 한국에 입국한 사람도 있다. 그러나 대다수가 제3국에서 짧든 길든 불법체류자로서의 위험한 상황에서 한국을 선택한 난민적 특성을 지니고 있는 것이다.

일곱째, 상당수의 탈북민이 탈북 전후 과정에서 정신적·신체적 고통을 겪었고 이는 한국에 정착한 후에도 어려움을 동반할 수 있다는 점이다. 북한주민은 국가의 배급체제가 끊기고 최악의 경제난과 식량난으로 아사자가 속출하는 과정에서 가족의 죽음과 이산을 경험하고 불법 국경이동을 자행하게 된다. 탈북 시도 중 북한당국에 적발되면 강제송환되어 고문과 구금을 당하거나 사살되기도 하는 위험을 감수해야 한다. 탈북에 성공할지라도 국경을 넘는 순간에 밀입국자나 불법체류자라는 최악의 신분으로 전락해 인신매매, 성매매, 노동력 착취, 멸시와 폭력 등 심각한 인권유린을 당하게 된다. 공안에게 잡혀 중국과 북한의 수용소에서 심문을 받고 북송되는 경험을 했던 경우도 적지않다. 이와 같은 탈북 및 중국에서의 도피 생활, 가족해체의 심리적 충격과 도피생활에서의 심리정서적 상처는 한국에 입국한 후에도 치유되지 않고 외상후 스트레스 장애나 부적응의 형태로 남아 있다.

해외 체류 탈북자 인권

이 절에서는 북한과 중국 체류과정으로 구분해 탈북자 인권을 살펴보고자 한다. 북한은 국제사회에서 인권상황이 가장 열악한 나라 중 하나로 알려져 있다. 북한의 내부 인권 상황이 외부로 알려진 계기는 식량난으로 대량탈북이 발생하면서부터였다. 식량을 구하기 위해 대량의 탈북자들이 중국을 넘나들고 이들을 통해 북한의 내부 소식이 전해졌다. 북한의 식량난을 지원하기 위한 유엔의 대북활동이 시작됨으로써 국제기구 활동가들을 통해 북한인권의 실상을 직접 눈으로 확인할 수 있었다. 한국에 정착한 탈북민들의 증언을 통해서도 북한의 열악한 인권상황이 알려졌다. 탈북자들은 식량난 때문에 북한 안에서 벌어지고 있는 집단아사의 실태 및 북한이 조직적으로 운영하고 있던 관리소와 정치범수용소 등 베일에 가려져 있던 북한인권 실태를 적나라하게 폭로한 것이다. 정치범수용소, 공개처형, 기아 실태, 강제송환 실상, 이동 및 언론 통제 등 북한의 조직적인 인권침해 실태가 드러났다.

그런데 2000년대 미국과 북한 간 정치적 대립이 격화되면서 북한인권 문제는 국제정치 무대의 쟁점으로 급부상했다. 미국의 부시(George W. Bush) 대통령이 집권하면서 북한을 불량국가로 규정하며 대북 강경정책을 실시했다. 미국은 북한인권 문제의 심각성을 알리면서 2000년초에 유엔 인권위원회(United Nations Commission on Human Rights)를 설치하고 2004년에 북한인권법을 제정했다. 유엔 인권위원회를 승계한 유엔 인권이사회(UNHRC: United Nations Human Rights Council)는 2008년부터 2022년까지 북한인권

결의를 채택했다. 개별 국가 차원에서는 미국에 이어서 일본이 2006년에 「납치 문제, 기타 북한 당국에 의한 인권침해 문제 대처에 관한 법률」을 제정했으며, 유럽연합(EU: European Union)은 북한인권결의 공동제안국으로 참여해오고 있다. 한국도 2016년 북한인권법을 제정했다. 2004년부터 북한인권특별보고관이 임명되어 활동을 하고 있으며 2022년 8월에는 살몬(Elizabeth Salmon)이 4대 특별보고관으로 임명됐다. 2013년 3월에는 유엔 인권이사회 결의에 따라 북한인권조사위원회(Commission of Inquiry on Human Rights in the Democratic People's Republic of Korea)가 설치돼 북한의 인권 이행을 권고하고 있다. 유엔 인권이사회(UNHRC)의 국가별 정례인권검토(Universal Periodic Review, 이하 UPR)를 통해 북한이 정치범을 석방하고 초법적인 사형을 없애며 종교자유의 보장 등을 요구하는 권고문을 발표했다. 북한은 인권문제를 둘러싸고 국제사회와 갈등하는 가운데 기능적 협의가 필요하다고 판단되는 부분에 대해서는 협조적 자세를 보였다. 북한은 유엔 회원국으로 UPR을 2009년, 2014년, 2019년에 걸쳐 세 차례의 심의를 받았다.[16)]

국제사회가 북한인권 문제에 적극적으로 개입하는 것에 대해 북한은 체제 안보의 관점에서 강력하게 반발하고 있다. 그럼에도 북한은 일부 분야에 대한 협력을 시도하고 있다. 북한은 여성, 아동, 장애인과 관련된 국제인권조약하의 국가보고 절차에는 상대적으로 협력적인 태도를 취하고 있다. 북한이 2009년, 2014년, 2019년에 걸친 UPR에 지속적으로 참여하고 있다. 자유권 분야에는 소극적인 태도를 보이고 있으나 사회권과 취약계층 관련해서는 최소한의 법과 제도적 측면의 개선을 위해 일정한 노력을 기울이고 있다. 가정폭력 등 여성폭력을 방지하기 위한 법제도 개선을 비롯한 여성, 아동, 노인 등 취약계층의 인권개선에 부분적으로 노력하고 있다. 인권 메커니즘과 관련해 국제기준에 맞게 사법 분야 종사자들에 대한 인권교육과 훈련이 필요하다는 점, 범죄예방, 인신매매 근절, 범죄피해자 지원 등 북한은 형사사법 분야의 일부 개선을 수용하고 있다.[17]

국제사회는 탈북자들의 인권상황에 주목하면서 지속적으로 우려를 표명하고 개선을 촉구하였다. 이것은 북한의 인권상황을 조금씩 개선시키는 데 일정한 역할을 하고 있다. 이러한 북한인권 정책의 변화를 과대평가할 필요는 없지만 북한주민들의 인권개선에 주는 함의가 있다. 북한주민 중에서도 취약계층인 여성들, 탈북여성의 인권개선에 탄력을 부여한다는 점이다. 탈북여성의 인권상황 개선을 위해 국제적 개입이 적극적으로 필요하다. 국제사회가 북송 탈북자 및 탈북여성의 인권에 대해 지속적으로 개선을 촉구하는 것은 탈북여성의 인권 개선에 실질적인 영향을 줄 것이다.

한편 해외체류 탈북자는 북한 국민, 대한민국 국민, 난민,

이주민 등 복합적인 성격을 지니고 있다. 북한은 탈북자를 자국 공민이라고 주장한다. 가족의 생계를 위해 국경을 벗어난 탈북자들에게 가하는 폭력과 인권유린은 심각한 수준이다. 국가의 허락이 없이 불법적으로 국경을 벗어났기 때문에 조국을 배반하고 다른 나라로 도망간 조국반역자로 불리며 처벌을 받게 된다. 탈북자가 탈북 후 정착하는 중국을 비롯한 여러 나라들도 각국의 상황이나 북한과의 정치적 외교관계에 따라 탈북자에 대한 지위를 달리하고 있다. 중국은 북한과의 긴밀한 공조하에 탈북자를 불법체류자로 분류해 북한으로 강제송환하고 있다. 이렇게 해외체류 탈북자의 성격이 다양하기 때문에 북한인권은 규범과 당위의 차원을 넘어 국제정치 영역에서 복잡한 중층적 구조의 성격을 띠고 있음을 보여준다.[18]

한국은 해외체류 탈북자에 대한 성격을 어떻게 규정하고 있는가? 한국에 입국하지 않은 해외체류 탈북자는 그들을 어떻게 규정하는가에 따라 인권보호 책임의 주체가 바뀌고 실질적 효과도 달라진다. 국내에 입국하면 대한민국 '국민'으로서 법적 속성이 부여되고 통일부가 주무부서로 이들의 정착을 담당한다. 다른 국가에서 온 이민자의 경우에 이민법의 적용을 받는 데 반해서 탈북민은 국적법의 적용을 받는다.

그러나 국내에 입국하지 않은 해외체류 탈북자는 주무부처가 외교부이며 헌법에 따른 실효적 권리를 가지고 있지

표 3.1   해외체류 탈북자를 위한 북한인권 개념의 구조

성격		보호의 책임 주체	인권의 실질적 효과
국민	북한국민	북한정권	• 개선효과가 없거나 미약
	한국국민	한국정부	• 공식적 개선효과가 없거나 미약 • 비공식적 개선효과 기대
난민		체류국·비호신청국 정부, 국제사회	• 제한된 지역, 제한된 인권 혜택 • 중국과 동아시아지역 인권보호 취약
이주민		체류국 정부와 국제사회	• 국제법, 조약, 협약 등의 효력 기대 • 보편적·포괄적 인권 차원에서 접근

출처: 송영훈 (2016), p. 75.

못하다. 한국은 헌법의 영토조항에 따라 북한을 주권국가로 인정하지 않지만, 국제정치에서 북한이 실질적 주권국가로서 인정받고 있는 현실을 무시할 수 없다. 한국은 1951년에 제정된 난민협약에 따라 해외에 있는 탈북자에게 난민으로서의 지위를 자동적으로 부여해야 한다고 주장하고 있다. 국제정치에서는 북한이 실질적인 주권국가로 인정받는 현실을 무시할 수 없기 때문에, 체류국 정부가 탈북자에게 자동적으로 한국 국적을 인정하거나 난민 지위를 부여할 가능성이 많지 않다. 이와 같이 해외체류 탈북자 지위는 당위적

규범과 국제정치 현실의 불일치 현상이 발생하고 있다. 탈북자는 국내법, 국제법, 국제관계 등 다양한 요소가 개입돼 그 성격을 하나로 단정 지을 수 없는 어려운 점이 있다.

따라서 해외체류 탈북자의 인권문제를 해결하기 위해서는 탈북자를 국민, 난민, 이주민의 한 속성으로 보기보다는 상보적으로 이해하고 활용할 수 있어야 한다. 해외체류 탈북자를 대한민국 국민으로 접근하는 것은 국내에서는 가능하지만 해외에서는 실질적인 도움을 주고 효과를 얻어내는 데는 한계가 있다. 이들을 난민으로서 접근하는 것은 국제사회에 그 당위성을 호소하고 직접적이고 실질적인 보호를 제공할 수 있지만, 난민으로 인정받을 수 있는 탈북자는 제한적이라는 한계가 있다. 해외체류 탈북자를 이주민으로 인식하는 것은 체류국 정부에 보편적 인권의 측면에서 접근하지만 체류국 정부의 협력과 의지가 있어야 가능하다는 한계가 있다. 이러한 어려움에도 불구하고 해외체류 탈북자의 인권문제 해결을 위해서는 다각적이며 실용적 접근이 요구된다. 탈북자를 국민 혹은 난민으로 보호하는 것 이외에 일반 이주민들의 인권을 보호하는 수단과 절차를 도입함으로서 탈북자의 인권에 실질적인 개선을 이루어내야 할 것이다.[19]

위와 같은 맥락에서 중국에 거주하고 있는 탈북여성과 아동의 인권문제는 한국정부의 입장을 무조건 강조하기보다 중국의 국제인권협약 실천차원에서 인권을 보호하도록 하는 실용적 접근이 제기되고 있다.[20] 이제까지 탈북과정 및 중국 체류과정에서 탈북여성과 그 자녀의 인권문제를 제기했고, 정부 차원에서도 탈북자의 난민인정 및 인권침해 문제를 중국 측에 지속적으로 환기시켰다. 이러한 방식은 중국에 거주하는 탈북여성의 인권침해 상황에 대한 실질적인 대응방안을 도출하는 데 한계가 있다. 따라서 최근에는 우리 정부 차원에서의 개선안뿐만 아니라 국제적인 인권기준에 근거해 문제를 파악하고 실질적인 방안을 도출하고자 하고 있다. 즉 이미 협약당사국인 중국이 국제인권협약을 실천토록 유도하는 차원에서 중국에 거주하고 있는 탈북여성과 아동의 인권문제를 제기하고 실천방안을 제기하는 것이다.

중국은 UN에서 채택된 여성차별철폐협약과 아동권리협약 당사국으로 자국에 거주하는 모든 여성과 아동을 포함해 탈북여성과 아동을 보호해야 한다는 것이다. 중국은 여성차별철폐협약을 1980년 11월에, 아동권리협약을 1992년 3월에 비준을 완료했다. 그러나 탈북여성과 아동은 북중관계로 국제인권협약의 기본권을 온전히 누리지 못하고 있다. 탈북여성과 아동이 국적과 출생신고, 진학과 취업, 보건의료 시설 이용, 강제북송 방지 등의 권리를 누릴 수 있어야 한다. 중국은 북한과의 특수한 관계 및 중국의 내부적 필요에 따라 탈북여성의 존재를 묵인하는 방식으로 소극적으로 대처하고 있다. 그러나 탈북여성을 그 의사에 반해서 북한

표 3.2 국제인권협약과 탈북여성·아동의 권리

구분	여성차별철폐협약	아동권리협약
국적 및 출생신고	제9조 국적 취득, 변경, 보유에 있어 동등한 권리	제7조 이름과 국적을 가질 권리 제8조 신분 보존 및 회복 권리
진학 및 취업	제10조 교육에 있어 동등한 권리 제11조 고용에 있어 동등한 권리	제28조 아동 교육 권리 보장 제29조 아동 교육의 목표
보건의료 시설 이용	제12조 보건 분야에서 차별 철폐	제24조 건강하게 자랄 권리
강제북송	제15조 법 앞에서의 평등 제16조 혼인과 가족관계에 있어 동등한 권리	제9조 부모와 분리되지 않을 권리 제10조 가족과 재결합할 권리 제11조 불법 해외이송 및 미귀환방지

출처: 김미주·김석향 (2020), p. 199 재인용.

에 강제로 송환하는 관행은 한 여성의 권리 침해를 넘어 한 가정을 파괴하는 것이다. 중국남성과 결혼해 자녀를 출산한 탈북여성이 강제송환되면 한순간에 아내와 어머니를 잃어 버리는 것이다. 아동이 부모와 함께 살 권리, 가족과 재결 합할 권리를 침해하는 것이다. 이와 같이 보편적 인권을 존 중하는 방향으로 탈북여성과 아동의 인권 개선정책을 취하 도록 권고하고 유도하는 것이 필요하다.[21]

한편 중국 내 무국적 탈북아동 보호문제도 국내외 인권단체를 중심으로 지속적으로 제기되고 있다. 탈북여성인 엄마의 북송 등으로 고아가 된 무국적 탈북아동과 관련해서는 우선 국내 법제도 측면에서 북한이탈주민지원법의 개정이나 국적판정 제도의 개선을 검토해야 할 것이다.[22] 해외에 체류하고 있는 무국적 탈북아동이 국내 입국과정에서 대한민국 국민으로서 법적 보호를 받고자 할 때 가장 큰 어려움은 엄마인 탈북여성이 북한 사람이라는 것을 스스로 입증해야 하는 점이다. 무엇보다도 중국 내 탈북아동의 보호는 중국 국내법과 국제인권조약에 근거해 개선 방안을 모색할 필요가 있다. 중국정부에게 탈북아동들의 출생 등록과 교육을 의무화 하는 국내법을 환기시켜야 한다. 또한, 아동권리협약과 유엔난민협약에 근거해 무국적 탈북아동의 교육과 보호를 위해서는 탈북여성들의 강제송환 금지를 적극 촉구해야 한다. 제3국 출생 탈북청소년들이 국외는 물론 국내에서 균등한 교육 기회를 누리고 안정적으로 정착할 수 있어야 할 것이다.

마지막으로 해외체류 탈북자의 인권문제를 개선하기 위한 대안들을 살펴보고자 한다.

우선, 탈북자의 권리보호는 관련 국가들이 인권개선을 위해 세계인권선언상의 보편적 인권정신 실현과 국제인권법상 차별금지원칙, 평등원칙의 준수에서 시작돼야 할 것이다. 세계인권선언 제1조는 "모든 인간은 태어날 때부터 자유롭고 존엄하며 평등하다. 모든 인간은 이성과 양심을 가지고 있으므로 서로에게 형제애의 정신으로 대해야 한다"고 선포하고 있다. 탈북자와 관련된 국가들은 국제사회의 책임 있는 국가로서 심각한 인권유린에 시달리는 탈북자를 외면하지 말아야 함을 지속적으로 강조해야 한다.

탈북민이 가장 많이 체류하고 있는 중국에 대해 국제법을 준수하도록 촉구하는 외교적 노력을 지속해야 할 것이다. 중국은 이미 난민협약, 난민의정서 및 고문방지협약에 가입하고, 자유권 규약에 서명한 상황이다. 이것은 난민을 보호하겠다고 국제사회에 공약을 한 것이다. 이러한 점에서 한국정부는 탈북 난민이 가장 많이 체류하고 있는 중국에 대해 국제법을 준수할 것을 촉구하는 외교적 노력을 해야 한다. 중국 체류 탈북여성과 무국적 탈북아동의 인권문제를 국제적으로 지속적으로 공론화하고 국제여론을 형성해 중국이 가입하고 있는 국제인권조약과 관련규범의 준수를 촉구해야 한다. 국제사회의 일원으로서 중국이 탈북자에 대한 일괄 강제송환 정책을 하루 빨리 포기하도록 해야 한다.

탈북자의 인권보호를 위해서는 법적·당위적 차원의 접근과 함께 국제인권 측면의 체류국 정부 입장에서 탈북자 인권을 접근토록 강조할 필요가 있다. 관련국인 중국이 가입하고 있는 국제인권법에 기초해 탈북자 인권을 개선하도록 요구하는 것이다. 중국도 난민협약과 난민의정서에 가입한 당사국이지만 자국의 정치적 상황과 입장을 반영해 탈북자를 난민으로 인정하지 않고 있다. 그러나 중국에게 국제인권법에 가입한 당사국으로서 탈북여성과 살고 있는 남편과 자녀의 인권 측면에서 개선을 촉구할 수 있다는 것이다.

탈북자 인권의 근본적 해결 방안은 북한인권의 개선에 있다. 북한인권 문제에 대한 국제적 여론을 조성해야 한다. 북한주민과 탈북자의 인권문제를 국제적으로 지속적으로 공론화하고 국제여론을 형성함으로써 북한이 가입하고 있는 국제인권조약과 관련규범을 준수토록 유도해야 한다. 이와 함께 탈북자의 인권기록 조사를 확대하고 정보·통계를 지속적으로 구축해 나가야 할 것이다. 인권 침해를 확인하고 보호하기 위한 가장 중요하고 강력한 무기는 인권침해 사례와 실태 등을 기록한 정보와 통계자료이다. 최근 통일부의 북한인권기록센터가 수집·기록한 자료는 북한주민과 탈북자의 인권보호와 증진을 위한 정책수립과 국제사회의 책임규명 등에 활용토록 조치해야 할 것이다.

한국정부도 시민단체와 협력해 북한인권 문제를 해결해 나가야 할 것이다. 탈북자의 인권문제는 남북한이나 주변국에서 적극적으로 개입하기 어려운 실정이나 비정부기구(NGO: Non-Governmental Organization)의 자유로운 활동은 인권개선에 중요한 역할을 수행할 수 있다. NGO들의 관심과 활동을 적극적으로 유도하고 재정을 지원하며 전문가를 양성하는 것이 필요하다. 그동안 NGO는 북한인권 문제의 심각성을 국내외에 알리는 역할을 수행해 왔다. 북한인권을 알리기 위해 국내외에서 학술세미나·공청회 개최, 사진전 개최, 교육자료 제작과 보급 등의 역할을 하고 있다. 북한인권 홈페이지 운영을 통해 UN 북한인권조사위원회의 활동을 적시에 전달하거나 북한의 생생한 인권소식을 전달해 주는 역할을 하고 있다. 특히 현지 NGO는 북한 및 중국지역에서 발생한 북한주민 및 탈북자의 다양한 인권피해 사례를 조사하는 전문적인 지원활동도 추진하고 있다.

탈북자의 인권 회복을 위해서는 제도적 노력뿐만 아니라 인식의 변화도 수반돼야 한다. 탈북자의 인권침해, 고통에 초점을 맞춘 수동적인 희생자 및 성적 피해자로 정형화하는 무력한 희생자 담론을 넘어서는 것이 필요하다. 탈북자들에게 북한에서 겪은 경제난과 젠더 폭력, 중국에서의 인신매매와 성폭력, 강제북송으로 겪는 인권침해 등은 엄청난 고통이었다. 국제사회는 탈북자들이 인권유린과 폭력에 얼마나 고통받고 있는지, 탈북여성이 성범죄와 착취에 얼마나 노출되어 있는지를 세상에 알리는 데 기여했다. 이들이 겪은 고통은 국제사회에서 탈북자에 대한 관심으로 연결되고 난민으로 인정받을 기회를 넓히는 데 기여했다. 탈북자들은 자신이 겪은 고통을 바탕으로 인권 실태를 알리고 확산시키는 생산자로서의 역할을 수행했다. 그런데 이들이 겪는 인권피해 실태에만 초점을 맞춘 접근은 탈북자들을 단일한 모습으로 획일화시키고 도움을 기다리는 수동적인 희생자로 이들을 정형화시키는 경향이 있다. 탈북자들의 고통과 고난에 주목하고 국가폭력과 성폭력을 고발하는 것도 중요하지만, 고통을 넘어 치유하고 회복될 수 있는 여건을 조성해야 할 것이다.

3. 해외체류 탈북자에 대한 주변국의 입장

북한의 탈북자 정책

북한뿐만 아니라 주변 국가들은 탈북민에 대해 다양한 입장의 차이를 보이고 있다. 탈북자가 탈북 후 경유국 없이 곧바로 한국으로 입국하는 경우는 드물다. 탈북 후 여러 나라를 경유하는 과정에서 체류국 입장, 경유국 입장, 국제기구 및 한국의 입장 등으로 인해 곧바로 난민의 지위를 인정받거나 한국국민으로 인정받기 어려운 상황이다. 탈북자 문제는 북한과 한국의 입장 외에도 중국, 러시아, 몽골, 동남아시아 국가들과 밀접한 관계를 맺고 있다. 이들 국가들은 탈북자의 체류지, 경유지, 희망 거주지로서의 역할을 맡고 있기 때문이다. 따라서 이 절에서는 탈북자에 대한 북한의 입장, 중국 및 기타 주변국의 정책, 한국과 국제사회의 정책을 살펴보고자 한다.

북한정부의 탈북자에 대한 입장은 기본적으로 불법으로 월경한 자국 공민이라는 입장으로 그 처벌과 대응은 시기마다 약간씩 달라졌다. 탈북과정에서 탈북자들이 느끼는 가장 큰 위협은 북한으로 강제송환되는 것이다. 북송되면 생명의 위협을 받는다. 집결소에 수용된 뒤 단순 도강인지 탈북인지 아니면 다른 의도가 있는지 조사를 받는다. 조사를 거쳐 경제범과 정치범으로 분류되고, 정치범 수용소나 노동교화소로 이송된다. 북한은 탈북자 문제를 초기에는 대내외적으로 조용히 처리하는 입장을 견지했으나 2000년대 이후 북중공조를 강화하고 탈북 방지정책을 더욱 강화하고 있다.[23]

고난의 행군 시기에 북한은 사실상 불법월경자를 묵과하는 경향도 있었다. 식량난으로 인해 북한의 사회 시스템이 급격하게 붕괴되면서 내부의 경제위기를 외부에서 해결하도록 방치하는 전략이 일부 작동하기도 했다. 생계형 탈북에 대해서는 소극적인 조치를 취해 대량 탈북을 다소 묵인하였다. 식량난에 따른 불법 월경자에 대해서는 일정기간 구호소에 수용한 후에 석방하는 등 처벌의 수위도 약했다. 이 시기에 북한은 탈북자 문제를 대내외적으로 조용히 처리한다는 입장이었다. 탈북자에 대해 '일시 월경자', '비법 월경자'로 칭할 정도로 북한은 무대응으로 일관했다.

그러나 2000년대로 접어들면서 탈북자가 지속적으로 증가하고 식량난이 상대적으로 호전되면서 북한과 중국정부는 본격적으로 국경을 강화하고 탈북을 방지하는 정책으로 선회했다. 불법 월경자들이 북한으로 귀환하는 것이 아니라 중국에 머물거나 제3국으로 이주하는 사례가 증가했다. 합법적 월경자들도 경제적 이득을 갖고 북한에 돌아오기보다는 중국에 장기간 체류하는 사례가 늘어났다. 게다가 한국의 각종 단체와 인사들이 기획입국을 시도함으로써 탈북자 문제가 국제 문제로 비화되고, 이에 북한과 중국정부는 국경 강화, 탈북자 강제북송 등의 방법으로 적극적인 탈북 방지 정책을 추진하고 있다. 이와 같이 탈북자 문제가 국제 문제화됨과 동시에 북한인권법까지 통과되면서 북한은 탈북자를 '범죄자', '피랍자', '변절자'라는 용어를 사용하며 강력하게 대응하고 있다. 탈북자는 '조국반역죄', '비법국경출입죄' 등으로 처벌되고 있다. 탈북자 차단을 위해 이들을 '인간쓰레기'라고 호칭하며 사회적으로 부정적 인식을 확대하고, 구금·수형 과정에서 심각하게 인권을 침해하는 것을 묵인하고 있다.

김정은 정권이 출범하면서 북한주민의 탈북을 차단하기 위한 조치가 더욱 강화됐다. 북한형법에는 탈북행위를 비법국경출입죄와 조국반역죄로 구분해 처벌하고 있다. 불법적으로 국경을 출입하는 '비법국경출입죄'(제221조)에 대해서는 노동단련형, 노동교화형까지 부과할 수 있다. '조국반역죄'(제63조)에 대해서는 노동교화형부터 죄가 무거운 경우에는 무기노동교화형, 사형까지 규정하고 있다. 북한은 2015

년 형법 개정 당시에 '비법적인 국제통신죄'(제222조)를 신설하고 불법적으로 국제통화를 한 경우에 불법적 국경 출입과 마찬가지로 노동단련형, 노동교화형과 같은 중죄에 처한다고 규정했다. 주된 탈북 경로로 활용되고 있는 혜산지역에는 휴대전화 전자장벽을 설치하고 탐지활동을 강화했다. 또한, 탈북 경로로 활용되는 국경지역을 따라 철조망과 감시카메라가 설치돼 탈북에 대한 감시가 한층 강화되고 있다.[24]

중국 및 기타 주변국의 탈북자 정책

왜 중국은 국제사회의 우려와 비난에도 불구하고 탈북자를 난민으로 규정하지 않고 강제송환하는가? 중국의 탈북자 정책은 북한과 국경을 맞대고 있다는 지리적 특성과 북한과의 관계 설정 등 다양한 요인이 작용하고 있다. 탈북 현상은 시기별로 규모와 특징이 달랐으며, 이에 따른 중국의 탈북자 정책도 시기별로 다른 특징을 나타냈다.

북한과 국경을 접하고 있는 중국은 탈북의 주요 루트이다. 탈북자에 대한 중국의 입장과 북중 협조관계는 탈북자 발생 및 한국 입국에 직접적인 영향을 주고 있다. 탈북자의 주요 체류국이자 경유국인 중국은 정작 탈북자를 난민으로 인정하지 않고 있다. 중국은 적절한 난민인정절차 없이 탈북자들을 일괄 '경제적 이주자(economic migrants)' 내지 '불법 이민자(illegal immigrants)'로 간주해 강제북송하고 있다. 탈북하면 연상되는 주요 이슈가 강제북송과 북한인권 문제이다. 중국에서 체포된 탈북자들이 강제송환 위기에 처했다는 소식이 국제 인권단체나 언론을 통해서 알려지고 있다. 이에 대해 UN 인권이사회의 조치, 인권단체 활동가의 항의 시위, 국제적 연대 활동 등 강제북송을 막기 위한 다양한 시도들이 진행되고 있다.

이기현[25]은 탈북자 규모의 증가와 탈북 형태가 변화하면서 중국정부의 국경관리가 강화됐고, 탈북 방지를 위한 북중 협조체계도 강화됐음을 제시하고 있다. 북중 간에는 1998년 체결한 「중국과 북한 간 변경지역의 국가안전과 사회질서 유지업무를 위한 상호협력의정서」에 따라 탈북자를 북한으로 강제송환하고 있다. 중국과 북한은 2003년에 「민형사법 협조조약」을 체결해 탈북자에 대한 수사와 소재 파악 등을 포함함으로써 탈북 문제에 대한 양국 공조를 강화했다. 중국 거주 탈북자들은 중국 공안의 단속과 함께 북한에서 파견된 체포조의 체포대상이다. 체포된 탈북자들은 중국 변방부대를 거쳐 북한으로 송환되면 지역 시·군의 국가보위성에서 기본적인 조사와 신원확인 절차를 거친 후 도집결소 또는 노동단련대를 경유, 시·군 인민보안성 보안서로 이동해 재판절차를 거쳐 처벌된다. 중국은 탈북자가 난민이 아님을 주장하고 있다. 심지어 2004년 10월 4일에 제정된 미국의 북한인권법이 "중국정부가 탈북자들에 대해 유엔 난민기구

(UNHCR: United Nations High Commissioner for Refugees)의 접근을 계속 막는다면, UNHCR은 적극적인 중재에 나서야 한다"고 규정하고 있음에도 불구하고 탈북민이 난민이 아니라는 입장을 고수하고 있다.

중국의 탈북자 정책은 최대한 인권적 접근을 배제하고 정치적 접근을 하는 것으로 요약할 수 있다. 중국은 1982년에 「난민지위협약(Convention relating to the Status of Refugees, 이하 난민협약」(1951)과 「난민 지위에 관한 의정서(Protocol relating to the Status of Refugees), 이하 난민의정서」(1967)에 가입한 당사국이지만, 탈북자를 난민으로 인정하지 않고 경제적 사유로 국경을 넘은 불법월경자라고 규정한 입장을 확고하게 견지하고 있다. 탈북자는 난민의 범위에 속하지 않기 때문에 UNHCR에서 논의될 문제가 아니라는 인식이다. 불법적으로 월경한 사람들은 정치적으로 망명한 것이 아니라 경제적 생존이 주된 이유이기 때문에 이들을 강제송환시키는 것은 법적으로 문제가 없다는 논리이다. 이는 북한과의 양자 간 문제이고, 국제사회의 개입은 내정간섭이라는 입장이다.

그렇다면, 왜 중국은 탈북자 문제에 대해 강경한 입장을 취하는가? 첫째, 탈북자에 대한 난민 인정은 대량 탈북 사태를 야기해 중국의 혼란을 줄 수 있다. 대량 탈북은 중국 변경지역의 사회질서 문란, 특히 인신매매와 꽃제비 등 심각한 사회문제를 야기할 수 있다. 둘째, 탈북민 증가는 북한체제의 불안정 심지어 붕괴까지 야기할 가능성이 있다. 중국이 북핵 등 북한의 군사적 도발에도 불구하고 강력한 제재를 하지 못하는 이유는 북한체제의 불안정성, 미국 주도의 동맹체제에 대한 완충 기능이 상실될 것을 우려하는 것이다. 셋째, 북한인권 문제에 관여할 수 없는 것은 중국 역시 인권 문제에 취약성이 있고 소수민족들에 미칠 영향을 고려해야 하기 때문이다. 만일 중국이 탈북자에 대한 난민지위를 인정할 경우, 자국 내 소수민족인 티베트와 위구르인들의 정치적 집단 탈출, 분리독립세력과 인권운동자들의 저항에 명분을 제공할 가능성이 있기 때문이다.

북한과 국경을 접하고 있는 대표적인 국가로는 중국 외에도 러시아를 들 수 있다. 중국지역에 비해 소규모이지만 러시아에도 탈북자가 체류하고 있다. 러시아 체류 탈북자는 UNHCR과 국제적십자위원회(ICRC: International Committee of the Red Cross)가 국제법에 따라 처리하게 때문에 난민으로 인정받아 국내 입국이 가능하다. 그러나 러시아는 북한과의 외교관계를 고려해 탈북자 문제에 한국정부의 개입을 원하지 않는다. 러시아가 탈북자를 적극적으로 난민으로 인정하고 보호하기보다는 이들의 한국행을 묵인하는 수준으로 소극적으로 대응하고 있다.

몽골은 초기에 탈북자들의 한국 입국을 위한 주요 경유

지였지만 최근에는 잘 이용되지 않고 있다. 반면에 라오스, 미얀마, 베트남 등 동남아시아지역은 국내 입국 탈북자의 상당수가 경유하는 지역이다. 탈북자들은 대부분 중국 입국 후 가짜 공민증을 구입하고, 철도와 육로를 이용해 제3국으로 이동한다. 이들 지역 국가들은 북한과 중국을 의식함으로써 공개보다는 비공개로 탈북자들의 한국행 경로를 묵인하고 있다. 이상에서 살펴 보았듯이, 중국을 제외한 주변 국가들은 탈북자를 난민으로 인정하고 있지만 그 보호와 대응은 최소한의 수준으로 이루어지고 있다. 탈북자가 일부 체류하는 러시아, 또는 경유지로 이용되는 몽골, 라오스, 미얀마, 베트남 등은 북한과의 외교관계를 고려해 탈북자를 적극적으로 난민으로 인정하고 보호하기보다는 이들의 한국행을 묵인하는 수준으로 소극적으로 대응하고 있다.

한국 및 국제사회의 탈북자 정책

우리 정부는 탈북자를 한국 국민으로 인정하고 있고, 해외에 체류하는 미입국 탈북자에 대해서는 국제사회와 함께 난민으로 인정받아야 한다는 입장이다.[26] 국내 입국 탈북민은 국적법에 의해 대한민국 국민으로 보호를 받는다. 탈북자는 한국의 국민으로서 보호받아야 한다는 주장은 헌법과 민족주의에 근거한 국가정체성에 기반을 둔다. 헌법 제3조 "대한민국의 영토는 한반도와 그 부속도서로 한다"와 제10조 "모든 국민은 인간으로서의 존엄과 가치를 가지며, 행복을 추구할 권리를 가진다"는 규정에 따라 탈북자들도 한국의 국민이며 한국정부는 그들의 권리를 보장할 의무와 책임을 가진다.

한편 우리나라와 국제사회는 북한을 최악의 인권침해국가로 인식하고 있다. 탈북자들은 인권 사각지대에 놓여 있고 북한으로 강제송환되고 있다. 따라서 탈북자는 난민협약상 협약난민의 지위에 있고 사실상 UNHCR이 인정하는 위임난민을 부여 받았거나 현지난민 상황에 처해있어 일시적 보호와 북한으로의 강제송환 금지의 대상이 된다. 1951년 난민협약 제1조는 난민을 "인종, 종교, 국적, 특정사회 집단의 구성원 신분 또는 정치적 의견을 이유로 박해를 받을 우려가 있다는 충분한 근거가 있는 공포가 있는 자"로 정의하고 있다. 이에 따라 탈북자는 '협약난민'으로 지위를 부여받을 수 있다. 한편 난민협약의 체약국이 아닌 곳이나 난민을 보호할 능력이 없는 국가에서 UNHCR에 의해 난민의 지위를 인정받는 것을 '위임난민'이라고 한다. 탈북자는 국제법상 위임난민의 지위를 가진다. UNHCR은 중국에 있는 탈북자가 어떠한 지위도 정해지지 않은 채 귀환 시 안전을 보장받지 못한 상태로 북한에 송환시켜서는 안 되는 우려대상자로 인식하고 있다. 이에 한국정부는 탈북민이 UNHCR을 통한 난민지위를 부여받도록 다양한 외교적 노력을 시도하고 있다.

제2부

탈북민들의
한국사회 정착

탈북민 정착의 체계화

이 장에서는 탈북민이 한국사회에 정착하는 과정을 정부의 정착지원제도와 탈북민의 자립이라는 관점에서 살펴본다. 탈북민이 한국에 입국하면 대한민국 국민으로서 사회정착을 할 수 있도록 정부는 다양한 지원제도를 마련하고 있다. 이와 관련하여 탈북민 정착지원에 대한 개념과 시각의 변화, 통일부를 중심으로 한 정착지원정책과 제도의 내용과 특징을 살펴본다. 하나원의 사회적응교육을 포함해 통일부가 중심이 된 정착지원체계의 기능과 역할을 분석하여 최근 정착지원체계의 논쟁점과 발전 방향을 살펴본다. 정착지원의 일차 목표는 탈북민의 자립자활이다. 정착과 자립에 성공한 다양한 사례들이 있는 가운데 이를 방해하는 장애요인도 공존하고 있다. 지원제도, 교육자본 등을 활용해 성공한

사례의 배경에는 탈북민 자신들이 주어진 상황을 능동적으로 받아들이고 미래를 대처해가는 주체적인 내적 역량, 임파워먼트에 주목할 필요가 있다. 그리고 탈북민의 한국사회 정착을 위해 정부, 민간, 탈북민이 함께 협력하여 이루어야 할 자립자활의 과제를 살펴보고자 한다.

I. 정착지원체계의 확립

정착지원에 대한 개념과 시각의 변화

이 절에서는 해방 이후 현재까지 정착지원정책의 변화를 살펴본다. 시기별로 정착지원에 대한 개념과 시각이 변화하고 있다. 정착지원정책의 변화는 '귀순용사'와 '탈북자'라는 용어사용을 통해 감지된다. 탈북자가 입국하는 모습은 1990년대 중반을 전후로 상이한 양상을 보이고 있다. 과거에는 북한 귀순자들이 기자회견장에서 만세를 부르는 장면을 볼 수 있었다. 최근에는 이런 모습은 보기 어렵다. 1990년대 중반까지 탈북자는 '월남귀순용사', '귀순북한동포'로 언론에서 대대적인 조명을 받으며 입국했다. 대표적인 귀순용사로는 1983년 이웅평 미그기 귀순사건을 들 수 있다. 북방한계선을 넘어 북한 국적의 미그기를 몰고 한국 영해로 들어와 투항했던 사건이다. 그는 한국국민들의 열렬한 환영을 받았다. 미그기를 몰고 온 대가로 10억 원이 넘는 보상금이 주어졌고 130만 명이 넘는 사람들이 모여 여의도 시민환영 대회를 갖기도 했다. 분단국가의 현실에서 북한체제와 대비되는 남한체제의 우월성을 보여주는 사건이었다.

1997년 황장엽의 망명 또한 국내외를 떠들썩하게 한 사건이었다. 당시 언론에는 황장엽 북한 노동당비서 귀순에 대해 "주체철학의 대가 황장엽 망명", "서열 24위, 귀순자 중 최고위직", "인민이 굶어 죽는데 무슨 사회주의인가" 등의 기사 타이틀이 1면을 장식했다. 황장엽은 김정일 집권 이후 피폐해진 북한 현실에 대한 환멸과 혁명 1세대에 대한 김정일의 홀대에 불만을 품고 귀순을 결심한 것으로 알려져 있다. 북한에서 최고의 주체사상 이론가로서 김일성대학 총장, 최고인민회의 의장을 지내고 노동당비서를 역임한 그가 북한을 버리고 한국을 선택해 귀순한 것이다. 탈북자의 귀순 사건은 남북한 간 체제경쟁이 치열했던 시기에 북한 공산주의체제에 대한 한국의 자유민주주의체제의 승리를 보여주는 상징적 단면이었다.

그렇지만 1990년대 중반으로 접어들면서 북한체제의 위기와 함께 대량 탈북이 이루어졌다. 탈북자의 규모와 동기가 다양해지면서 한국정부의 탈북자 정책도 확연히 달라졌다. 소위 '고난의 행군' 시기를 거치면서 한국행을 선택한 탈북자는 '꽃제비', '대량탈북', '인권유린 탈북여성' 등으로 상징됐다. 북한주민의 대량탈북과 한국 입국은 여전히 분단체제하에서 체제우위를 보여주는 사건으로 부각됐다. 그러나 그들에 대한 인식과 대우는 시대에 따라 확연히 달라지고 있음을 알 수 있다.

1960년대부터 1980년대 말까지 북한을 탈출해 한국으로 입국한 탈북자는 많지 않았다. 이 당시에는 대부분 정치적 동기로 탈북했고 한국에서는 이들을 '귀순자', '귀순용사'라는 호칭을 부여하고 국가유공자의 혜택을 제공했다. 1989년의 독일통일, 1990년대 초반의 사회주의 진영 와해 및 북한의 식량난 가중 등이 탈북자 증가요인으로 작용했다. 정착지원정책 대상으로서의 탈북민의 특성과 의미는 시기에 따라 변화되어 왔다. 이는 한국사회의 정치사회적 환경에 따라 탈북민에 대한 규정과 지원정책이 달라진 것으로 나타난다.

탈북민 지원정책의 변천 과정을 통해 좀 더 구체적으로 살펴보자. 첫째는 국가보훈처·국방부를 주무부처로 1992년까지 탈북민을 '귀순용사'의 관점에서 국가유공자 차원의 지원이 이루어졌던 시기이다. 탈북민 관련 최초의 법안은 1962년에 「국가유공자 및 월남 귀순자 특별원호법」 제정이다. 이 당시 탈북민의 주무기관은 국가보훈처로서 국가유공자와 월남귀순자를 동등한 수준에서 탈북민에 대한 지원과 사회적 대우가 이루어졌다. 남북한 체제경쟁 시기에 한국으로 이주한 탈북민은 남한체제의 우월성을 보여주는 상징적 존재였던 것이다. 이러한 관련 규정은 국방부를 주무부처로 1978년에 「월남귀순용사 특별보상법」 제정이 이루어짐으로써 보다 종합적이고 체계적인 탈북민 지원정책이 시작됐다. 탈북자는 사선을 넘어 자유민주주의를 선택한 '귀순용사'로 환영받았다. 남과 북이 첨예하게 대립되는 체제경쟁 상황에서 남한체제의 우월성을 강조하고 선전하기 위해 보상금 규모도 대폭 증가했다.

둘째는 보건사회부를 주무부처로 1993년부터 1996년까지 탈북민을 '북한동포'의 관점에서 취약계층 보호차원의 지원정책이 이루어졌던 시기이다. 1993년에 「귀순북한동포보호법」으로 개정되면서 북한의 귀순동포를 국가유공자에서 생활보호대상자로 전환하고 정착금 하향조정 등 지원규모도 대폭 축소됐다. 이 시기부터 '귀순용사'가 '귀순북한동포'로 공식 명칭이 바뀌면서 이들을 '용사'가 아닌 '경제적 난민'으로 분류해 사회복지 차원에서 접근하기 시작했다. 이 시기에 입국한 탈북민은 사회주의 국가에서 유학 중에 한국을 선택한 유학생이거나 군인과 고위층 인사들이었다.

셋째는 통일부를 주무부처로 1997년부터 현재까지 남북통합 대비 차원에서 탈북민 지원정책이 이루어지는 시기이다. 이러한 배경에는 1990년대 소련을 비롯한 사회주의 국가의 몰락, 이어서 북한의 경제난으로 일컬어지는 '고난의 행군' 시기를 거치면서 탈북민의 급속한 증가가 있었다. 한국정부는 탈북민 관련 법안을 재정비해서 대량탈북 사태와 통일을 대비하는 방향으로 다양한 제도적 장치를 마련했다. 대표적인 사례가 1997년에 「북한이탈주민의 보호 및 정착지원에 관한 법률」(이하, '북한이탈주민법') 제정이었다. 이 법안에서 '북한이탈주민'이라는 용어를 공식적으로 사용했으며 정착지원의 방향을 '보호'에서 '자립·자활 중심'으로 전환하고 직업능력과 자립능력 향상에 중점을 두는 방향으로 지원정책을 수립했다.

정착지원정책과 제도의 구체화 및 현실화[1]

정착지원체계와 제도를 통해 정착지원정책의 구체적인 내용을 살펴보고, 이를 통해 나타난 탈북민의 정착 실태를 살펴보고자 한다. 탈북민의 국내 정착과정은 한국 입국 전과 이후로 구분된다. 정부는 탈북민 전원수용 원칙에 따라 한국행을 원하는 북한주민을 모두 수용한다는 입장을 견지하고 있다. 해외에 체류 중인 탈북자가 한국행을 희망하는 경우에 국내법과 유엔난민협약 등 국제법에 부합되도록 이들을 보호하고 수용하고 있다. 또한, 체류국가에서의 체류 여건이 개선되고 본인 의사에 반한 강제북송이 이루어지지 않도록 외교적 노력을 기울이고 있다. 해외에서는 탈북민이 재외공관에 진입해 우리 정부의 실질적인 보호가 가능할 경우에 이들을 수용·보호하고 있다. 해외에서 보호요청을 접수한 경우에는 재외공관이 외교부와 관계부처에 상황을 보고 후 해외공관 또는 주재국 임시보호시설에 수용된다. 이어 탈북민에 대한 신분을 확인 후 주재국과의 교섭을 거쳐 국내입국이 지원된다.

국내입국 후 국정원이 보호결정 여부를 위한 조사와 긴급 진료 등 임시보호조치를 실시한다. 이어서 '북한이탈주민 보호 및 정착지원협의회' 심의를 거쳐 보호여부를 결정한다. 조사가 종료되면 탈북자치단체와 지역적응센터인 '하나센터'가 탈북민의 특성과 지역 여건에 따라 정착지원 서비스를 제공한다. 탈북민은 거주지에 편입되면 그들의 적성과 능력에 맞는 취업을 장려하기 위해 직업훈련과 취업장려금 등을 지급하며 취업보호제도를 시행하고 있다. 이 시기에 탈북민에 대한 정착금 지원, 주택 지원, 교육 지원, 사회보장 지원을 비롯해 정착도우미제도, 거주지보호담당관, 취업보호담당관, 신변보호담당관 등을 통해 거주지 지원 업무가 실시되고 있다.

정부는 탈북민의 성공적 정착 여부가 우리의 통일의지와 능력을 보여주는 시금석이라고 판단하고 있다. 국내 거주 탈북민에 대한 지원은 일회성의 물질적 지원보다는 자립기반 조성 및 자활능력 배양을 통한 건전한 민주시민을 양성하는 데 역점을 두고 있다. 정부는 3년마다 「북한이탈주민 정착지원 기본계획」을 수립하고 정착지원정책을 추진해 나

표 4.1   탈북민의 국내 정착과정

보호요청 및 국내 이송	• 보호요청 시 외교부와 관계부처에 상황보고 및 전파 • 해외공관 또는 주재국 임시보호시설 수용 • 신원 확인 후 주재국과 입국교섭 및 국내입국 지원
국내입국	
조사 및 임시보호 조치	• 입국 후 국정원이 보호결정 여부를 위한 조사 및 긴급진료 등 임시보호조치 실시 • 조사종료 후 사회적응교육 시설인 하나원으로 이송
보호결정	• 「북한이탈주민 보호 및 정착지원협의회」 심의를 거쳐 보호여부 결정 • 보호결정 세대단위 결정
하나원 정착준비	• 사회적응교육(12주, 400시간) - 심리안정, 남한사회 이해증진, 진로지도 상담, 기초직업훈련 • 초기정착지원: 가족관계 창설, 주거알선, 정착금·장려금 지원 등
거주지 전입	
거주지 보호 (5년)	• 사회적 안전망 편입(생계·의료급여 지급) • 취업지원: 고용지원금, 무료 직업훈련, 자격인정 등 • 교육지원: 특례 편입학 및 등록금 지원 • 보호담당관: 거주지·취업·신변보호 담당관 제도 운영
민간참여	• 북한이탈주민지원재단을 통한 종합서비스 제공 • 지역적응센터(전국 25곳) 지정·운영 • 정착도우미 제도: 민간자원봉사자 연계 • 북한이탈주민 전문상담사 80명(정원기준) - 종합상담 및 애로사항 해결 등 찾아가는 상담 서비스 제공

가고 있다. 북한이탈주민법에서는 탈북민이 특수하다는 점을 인정하고, 이들의 정착을 위해 신변보호, 사회적응교육, 취업지원, 주거지원, 의료지원 등 다양한 혜택과 중앙정부 중심의 정착지원 전달체계가 이루어지고 있다.

정부의 초기 정착지원체계는 정부–지자체–민간의 상호 협력을 기반으로 추진되고 있는 것이 특징이다. 탈북민 정착지원정책의 기조는 정부와 지자체, 민간이 상호 협력해 추진하는 것이다. 중앙정부 차원에서는 통일부가 '북한이탈주민의 보호 및 정착지원 협의회'를 통해 정책을 협의·조정해서 추진하며, 거주지 차원에서는 지방자치단체와 북한이탈주민지원재단(남북하나재단), 지역적응센터(하나센터)가

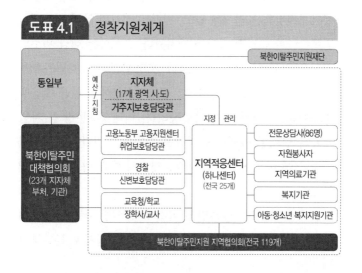

도표 4.1 정착지원체계

협력해 정착지원 서비스를 제공한다. 민간차원에서는 지역 민간단체와 의료기관, 종교단체, 자원봉사자 등이 남북하나재단 및 하나센터와 연계해 지원토록 하고 있다.

탈북민 정착지원이 통일부 중심으로 추진된 것도 30여 년이 지났다. 정착지원정책의 특징은 한마디로 이들의 자립자활에 주력하는 것이다. 탈북민들이 자립자활을 통해 적정 수준의 경제적 능력을 갖추었을 때 한국사회에 정착한 것으로 볼 수 있다. 효율적 제도와 지원을 통해 이들에게 더 나은 사회경제적 지위를 제공하는 것이 기본 전제이며, 이를 근거로 한국사회에 연착륙할 수 있도록 다양한 지원정책을 시행해 왔다. 복지부가 취약계층을 지원하는 차원에서 정책을 추진했다면, 현재 통일부는 한반도 통일의 비전 가운데 정착지원정책을 진행해 왔고, 탈북민 정착의 양적 지표에서 괄목할만한 긍정적 결과를 가져왔다. 초기에는 현금 위주의 정착을 지원하는 방식이었으나 2005년부터는 자립자활을 강화하는 방향으로 전환했다. 정착지원금에서 현금 지급을 최소화하고, 직업훈련, 취업장려금, 미래행복통장 등 자립자활과 연계된 인센티브 지급을 강화하고 있다. 거주지 전입 이후에 이루어지는 정착지원제도의 주요 내용은 표 4.2와 같다.

정착지원제도는 탈북민을 이주자 및 일반 난민과 구분해서 특별히 지원하고, 5년간 거주지보호 대상자로 분류하여

표4.2 정착지원의 주요 내용

구분	항목	내용
정착금	기본금	1인 세대 기준 800만 원 지급
	지방거주장려금	지방 2년 거주 시 주거지원금의 10~20%
	가산금	노령, 장애, 장기치료, 제3국 출생 등 지원
주거	주택알선	임대주택 알선
	주거지원금	1인 세대 기준 1,600만 원 지원
취업	직업훈련	훈련비 전액 지원 및 훈련기간 중 훈련수당 지급
	취업장려금	3년간 근속 시 최대 수도권 1,800만 원, 지방 2,100만 원
	자산형성제도 (미래행복통장)	근로소득 중 월 최대 50만 원, 최대 4년까지 저축액에 대해 정부가 동일금액을 매칭해 지원
	기타	취업센터 운영, 사회적기업 설립, 영농정착, 창업지원, 취업지원 바우처
사회 보장	생계급여	국민기초생활보장 수급자
	의료보호	의료급여 수급자
	연금특례	입국 당시 50세 이상~60세 미만 시 국민연금 가입 특례
교육	특례 편·입학	대학진학 희망 시 정원 외 특례입학
	학비지원	중고 및 국공립대 등록금 면제, 사립대 50% 보조
보호 담당관		거주지보호담당관, 취업보호담당관, 신변보호담당관

집중적으로 지원한다. 또한, 이들은 사회안전망에 편입돼 생계·의료급여가 지급되며, 정착지원으로 주택알선 및 정착금·주거지원금이 지급된다. 본인의 의사를 고려해 지역사회에 편입됨과 동시에 영구·공공 임대아파트를 우선적으로 알선받는다. 임대아파트에 입주할 수 있도록 주거지원금과 정착지원금이 1인 세대주 기준으로 2,400만 원이 지급된다.

대표적인 취업지원 방식으로서 취업장려금, 미래행복통장으로 불리는 자산형성제도, 무료 직업훈련 등을 들 수 있다. 거주지 보호기간 중에 6개월 이상 동일한 업체에서 근무한 자는 취업장려를 위해 최대 3년까지 수도권 1,800만 원, 지방 2,100만 원까지 취업장려금을 지급받고 있다. 2014년 11월 29일 이후 입국해 보호결정을 받은 자에게는 직업훈련장려금, 자격취득장려금, 고용지원금 대신에 자산형성 지원인 미래행복통장이 지원된다. 탈북민이 취업해 근로소득을 저축하면 동일한 금액을 정부 지원금으로 적립해서 목돈을 마련할 수 있도록 해주는 것이다. 근로소득의 월 30% 내, 월 최대 50만 원을 최대 4년까지 불입하면약 5,000만 원의 목돈 마련이 가능하다. 이는 탈북민의 취업률을 높이고 장기근속근무를 통해 경제적 자립기반 구축을 목적으로 삼고 있다. 이러한 정착지원제도는 과거 정착금 위주의 수혜적 '보호'가 2005년부터 자립자활능력 배양으로 정책적 중심이 이동했음을 의미한다. 직업훈련을 받고 취업해서 저축한 탈북민에게 지원하는 인센티브 방식으로 전환된 셈이다. 2004년 이전에는 노동 여부에 관련 없이 약 3,590만 원의 정착금이 지급됐다. 법 개정 후에는 정착기본금이 삭감되고 인센티브가 추가됐다.

교육지원으로는 중등 및 고등교육과 관련해 특례 편입학 및 등록금 지원이 이루어진다. 고등학교 이하의 학교에 입학 또는 편입학한 만 24세 이하의 경우에 학비를 전액 면제받는다. 전문대 이상의 학교에 편입 또는 입학한 만 34세 이하의 경우에 국립대학은 전액 면제, 사립대학은 국가와 학교가 각각 절반씩 분담 지원하고 있다. 또한, 전문대, 사이버대, 평생교육시설 등 교육기관의 경우에는 고졸 학력을 취득한 날로부터 5년 이내에 입학하면 연령에 관계없이 교육지원을 받을 수 있다. 특히 대학입학의 경우에 탈북민 특별전형 제도가 운영되고 있어서 대학 교육의 기회가 개방돼 있다.

탈북민 정착실태는 꾸준히 개선되고 있다. 외형적으로는 탈북민들의 자립과 자활 지표들이 지속적으로 개선되는 긍정적인 결과들을 보여주고 있다. 이는 탈북민들의 강인한 정착 의지와 노력, 정부의 정착지원제도가 결합된 결과라고 할 수 있다. 경제활동 참가율과 고용률이 꾸준히 증가했고, 실업률도 지속적으로 개선됐다. 고용률은 2011년 49.7%

에서 2022년 59.2%(한국 전체 63%)로 지속적으로 향상되고 있다. 실업률도 2011년 12.1%에서 2022년 6.1%(한국 전체 3%)로 지속적으로 낮아졌다. 월평균 임금도 2011년 121.3만 원에서 2022년 238.4만 원(한국 전체 288만 원)으로 꾸준히 증가하고 있다.[2] 교육훈련, 출산, 육아, 경제활동을 동시에 수행해야 하는 20대에서 40대의 여성이 다수를 차지하는 상황에서 경제활동참가율이나 고용률은 일반 국민과 거의 비슷하다. 한국사회에서 잘 살아가고자 하는 이들의 강한 정착의지와 노력의 결실이라 할 수 있다.

그러나 자립자활을 위해 보완해야 할 지표들은 여전히 남아있다. 탈북민의 정착 실태와 관련, 내실화 차원에서는 다소 부정적인 결과들도 있어 향후 개선과제로 제시되고 있다. 이들의 경제활동 참가율이나 고용률, 실업률, 월평균 임금수준이 꾸준히 호전되고 있지만, 일반 국민과 비교해 지속적인 노력이 요구된다. 안정적 자립을 위해서는 고용 형태의 질적 관리가 필요하다. 탈북민 취업자의 직업유형 상위 5순위를 보면 단순 노무 종사자 21.2%(한국 전체 14.8%), 서비스 종사자 19%(한국 전체 11.4%), 전문가 및 관련 종사자 11.6%(한국 전체 20.6%), 기능원 및 관련 기능 종사자 11.6%(한국 전체 8.7%), 장치, 기계조작 및 조립종사자 10.6%(한국 전체 10.8%) 순으로 나타났다. 취약한 환경에 놓일 가능성이 높은 단순 노무 및 서비스 종사자의 비중이 높고, 반대로 어느 정도 안정적인 직장생활이 보장되는 전문가 비중이 낮은 점은 우려할 상황이다. 하지만 예전에 비해 기능원 및 장치, 기계조립 종사자의 비중이 계속 증가하면서 한국국민과 비슷한 수준을 유지해 가고 있는 점이 긍정적이다. 여하튼 이는 양질의 일자리를 확대하고 개발해 나가야 함을 의미한다. 또한, 기초생활보장 수급률도 계속 나아지고 있지만 일반 국민에 비해 수급률이 현저히 높아 개선이 필요하다. 한국사회 정착과 관련, 북한으로 다시 돌아간 재입북자가 존재하고 일반 국민 대비 자살률과 범죄율이 높은 편이어서 지속적인 관리가 필요하다.

대다수 탈북민은 한국 생활에 만족하고 있지만, 편견과 차별로 인한 어려움을 호소하는 자들도 있다. 지난 1년간 탈북민이라는 이유로 차별 또는 무시당한 경험이 있는 자는 10명 중 2명 정도로 파악된다. 반대로 탈북민 지원에 대한 일반 국민들의 인식은 과거보다 신중해지고 부정적으로 표출되는 것으로 나타나고 있다. 서울대 통일의식조사에서는[3] 한국 입국을 원하는 '탈북민을 모두 받아들여야 한다'라는 응답률은 2007년 52%에서 2022년 29%로 계속 감소하고 있다. 특히 한국사회의 탈북민에 대한 편견과 차별은 이들의 적응을 더욱 어렵게 한다. 남북관계의 악화, 부정적인 언론보도가 이들의 정체성 및 인식에 영향을 미치고 있다. 탈북민을 북한체제의 부정적 특성과 동일시하거나 한국사회의 저소득층으로 인식하는 경향이 있다. 따라서 정착환경 조성에 있어서 무엇보다도 한국 국민들의 부정적 인식을 개선하고 함께 통합하는 환경을 조성하는 문제가 제기되고 있다.

정착지원체계의 논쟁점과 발전 방향

이 절에서는 하나원의 사회적응교육을 포함해 통일부가 중심이 된 정착지원체계의 기능과 역할을 분석하여 최근 정착지원체계의 논쟁점과 발전 방향을 살펴보고자 한다. 우선, 정착지원업무가 통일부로 이관되면서 통일준비의 핵심을 탈북민 정책으로 간주하고 하나원을 설립했다. 하나원은 탈북민이 지역에 본격적으로 정착하기에 앞서 이들을 대상으로 집중교육을 실시하고 보호 결정된 탈북민에 대해 12주간 한국사회 정착을 준비하는 사회적응을 훈련시키는 기관이다. 하나원의 공식 명칭은 '북한이탈주민정착지원사무소'로서 1999년에 하나원(안성), 2012년에 제2하나원(화천분소)을 개원해 운영되고 있다. 안성 본원은 여성 특화교육을, 화천분소는 남성 특화교육으로 운영된다. 하나원은 3개월간 400시간의 정규프로그램과 개인별 요구에 따른 보충프로그램으로 이루어진다. 정규프로그램은 건강지원과 정서안정, 남한사회 이해증진, 사회적응, 자립과 기초실습훈련 등으로 이루어진다. 비정규 프로그램은 한국생활에 기초적인 언어, 영어, 컴퓨터, 운전 등이 대표적이다.[4]

하나원 교육과정

우리 사회 이해 증진 (148시간)		진로지도 및 직업탐색 (162시간)
• 시장경제 적응, 사회이해 교육 • 정보화 교육 • 언어교육, 현장체험	**12주 400시간**	• 적성선호도 검사, 진로지도 • 직종설명, 기초직업적응훈련 • 취업 설계
• 정착지원제도 이해 • 신변보호담당관 안내 • 설문 및 교육평가	• 여성인권과 양성평등 • 성폭력·성매매 예방교육	• 마음나눔, 마음돌봄 • 마약중독예방, 결핵 교육 • 건강관리법, 체육활동
초기 정착지원 (43시간)	성평등 관점 통합교육 (17시간)	정서안정 및 건강증진 (30시간)

자유참여형 보충프로그램(372시간) 언어, 운전, 컴퓨터, 공예교실, 부모교육 등

하나원은 일반 교육시설과는 달리 탈북민만을 별도의 시설에 수용해 교육하고 있다. 이와 관련, 하나원 교육시설과 교육기간, 운영방식 등에 대해 다양한 의견이 개진되고 있다. 현재와 같이 진행되고 있는 하나원 운영방식의 필요성과 불가피성에 대한 의견은 탈북민의 특수성을 강조하는 입장이다. 우선, 탈북민이 지역사회 정착에 필요한 행정을 준비하는 데 일정기간이 소요된다는 것이다. 탈북민이 한국사회에서 법률관계의 주체가 되려면 주민등록번호가 필요하며 이를 위해 관할 시청과 가정법원의 모든 협조를 받는 데 상당한 시일이 소요된다. 안정적인 주거 공간으로서 임대주택을 확보해야 하고, 이사 날짜에 맞추어 주택을 제공하려

면 2~3개월의 기간은 필요하다.

또한, 하나원의 3개월 운영기간은 탈북 및 제3국 체류과정에서의 어려움을 고려할 때 건강과 심리정서적 안정에 주력하는 사회적응 기간이다. 탈북 과정에서 극도의 불안과 신체적 소진, 생명 위험과 심리정서적 스트레스, 인권유린 등의 경험으로 인해 한국 입국 이후 단기간에 회복이 어렵다는 점을 고려하고 있다. 초기 적응단계에는 건강 및 심리정서적 안정이 중요하다. 탈북 과정에서 상대적으로 어려움이 덜했거나 가족이 함께 온 경우는 심리정서적인 고통이 크지 않을 수 있다. 그러나 재북 및 제3국 체류과정에 정신적·신체적으로 심한 학대에 노출되었거나 인권을 유린당했던 경험, 가족이 그곳에 남아있거나 헤어질 수밖에 없는 상황으로 인해 홀로 온 경우에는 그 충격이 상당할 수 있다. 이들에게는 취업준비교육보다 집중적인 심리정서적 안정과 상담이 중요하고 기초 적응교육이 필요한 시기이다. 탈북민들은 "하나원에 있을 때는 먹고 자는 것, 다 해주어서 편했다", "하나원 나오니 고생 시작이다. 의식주, 취직, 자녀 돌봄 등을 알아서 하려니 너무 힘들다"라는 불만을 토로하기도 한다. 격리된 공간의 하나원 거주기간은 의식주에 대한 걱정 없이 심신의 안정을 취하며 기초 적응교육을 받을 수 있다는 점을 장점으로 들고 있다. 이렇듯 심리정서 안정과 체력을 회복하면서 진로탐색을 준비하는 시기로서의 의미를 가진다.

다른 한편, 하나원은 운영방식을 개방형 교육기관으로 전환하고 기관운영의 정체성을 재정립해야 한다는 의견도 적극적으로 개진되고 있다.[5] 하나원 교육은 3개월간 폐쇄형으로 운영되는데 기간을 단축하거나 개방형으로 운영돼야 한다는 의견이다. 하나원은 보안기관으로 분류되어 교육생들은 격리된 시설에서 교육을 받고 있다. 하나원의 설립목적이 한국사회에 대한 적응교육을 실시하는 것이라면 사회와 격리된 상태에서의 교육이 효과가 있을지에 대한 의문과 함께 한국사회와 접촉할 수 있는 기회를 확대하는 개방형으로 전환돼야 함을 제시한다. 교육의 효과 면에서, 하나원 교육을 이수한 다수의 탈북민들은 사회적응교육이 현실과 연관된 현장밀착형 교육이어야 한다는 데 동의한다. '겪어봐야 안다'는 말처럼, 살아가면서 배우는 것이 교육 효과 면에서 더 낫다는 입장이다. 현실과 분리된 교육은 집중도가 떨어진다는 점에서 교육 효과가 낮아진다. 또한, 강의실에서 배우는 지식과 현실에서 체득하는 지식 사이에는 간극이 있다는 점에서도 현장밀착형 교육의 필요성이 제기된다. 하나원과 하나센터에서 사회적응교육을 받았지만 막상 현실에 적용하려면 어렵다는 사실을 뒤늦게 체득하는 경우가 적지 않다. 하나원의 교육은 커리큘럼이 아닌 실생활과 연결시켜 체득할 수 있는 사회문화적 맥락에 대한 이해가 필요하다.

예를 들면, 하나원과 하나센터의 교육 중에 경제교육이나 범죄예방 교육이 있다. 그럼에도 불구하고 보이스피싱, 유흥업소 등 비법적 일자리에 연루되는 경우가 있다. 보이스피싱 범죄는 한국사람들조차도 그 유혹을 떨쳐버릴 수 없을 정도로 지능적이다. 돈이 필요한 탈북민의 경우는 말할 나위도 없다. 돈을 더 많이 주는 알바인줄 알고 시작했다가 보이스피싱 범죄 가해자로 몰리는 경우가 있다. 자녀 생활비 조달을 위해 또는 가족을 입국시키기 위해 브로커에게 송금해야 할 금전적 압박 때문에 단기간에 고액을 벌 수 있는 일에 뛰어드는 경우가 발생한다. 어떤 탈북민은 북한과 중국에서 온갖 어려운 상황을 경험하다가 한국으로 입국했다. 그는 한국에서는 북한과 달리 자유롭고 뭐든 다 해도 된다는 막연한 생각을 갖는다. "자본주의 문화에서는 당연히 뭐, 유흥업소 직원이나 성매매도 하나의 직업군으로 있는 줄 알았어요." 하나원과 하나센터 교육에서 불법이라고 배우기는 배운 것 같은데 심각하게 생각하지 않았고 허용되는 줄 알았다는 것이다. 이와 같이 교육 및 정착과정에서 사회문화적 맥락에 대한 이해 부족으로 교육효과가 다르다는 것을 알 수 있다.[6] 이런 점에서 하나원의 기초 사회적응교육은 최대한 현장밀착형 교육이어야 하고, 하나원 퇴원 이후 지역사회에 편입해서도 교육의 지속성이 유지돼야 한다.

하나원 운영과 관련, 정체성 정립 문제도 제기되고 있다.

하나원은 한국사회 적응을 위한 기초적인 남한사회 이해 교육, 심리정서적 안정, 진로탐색과 직업적응훈련 등을 제공해야 한다. 그러나 현재 직업훈련 및 취업관련 교육시간의 비중이 지나치게 높게 편성돼 있다. 사회적응 교육기관의 성격보다 직업훈련기관의 성격과 역할이 강조되는 측면이 있다. 국정감사나 언론보도에서 해마다 탈북민의 취업이 어려운데 취업교육을 어떻게 하고 있는가, 성인지가 낮은데 성평등교육을 실시하고 있는가, 사기를 잘 당하는데 경제교육을 실시하고 있는가 등 다양한 사회적응 문제가 제기됐다. 현재 하나원 교육과정은 이러한 문제들을 개선하기 위해 기초 사회적응교육부터 직업훈련에 이르는 모든 분야를 포괄하도록 구성되어 있다.

하지만 적지 않은 연구자들은 하나원의 성격이 초기 사회적응교육과 심리안정에 중점을 두어야 하며 직업훈련기관으로서의 성격에 대해서는 다소 비판적 입장을 견지하고 있다. 탈북민에 대한 직업훈련과 취업알선은 하나원 퇴소 이후 지역사회와 전문 직업훈련기관에서 수행토록 해야 한다. 입국 초기 사회적응교육은 실질적이고 유용한 한국살이 안내로 재편될 뿐만 아니라 심신의 건강이 충분히 회복되는 기간이어야 한다. 초기 교육과 치료 프로그램은 여성건강과 여성권익 중심 내용이 보강돼야 한다. 그래야만 하나원 퇴소 이후 맞닥뜨리게 되는 한국사회의 현실에 제대로 대응할 수 있는 능력을 갖추게 되며 직업훈련과 취업에 적극적으로 도전해 자립할 수 있다.[7] 이와 같이 하나원은 심리안정과 한국사회 이해, 정착지원제도 안내 등 한국사회 정착에 필요한 초기 사회적응 교육기관으로서의 정체성을 확고하게 정립할 필요성이 제기된다. 따라서 하나원의 사회적응교육은 심리정서적 안정과 자립자활을 위한 직업훈련 준비가 어떻게 적절한 균형을 이룰 수 있는가의 과제를 안고 있다.

하나원 교육 수료 후 거주지로 전입하면 중앙에서는 남북하나재단이, 지역에서는 하나센터가 탈북민 정착을 지원하는 역할을 담당한다. 남북하나재단은 통일부 출연 공공기관으로서 탈북민 정착을 종합적으로 지원하는 역할을 수행하고 있다. 남북하나재단은 초기 정착과 생활안정 지원, 직업훈련과 고용촉진을 위한 자립자활 지원, 교육지원, 상호인식 개선, 정착금 지급 등 종합적인 정착지원 서비스를 제공하고 있다.

하나센터는 하나원 교육 수료 후 거주지로 편입하는 탈북민의 지역 정착을 지원하는 기관이다. 하나센터의 역할은 탈북민이 '초기집중교육'과 초기생활지원을 통해 신속하게 지역사회에 적응하고 자립자활할 수 있는 기반을 조성케 하는 것이다. 하나센터는 하나원 교육 수료일에 해당지역에 전입하는 탈북민의 신병을 인수해 지역으로 함께 이동한다. 거주지역 도착 직후 1, 2일간 주택계약, 전입신고, 입주, 생활용품 구입 등을 지원하고, 정착도우미를 통해 초기 전입에 필요한 업무를 지원하고 있다.

이들은 지역사회 정착에 필요한 생활정보, 취업교육, 현장체험교육 등 8일간 50시간의 초기집중교육 및 초기생활지원을 받는다. 특히 하나센터 교육은 지역 정착을 목적으로 실생활과 밀착된 실습 및 현장 중심 교육으로 이루어져 있다. 지역 자원을 잘 활용할 수 있도록 지역 내 여러 기관이나 현장을 방문하고 실생활에 적용하는 능력을 교육받고 있다. 이용이 불가피하지만 생소해서 방문이 꺼려지는 공공시설의 이용방법도 교육받는다. 한국에서의 첫 아파트 공동생활에 생소할 수 있는 공공예절과 공동시설 이용방법, 일상생활에서의 올바른 의사소통방법과 예절, 평등한 남녀관계, 행복한 가족생활과 소통 역량에 초점을 맞춘 교육도 받는다. 또한, 한국의 자본주의 시장경제와 법질서체계에 대한 이해 부족으로 한국생활에 부적응하는 경우가 없도록 경제생활의 기본개념을 이해하고 합리적 소비생활을 장려하는 교육도 이수한다. 한국의 생활법률 기초지식과 사례 교육을 통해 사기피해, 범죄의 실제 상황에 대처할 수 있는 문제해결 능력을 향상시키는 데 주력한다.

최근 논의의 쟁점은 통일부가 중심이 된 정착지원체계의 기능과 역할이다. 통일부를 중심으로 남북하나재단, 지역하나센터로 집중되어 운영되는 현재의 정착지원체계가 그

기능과 역할을 제대로 수행하고 있는지, 보다 효율적인 성과를 내기 위해서는 어떤 변화가 필요한지에 대한 논의이다. 정착환경의 변화 및 탈북민의 요구를 반영하여 지원체계에 대한 변화 필요성이 개진되고 있다.[8]

첫 번째 과제로는 통일부가 탈북민 정착의 실질적인 컨트롤타워로서의 역할을 수행할 수 있도록 기능과 역할을 강화하거나 조정해야 할 것이다. 탈북민 업무는 한국사회에서 보호 및 정착을 지원하는 것이다. 주택, 교육, 건강, 취업 등 모든 삶의 영역이 다뤄진다. 남북분단 상황에서 탈북민 보호를 위해 경찰청, 국가정보원, 국방부 등과도 협조해야 한다. 주무부처는 통일부이지만 행안부, 교육부, 노동부, 보건복지부, 여성가족부, 외교부, 경찰청, 국가정보원 등 많은 부처와 협력해 정착을 지원해야 한다.

따라서 탈북민의 업무는 1차적으로 취업, 교육, 복지, 행정 등 주요 정착영역을 다루어야 하기 때문에 부처 간 역할분담체계를 재검토해야 한다는 의견이 꾸준히 제기되어 왔다. 이와 함께 통일부는 남북관계를 전담하는 업무 성격상 남북대화가 활발하게 진행되는 경우에 탈북 정책도 영향을 받을 수밖에 없어 주무부처의 적절성에 대한 논란이 제기돼 왔다. 탈북민은 지역사회에서 거주하기 때문에 지역사회의 정착지원체계를 강화해야 한다. 이를 위해 지방에 하부조직을 갖추고 있는 행안부, 보건복지부, 노동부의 역할을 확대하거나, 통일부가 중앙 컨트롤타워의 실질적 기능을 수행할 수 있도록 역할을 강화하고 재편해야 할 것이다.

두 번째 과제로는 통일부와 하나원, 그리고 남북하나재단과 하나센터로 연결되는 통일부 중심의 정착지원 전달체계가 탈북민의 사후관리 기능을 강화하거나 지방자치단체에 사후관리 기능을 부여해 전국단위의 체계적인 지원과 보호가 이루어지는 지원 시스템을 갖추어가는 것이다. 탈북민에 대한 지원체계는 일반 복지체계를 일부 활용하고 있지만, 하나원과 하나센터, 그리고 남북하나재단을 중심으로 설계된 별도의 지원체계가 작동하고 있다. 탈북민은 하나원을 퇴소한 이후 전국적으로 분포되어 하나센터의 교육과 지원을 받고 있지만, 전국단위의 체계적인 지원과 보호를 받기 어려운 조건이다. 예를 들면, 하나센터는 초기 전입한 탈북민에 대한 서비스업무에 중점을 두고 있어 개인정보 보호문제에 대한 지역 간 행정적 연계가 부족한 실정이다. 가족과 함께 살기 위해 또는 학교에 진학하거나 일자리를 찾기 위해 최초 배정된 거주지를 이탈하는 탈북민을 추적 관리하기가 쉽지 않다. 한 지역에서 다른 지역으로 이동하는 탈북민들의 수요에 부합하는 정착지원을 위해서는 지역 간 연계가 이루어져야 한다. 지역 복지관 중심으로 파편화되어 위탁운영되는 지역 하나센터의 거버넌스를 지역 간 행정연계를 강화되는 방식으로 개편돼야 한다는 것이다. 따라서 통일부와 하나원, 그리고 남북하나재단의 사후관리 기능을 강화하거나 지방자치단체에 사후관리 기능을 부여해 전국단위의 체계적인 지원과 보호가 이루어질 수 있는 지원 시스템이 필요하다.

세 번째 과제로는 정부 주도의 정착지원정책과 체계는 탈북민의 특수성에 기초해서 시민사회로부터 이들을 분리시키고 주변화하는 경향이 있으므로, 지자체와 민간의 참여를 확대하고 지역주민과의 교류를 확대해 나가야 할 것이다. 탈북민의 특수성에 기초한 '분리', '배제' 지원 방식은 탈북민 사회를 시민사회로부터 격리시키고 주변화시키는 정책이라며 비판받고 있다. 그 대안으로서 정착지원정책의 기조가 탈북민을 특별대상에서 '일반대상'으로 전환해야 한다는 논의가 제시되고 있다. 탈북민의 정착여건은 지속적으로 개선되고 있으나 일반국민과의 격차가 여전히 존재하기 때문에 질적 개선에 초점을 두어야 한다. 우선적으로 지자체와 민간의 참여 확대 및 제도화가 필요하다. 탈북민이 거주하는 지자체가 정착지원정책에 의무적으로 참여하고 사회통합 측면에서 지역주민과의 교류를 확대해 나가야 한다. 탈북민은 체제와 문화가 다른 한국 사회에서 편견과 차별을 호소하고 한국사람들도 탈북민에 대한 인식에 한계를 가지고 있다. 한국사람들의 부정적 인식을 개선하고 탈북민들과 자연스러운 교류를 통해 간극을 좁혀가야 하는 과제를 안고 있다.

2. 정착과 자립자활의 도전과 과제

정착과 자립의 성공 사례

한국사회에서 첫 출발하는 탈북민들은 정착 초기의 많은 어려움에도 불구하고 선배들의 정착 경험과 지원제도의 장점을 활용해 안정적으로 정착해 가고 있다. 김주희 씨는 지원제도를 활용해 창업에 성공한 사례를 보여준다. 하나원을 나온 후 첫 직장으로 대형마트에서 일하다가 대기업 계열사 생산직으로 이직하고 미래행복통장에 가입했다. 주중에는 일하고 주말에는 전문대학에서 사회복지를 공부하며 진로적성상담사 1급, 진로직업상담사 1급 등 여러 자격증을 취득했다. 편의점 아르바이트를 하면서 점주의 경영방식을 어깨너머로 배워 세븐일레븐 편의점을 창업했다. 그동안 미래행복통장으로 모아두었던 자금을 사업의 종잣돈으로 사용해 창업에 도전할 수 있었다. 사업가로서의 기질과 능력을 인정받아 현재 2개의 편의점을 운영하는 창업가로 성장했다.[9]

김영광 씨도 정착지원제도를 활용해 자립자활한 사례로서 탈북민 정착경험 발표대회에서 수상했다. 하나원을 나온 후 기초생계비에 의존해 무의미하게 살았다. 행정 착오로 기초생계비가 뒤늦게 나온 일이 있었고, 집에 있던 아내가 돈이 없어 며칠 굶은 것을 알고 정신을 차렸다. 식당일을 하면서 자격증을 취득하고 취업준비를 하며 직장생활을 견뎌냈다. 3년 이상 직장생활을 지속하면서 취업장려금과 함께 미래행복통장 만기 4년을 채워 목돈을 손에 쥘 수 있었다. 이 목돈을 기반으로 집을 장만하고 현재의 직장에 근무하면서 안정적인 경제활동을 하고 있다.[10]

상당수 탈북민들은 하나원 퇴소 후 원하는 직장을 구하기 전에 기초생계비에 의존해 살거나 다양한 아르바이트를 경험한다. 육체노동과 단순 일자리에 종사하면서 체력적 한계를 느끼거나 아픈 경우도 적지 않다. 크고 작은 어려움에도 불구하고 정착 초기에 대다수의 탈북민은 분주한 일상을 보낸다. 북한에서 경험해보지 못했던 직업훈련을 받고 일자리를 찾는 데 유리하다는 자격증 취득을 위해 고군분투한다. 자신의 생계를 위해, 또는 자신과 가족의 브로커 비용을 벌기 위해 불철주야로 일한다. 무엇보다도 보호기간 5년간 직장생활을 지속해야 미래행복통장과 취업장려금을 받을 수 있기 때문이다. 도중에 일자리를 그만두고 싶은 유혹을 견디면서 직장을 유지해 미래행복통장 목돈과 취업장려금이라는 지원제도의 혜택을 모두 받아낼 수 있었다. 위의 사례들은 모두 일자리 경험을 통해 다양한 직장 경험과 전문성을 쌓아 창업가로서, 직장인으로서 안착한 경우이다.

탈북민의 직업훈련은 하나원과 거주지에서의 직업교육의 2단계로 구분해 시행되고 있다. 하나원에서는 기초직업적응훈련과 교육을 실시하고 있다. 정착지원정책이 취업위

주로 전환되면서 진로지도와 기초직업훈련의 비중이 증가하고 있다. 그렇지만 단일직종 직업훈련 등 조기취업정책에 대한 비판이 여러 분야에서 제기되고 있다. 단일직종 직업훈련의 경우에 남자는 지게차, 자동차정비 및 용접을, 여성은 조리, 봉제, 요양보호사, 미용, 기초조립분야에 한정해 전문훈련기관에 위탁 실시되고 있다. 이와 관련, 한국사회의 다양한 직종과 탈북민의 다양한 경험을 고려하지 않고 몇 개 분야에 한정해 훈련을 받는 문제점이 지적되면서 이를 보완해 가고 있다. 2020년 하나원에 직업교육관이 신설돼 다양한 민간자격증 취득과정을 도입하고, 탈북민의 특성을 반영한 다양한 진로탐색과 실용적 실습교육을 확대해 나가고 있다.

거주지보호단계의 직업훈련은 고용노동부 주관으로 내일배움카드, 취업성공패키지사업 등을 도입해 탈북민에게 통합적 직업서비스 프로그램을 제공하고 있다. 고용노동부는 전국 70개 고용센터에 전문직업 상담사로 구성된 취업보호담당관을 지정·운영하고 있으며, 취업보호담당관은 탈북민을 대상으로 진로지도, 직업훈련, 취업알선 및 상담을 맡고 있다. 또한, 남북하나재단 취업지원센터가 설치되면서 지역의 하나센터에 취업상담사를 파견하고 탈북민의 취업 토털서비스를 제공하고자 노력 중이다. 탈북민의 경우, 한국사회에 대한 이해도가 낮기 때문에 정착 초기단계부터 개별 사례

관리가 중요하다. 진로상담부터 시작해 동행면접 서비스를 제공하고 취업 후 사후관리까지 지원하는 토털서비스를 진행하고 있다. 직업훈련의 경우, 탈북민의 특수성에 부합하는 프로그램 개발 및 직업진로 지도를 강화해 나가고 있다.

정착지원제도에는 영농과 창업 지원도 이루어지고 있다. 농업과 창업을 희망하는 탈북민이 경쟁력을 갖도록 이들의 특성을 고려한 업종 선정, 대상자 선발, 분야별 이론과 실습 교육, 재정지원, 컨설팅 등을 통해 안정적으로 정착할 수 있도록 지원하고 있다. 영농은 취업이 어려운 중장년 탈북민이 북한에서의 영농 경험을 살려 정착할 수 있는 자립수단으로 평가받고 있다. 대다수의 탈북민들이 북한에서 영농에 종사했거나 학교에 다니면서 어려서부터 농촌 생산활동에 동원된 경험을 갖고 있기 때문이다. 또한, 한국 농어촌에는 탈북민 유입 인구의 증가로 농촌 활성화를 기대할 수 있는 사업으로 평가되고 있다. 영농 희망자를 양성하기 위해 통일부, 남북하나재단, 농촌진흥청, 농림수산식품교육문화정보원이 공동으로 '영농정착성공패키지'를 운영해 상담, 교육, 실습, 영농 창업지원 등의 단계별 지원을 실시하고 있다. 또한, 한국정착 과정에서 경제활동 경험 및 기술 축적이 늘어남에 따라 탈북민 창업자가 2021년 2,880여 명으로 전체의 약 17%다. 준비되지 않은 창업으로 인한 경제적 손실을 줄이고 기회비용의 최소화를 위해 창업희망자에게 창업 진로상담, 창업교육, 창업자금지원, 경영컨설팅 등 사후관리에 이르는 단계별 지원을 진행하고 있다.[11]

간호조무사에서 한우농장 사장으로 변신한 이순실 씨의 영농정착 사례도 주목할 만하다. 그는 하나원 교육을 이수하자마자 한국의 고령사회 대비에 유용하다는 소문을 듣고 요양보호사 자격증을 취득하겠다고 결심했다. 46세의 나이에도 불구하고 두 번 실패 후 3번째 도전해서 자격증을 취득했다. 공부에 자신감을 얻은 후 간호조무사 자격증 시험에도 도전해 자격증 취득 후 병원에 취업했다. 병원근무가 힘들고 환자들과의 소통도 쉽지 않았다. 그러나 이곳에서 적응하지 못하면 다른 직장에서도 마찬가지일 것이라는 생각으로 어려움을 견뎌냈고 1년 반 만에 간호팀장으로 승진했다. 2019년에 결혼한 후에는 남편과 함께 축산업을 시작했고 이때 남북하나재단의 탈북민 창업지원의 도움을 받았다. 처음에는 경험부족으로 송아지 사망율이 높았지만, 작년에는 55마리 송아지 중에 53마리를 살릴 수 있었다. 4년째인 올해 600평 부지의 축사에 120마리로 늘어나면서 내 소유라는 뿌듯함과 충만감을 느낀다고 한다.[12]

영농, 창업 및 다양한 직업군의 정착사례를 통해 탈북민들이 다양한 직업훈련과 자격증 취득을 위해 노력 중임을 알 수 있다. 북한과 한국은 직업세계와 직종이 다르고 직업교육과 자격증도 천차만별이다. 기초직업교육으로는 컴퓨터 기초, 워드, 한글, 엑셀, 자격증 취득과정, 외국어, 자동차 운전 등의 교육이 있다. 더 나아가 심화직업교육을 통해 다양한 분야의 국가기술 자격증, 전문자격증, 민간 자격증을 취득하고 있다. 탈북민을 위한 심화직업교육으로는 웹디자이너, 자동차정비, 전산세무회계, 전문 바리스타 양성, 리폼의류수선, 귀금속공예과정, 간호조무사, 사무경리, 중국어자격증 등의 교육과정을 들 수 있다. 탈북민들은 다양한 직장생활을 경험하면서 자신의 적성과 능력을 고려한 직업능력개발을 시도하고 안정된 일자리를 찾기 위한 노력을 지속하고 있다.

취업지원과 직업역량 강화를 위해 정부, 지자체, 중견기업, 유관기업 등이 서로 취업 지원관련 협력하면서 양질의 일자리 발굴에 주력하고 있다. 대표적으로 단기연수사업과 재직자 훈련과정을 들 수 있다. 최근 단기연수사업은 기업의 탈북민 채용 확대와 탈북민의 직업탐색과 직장 경험을 확대하기 위한 목적으로 추진되고 있다. 초창기에 남북한의 상이한 직업세계와 직장문화를 고려해 직업체험을 목적으로 단기연수사업을 추진했다. 최근에는 단순체험을 넘어 탈북민 채용의 확대를 고려한 단기연수사업이 진행 중이다. 탈북민 채용을 희망하는 기업들이 참여하고 탈북민은 단기연수를 마친 후 그 기업에 채용되는 것이다. 최근 참여기업과 탈북민 연수생이 늘어나고, 채용률도 2015년 31.4%에서 2019년 85%로 지속적인 증가세를 보이고 있어 효과적인 사업으로 평가받고 있다. 좋은 취업환경의 질 높은 기업이 참여하고 탈북민이 이에 참여할 수 있는 여건을 강화해야 할 것이다.[13]

재직자 훈련과정으로는 한국에서의 재직자 훈련과정과 재북 경력자의 전문직 자격취득과정을 꼽을 수 있다. 단기간에 취업 연계가 어려운 의사, 변호사 등 전문분야에 대해 전문직 양성을 위한 자격취득과정으로 운영하고 있다. 예를 들면, 의료인 양성의 경우에 북한의사 경력이 있는 탈북민의 자격 취득을 지원함으로써 장기적이고 안정적인 정착을 도모하고 궁극적으로 남북 의료분야의 통합을 대비할 수 있다. 의사, 간호사, 약사, 한의사, 한약사 등 북한 의료경력이 있는 대상자들로 확대하고 있다. 나아가 의료, 기술, 전문, 교원 등으로 전문 직종 분야를 확대해 나가고 있다. 전문자격 취득 희망자에게 교육비, 교재비, 응시료 등을 지원하고 있다. 이는 탈북민의 재북 경력을 발전시킬 뿐만 아니라 한국에서 이들의 고용 안정성을 제고하고 나은 일자리를 지원하기 위해 그 외연을 확장해가고 있다.

이러한 탈북민의 정착 성공 사례의 기저에는 자신에게 주어진 삶을 수동적으로만 받아들이지 않고, 주어진 상황을 능동적으로 받아들이고 자신의 미래를 개척한 노력이 깔려 있다. 정착과 성공 사례는 개인의 행위 주체성과 관련이 있다.

개인의 행위 주체성이 적응에 긍정적 영향을 미치고 있음이 여러 사례와 연구로 제시되고 있다. 자신감과 자존감이 높으면 주어진 환경에 적극적으로 대처해 나가는 경향이 있다. 자아 존중감이 높을수록 사회적응이 잘 이루어지고, 불안감과 우울감이 높을수록 사회적응력이 저하되는 경향이 있다. 탈북민의 정착에 있어서 개인의 행위 주체성과 임파워먼트가 주요 주제로 등장하기 시작했다.

임파워먼트(empowerment)는 행위주체의 힘(power), 즉 역량 또는 능력을 배양하는 과정이다. 이는 적용 수준이나 대상에 따라 다르지만 일반적으로 역량 증대나 역량 강화를 의미한다. 임파워먼트는 행동하는 주체의 '자존감, 자신감, 그리고 현상을 변경시키려는 의지의 배양'이라고 정의할 수 있다. 개인이 자신의 필요에 따라 주변 환경을 얼마나 자율적으로 통제하며, 주체적으로 참여하고 조정할 수 있는지 등과 관련된 개념이다. 임파워먼트이론은 행위주체의 역량강화를 위한 실천적 처방에 대한 요구가 증대하면서, 여성, 장애인, 노인, 빈곤계층, 소수인종, 흑인 등 억압받는 소수집단을 대상으로 한 정책에 유용한 개념으로 사용되고 있다. 난민이자 이주민, 소수자에 해당하는 탈북민 개인의 내적 역량 강화라는 측면에서 임파워먼트를 주목해야 한다.[14)]

일반적으로 탈북여성은 팔려 간 여성, 이주자, 인권의 사각지대에서 고통받은 여성들 정도로 인식됐다. 탈북여성들은 탈북과 이주 과정에서 인신매매 경험, 인권침해 상황, 북송과 구류경험으로 인한 심리정서적 스트레스와 트라우마로 부적응과 병리적 문제를 안고 있는 자로 인식하는 경향이 있었다. 최근 탈북여성들의 이동경로와 고난과 역경의 삶을 새롭게 조명하면서 이들의 강점과 장점을 부각시키고 이들의 임파워먼트를 드러내는 연구와 사례들이 제시되고 있다. 중국으로 팔려 갔지만 다년간의 경험과 다양한 인맥을 활용해 한국에서 창업에 성공한 신경순 신영무역 대표의 삶이 그렇다. 그녀는 탈북해 중국 오지의 한족 남성에게 의탁해 살았다.

> "그가 살았던 농촌은 밤농사를 전문으로 하는 곳이었다. 밤을 줍고 팔고 하는 생활이 1년 내내 쳇바퀴처럼 돌아갔다. 그래도 가난에서 벗어나지 못하는 곳이었다. '이곳을 벗어나려면 중국어부터 배워야 한다.' … 교과서를 주어다 공부를 하기 시작했다. 그렇게 몇 년을 독학했더니 이제는 중국인도 가려보지 못할 정도로 말과 글이 능숙해졌다. 이제 어딜 가든 취직이 가능할 것 같았다. 2005년 그는 집을 나와 현에 있는 옷 공장에 취직했고 … 이어서 밤 시장 현황과 가격 등을 조사하는 일을 하다가 북송됐다"가 재탈북해 한국에 입국했다.[15]

팔려 온 탈북여성은 아는 사람 하나 없고 1년 내내 죽도록 일해도 가난한 농촌마을, 대부분이 문맹자로 살아가는 희망 없는 그곳에서, 주어진 환경을 바꾸기 위해 몸부림쳤다. 자신이 처한 상황을 바꾸기 위해 중국어를 배우기 시작했고, 이어 숙달된 중국어를 기반으로 집을 나와 취직을 하며 자신의 삶을 개척해가는 모습을 볼 수 있다. 그녀는 초국적 경험을 활용해 한국에서 신영무역이라는 회사를 창업했다. 중국에서 자신이 의탁해 살던 마을이 밤농사를 짓는 곳이었기에 중국 현지에서 밤시장 현황과 가격 등을 조사하는 무역업에 관여했다. 한국에 와서는 중국에서의 다년간 경험과 여러 인맥을 활용해 온라인 밤 판매망을 구축해 성공한 신영무역의 대표가 됐다.

탈북여성은 피해자로서의 수동적 관점에서 주어진 삶에 피동적으로 사는 존재가 아니라 주어진 상황을 능동적으로 받아들이고 자신의 미래를 개척하는 존재임을 보여주고 있다. 중국 등 여러 나라를 경험하고 온 탈북민은 '다중문식성(multiliteracies, 멀티리터러시)' 관점에서 다중언어 사용자이며 다양한 문화를 경험하고 내재화한 사람이기도 하다.[16] 이들은 중국으로 팔려가긴 했지만 그 삶이 그냥 산 것이 아니라 '보다 일찍 바깥세상을 경험한 사람', '한국생활에 어느 정도 적응할 준비가 되어 있는 사람'임을 말하고 있다.[17] 중국에서의 생활경험을 기반으로 한국에 정착하여 관련분야 공부를 이어가고 직업훈련을 통해 경력개발을 모색하는 경우를 볼 수 있다. 탈북민은 자신의 의지와 상관없이 고통과 고난을 겪은 수동적인 존재가 아니라 이들 스스로가 삶을 개선해 가는 주체가 될 수 있음을 보여주고 있다.

성공 사례로 등장하는 탈북민은 대부분 주체적인 내적 역량, 임파워먼트를 보여주고 있다. 『엄마의 이별방정식』을 출판한 허옥희 작가는 가족과의 이별과 만남, 매매혼과 가족구성, 재결합과 복합가정의 이야기를 통해 고난을 견뎌낸 작가로서의 성장과정을 보여주고 있다. 그녀는 하나원을 나온 후 40세가 넘어 취직 걱정 없이 평생 일할 수 있는 직업으로 요양보호사라는 직업을 선택했다. 시간 날 때마다 공부해 사회복지사 자격증을 취득하고 이후 간호조무사로 2년, 요양원에서 1년 일한 뒤 2015년에 114방문요양센터를 개설해 센터장이 됐다. 센터에는 사회복지사 1명과 요양보호사 25명이 직원으로 일하고 있다. 그녀의 학습열은 여기서 멈추지 않았다. 젊었을 때 자신의 꿈이 작가였기에 뒤늦게 글쓰기를 시작해 마침내 책을 출간하게 된 것이다. "우리가 그렇게 살 수밖에 없었던 것이 우리의 잘못만은 아니거든요. 우리에게도 당당하게 살 권리가 있거든요." "여기선 나를 위해서 살 수 있단 말이죠. 저를 보면 40세가 넘어서도 배울 수 있고, 또 글을 써서 책을 내고 싶으면 이 나이에 책도 낼 수 있지 않습니까. … 탈북민들도 북한에서처럼 수동적으로 살지 말고 꿈을 가지고 주도적으로 인생을 살아

갔으면 좋겠어요."[18]

나이에 상관하지 않고 배우고 자신의 꿈을 이루어 나가며 주도적으로 인생을 살아가고 있는 것이다. 이러한 주도적인 삶에 있어서 배움과 교육자본을 적극적으로 활용하고 있다. 한국에서는 탈북민의 부족한 교육자본을 채워주기 위해 정착초기에 무료직업교육의 기회를 제공하고 있다. 탈북 성인들의 자기개발과 직업능력개발을 위해 다양한 교육기회가 제공되고 있다. 4년제 대학 이외의 전문대학을 포함한 모든 교육기관은 나이에 상관없이 탈북민에게 무료로 교육할 수 있는 기회가 제공되고 있다. 자신의 적성과 능력을 탐색하기 위해, 더 안정된 일자리를 구하기 위해, 다양한 직업교육과 자격증 취득이라는 교육자본을 축적해 나가고 있다.

한국정부는 탈북민에게 직업훈련, 취업수당, 교육비 등 교육과 취업관련 정착금을 지급하고 있다. 한국생활 정착에 있어서 직업훈련 및 교육의 중요성에 주목할 필요가 있다. 취업을 위한 자격증 취득이나 직업훈련과정, 상급학교 진학이나 고등교육 기회 등이 단순히 자격증 취득과 학위 취득 이상의 의미를 갖는다. 탈북민들은 교육을 받는 과정에서 한국사람들과 상호작용하는 기회를 갖게 되며, 한국어, 사회, 문화, 경제생활에 대한 의도적인 학습뿐만 아니라 의도하지 않았던 자연적 학습의 기회를 갖게 된다. 또한, 교육에 참여하는 과정은 다양한 사람들과의 대화와 교제 가운데

인적 네트워크를 자연스럽게 구축하는 기회이기도 하다. 직장을 다니다가 뒤늦게 전문대학이나 사이버대학을 다니는 탈북민은 학력의 필요성을 잘 인지하고 있다. 그 이유로는 대학 졸업장이 생계문제와 연관된 직장을 구하는 데도 필요하지만, 한국사회를 보다 폭넓게 이해하기 위해 필요하다는 것이다. 이 사회에서 자유롭게 원하는 삶을 영위하기 위해 준비해야 하는 것이 무엇인지를 깨닫게 해주는 기회이다.

20대에서 40대의 탈북여성은 생애과업이 중첩적으로 몰려 있음에도 불구하고 교육자원의 활용에 집중하고 있음을 보여준다. 이 시기에 탈북여성은 적응과 취업준비, 육아를 동시에 수행하고 있다. 한국사회 적응을 위해 가능한 빨리 국가에서 무상으로 지원되는 컴퓨터, 간호조무사, 세무교육 등의 직업교육을 받으면서 동시에 장학금 제도를 활용해 고등학교, 대학교에 다니며 학위를 취득한다. 이 시기에 아이를 출산하거나 북한, 또는 제3국에서 자녀를 데려와 육아를 병행하는 힘겹고도 강인한 삶의 모습을 보여준다.

"(처음 간호조무사 학원에 등록했을 때) 둘째가 10개월이었어요. 그래서 그냥 바로 갔어요. 가 가지고, 나 이거 하겠다 하고, 시작을 했어요. 시작하면서 애 둘이 다 보니까 아프면 병원에 가서 입원하고 … 이러면서 일년 십 개월을 가고, 4개월을 … 또 무식이 용감이라고 참, 또 그때 그런 용기가 있었기 때문에 오늘날이 있는 거고, 그때 용기가 없었으면 좀 학교 다닐 때는 힘들었거든요. 애 세 살, 다섯 살 데리고 대학교를 다녔는데 진짜 힘들긴 힘들었어요."[19)

아이를 양육하며 간호조무사 학원을 다니면서 자격증을 취득하고, 이에 머물지 않고 대학교에도 진학했다. 탈북여성에게 교육기회는 단순히 자격증 취득과 학위 취득 이상의 의미를 제공한다. 즉 교육을 매개로 한국사회에 인적 자본이 거의 없는 이들에게 함께 공부하고 졸업하는 사회적 교우 관계를 형성토록 한다. 교육을 통해 대학문화, 사회적 관계, 교수학습 문화 등을 체험하고 자신의 삶을 성찰하고 성장하는 기회를 삼기도 한다. 탈북해서 한국으로 이주하는 삶은 고난과 시련의 연속이며, 학습과정도 한국사람들보다 더 많은 어려움을 경험해야 한다. 경제적 어려움에서 오는 고달픔, 가족해체로 인한 외로움과 죄책감, 낯선 한국사회에서 느낀 소외감 등 고통 없는 순간이 없었다고 고백한다. 하지만 그들은 학습을 통해 치유와 회복을 거치며 더 단단한 주체로 거듭나고 있다. 이들에게 학습은 다음 단계로 성장하고 나아갈 수 있는 추동력으로 작용하고 있다.

탈북민에게 있어서 학습 기회는 한국사회에서 새로운 사회적 자본과 교육자본을 형성하는 추동력이다. 한국사람들은 학연, 지연, 혈연이라는 사회적 자본을 지니고 있어 삶의 어려움에 직면할 때 회복력이 상대적으로 빠를 수 있다. 반면 북한 출신 및 여성이라는 이중적 지위는 주변인이 되기 쉬우며, 빈약한 사회적 자본 때문에 삶의 회복이 더딜 수 있다. 그렇지만 이러한 학습경험이 삶의 원천이 되어 새로운 학습으로 인도하고, 축적된 학습이 인생의 전환점을 제공한다. 다양한 학습경험을 통한 자기성찰은 고등교육에 계속 도전할 수 있는 원동력으로 작용했다. 고등교육을 통해 형성된 사회적 자본은 한국사회에서 탈북여성들이 자신을 성장시키고 능력을 인정받으면서 살아가는 동력으로 작용한다. 탈북민 스스로가 학습을 한국사회 정착의 중요한 성공요인으로 인식하면서 사회적 자본을 새롭게 형성해 나가고 있다.[20]

정착과 자립의 장애 요인

탈북민의 자립자활의 양적 지표는 꾸준히 향상되고 있음을 보여주고 있다. 경제활동 참여율이나 고용률 등 양적 측면에서는 점진적으로 향상되고 있으나 어려움의 요인들도 적지 않다. 남북한의 상이한 경제제도와 직업구조에 따른 취업능력의 부족과 직장문화의 차이, 재북과 탈북 과정에서 누적된 건강 문제, 직장과 출산육아를 병행하는 문제 등 다양한 요인들이 지적되고 있다. 탈북민에 대한 편견과 차별역시 한국 사회에서 자립하는 데 부정적 영향을 미치는 것으로 알려져 있다. 이러한 제반 사정을 고려해 자립자활을 위한 다양한 정착지원제도가 마련돼 있다.

한편, 다른 이주민, 난민과 비교해 탈북민에 대한 정착지원제도가 잘 마련돼 있다고 하는데, '왜 자립이 어려운가'의 문제가 제기되기도 한다. 여러 요인 중 하나로서 정착 초기에 받는 정착금이 탈북비용 문제와 연계되어 있음을 이해해야 한다. 탈북이 급증하고 북한과 중국정부의 단속이 강화되면서 브로커를 통한 한국행 탈북이 거의 공식처럼 굳어졌다. 북한, 중국, 제3국을 경유해 한국 입국까지의 브로커 비용은 북한과 중국의 탈북자 정책에 따라 유동적이었다. 2000년대 초반에는 브로커 비용이 몇 백만 원 정도였다. 하지만 코로나19 팬데믹 이후 북한과 중국의 국경 봉쇄와 탈북자에 대한 단속이 강화되면서 브로커 비용은 천정부지로 치솟아 1,000만 원을 훌쩍 넘어섰다. 하나원 교육수료 후 지역사회 정착과 동시에 받는 정착금은 개인 혹은 가족의 브로커 비용으로는 턱없이 부족하다. 정착용 지원금을 온전히 정착에 사용할 수 없는 현실적 고민이 있다. 다수의 탈북민은 고독보다 먼저 찾아온 빚과 함께 한국생활을 시작한다. 직업훈련과 일자리 찾기에 전념해야 할 시기에 빚을 갚기 위해 아르바이트로 전전하는 불안정한 생활이 시작된다.

"하나원을 나서자 정문 앞에는 브로커 비용을 받기 위해 찾아온 '브로커 사장'이 먼저 마중합디다. 브로커 비용 800만 원을 받으러 왔다고 하는데, 눈물이 왈칵했죠. 겨우 정착금이라고 받은 것이 초기 지급금 300만 원인데, 그냥 통장째로 훌 줘버리고 말았어요. 이제 3개월 후에 300만 원 분할지원금이라고 나온다니 알아서 하라 구요. 국가가 우리에게 주는 정착금은 1,900만 원인데 1,300만 원은 임대아파트 비용이라면서 아예 우리에게 주지 않습니다. 통장까지 주고도 200만 원은 빚을 진 상태에서 단돈 한 푼도 없이 배정받은 임대아파트로 갔어요. 하나원에서 준 이불 한 채, 그릇 몇 개, 수저, 하나원에서 입던 옷가지 몇 벌, 이제 빚진 200만 원은 어떻게 갚아야 하고, 사방 벽으로만 둘러싸인 11평짜리 빈방에서 옷장 하나 없이 지내야 하니 눈물만 나고, 중국으로 다시 돌아가고 싶은 생각이 간절했습니다."[21]

자립의 어려움은 여전히 존재한다. 남북한 간 상이한 경제시스템과 직장문화로 인한 어려움을 들 수 있다. 현행 정착지원제도는 조기 취업을 유도하도록 설계됐다. 취업장려금, 미래행복통장의 혜택을 받으려면 가능한 취업상태를 유지해야 한다. 체제가 다른 사회에서 온 탈북민들은 충분한 사회적 적응기간을 갖지 못하고 조기 취업에 나서야 한다. 그로 인해 새로운 직장문화에 적응하지 못하고 다른 직원들과 자주 갈등을 빚는다. 결국 이를 견디지 못하고 직장을 그만두는 사례도 발생한다. 남북한의 상이한 직장문화가 한 직장에서의 근속을 어렵게 만들고 있다. 북한에서는 국가의 배정시스템에 따라 직장을 배치받고 근무했지만 한국사회에서는 자신의 적성과 능력에 맞는 직장을 스스로 구해야 한다. 국가가 배정해준 일자리에서 일해 왔던 탈북민들은 한국에서 스스로 직장을 구하는 데 어려움을 겪을 수밖에 없다. 한국 내 직장생활의 어려움으로는 "모든 일을 허락받고 하려 한다", "노동 강도가 북한보다 커서 힘들다", "경쟁사회의 직업윤리와 직장문화가 불편하다", "직장 동료들과 어울리기가 어렵고 인식의 차이가 있다" 등이 있다.[22]

직장생활의 애로요인으로는 업무수행을 위한 능력 부족의 문제도 지적되고 있다. 이를 위해 취업훈련 및 자격취득을 장려하는 정책을 실시해 왔다. 탈북민에게 취업을 목적으로 하는 직업훈련도 중요하지만 컴퓨터, 영어와 같이 한국사회 생활에 필요한 기본소양을 갖추는 것도 중요하다. 이러한 인식하에 하나원에서부터 정착지 이동단계에 이르기까지 컴퓨터, 영어 등의 교육을 실시하고 있다. 기초직업훈련 이후 심화직업훈련을 통해 전문성을 강화하고 있다. 더 나아가 재직자의 업무능력 향상을 위한 교육과 컨설팅 사업도 진행하고 있다. 한국사회 구성원 모두가 탈북민에 대해 지속적인 관심을 갖고 이들의 취업과 업무능력 개발, 그리고 한국사회의 보다 포용적인 직장문화 조성을 위해 힘써야 할 것이다.

탈북민 자립의 장애 요인으로는 기초생활보장 수급률이 높은 것도 지적돼야 할 것이다. 생계비 수급률을 낮추고 취업률을 높이는 문제가 대두된다. 제도적 특성에 비추어 볼 때, 탈북민의 생계비 수급률이 매우 높은 편이다. 다행스럽게도 수급률이 2003년 61.0%에서 2011년 46.7%로, 2021년에는 22.8%로 지속적으로 감소하고 있다. 하지만 일반국민과 비교할 때 여전히 높은 수준이다. 2021년의 경우, 탈북민의 기초생계비 수급률은 22.8%로 일반국민 4.6%와 비교해 상당히 높다. 탈북민의 높은 생계비는 여러 요인이 있다. 여성들의 경우에는 20대는 중등 및 고등교육 참여, 20~30대는 출산과 자녀 양육, 50세 이상은 건강이 주된 요인으로 추정된다. 또한, 일부 탈북민은 기초생계비 수급권 유지를 위해 비공식 부문에 취업하거나 직업훈련에 참여하기도 한다. 기초생계비 등 정착지원금이 탈북민의 복지의 존성을 심화시켜 한국사회 정착을 오히려 방해하기 때문에 정착지원제도를 탈북민의 취업을 활성화시키는 방향으로 개편하자는 의견이 끊임없이 제기됐고,[23] 이를 반영해 미래행복통장 등 제도의 변화가 뒤따른 것이다.

한국사회 정착과 자립자활의 과제: 정부-민간-탈북민의 협력

탈북민들의 한국사회 정착을 위해 자립은 우선적으로 충족돼야 할 요소이다. 자립, 자활이라는 용어를 떠올리면 흔히 경제적 차원으로만 생각하는 경향이 있다. 실제로 경제활동은 생계유지를 위해 소득을 획득하는 정착생활의 주요 지표이다. 경제역량이란 자신과 가족의 생계를 위해 경제적 필요를 스스로 안정적으로 충족시킬 수 있는 능력을 말한다. 따라서 경제적 자립은 정부가 추진하는 정착정책의 핵심적인 요소이다. 정착지원법에는 탈북민의 자립자활을 위한 다양한 지원책이 포함되어 있다. 탈북민들이 사회적 안전망에 편입됨과 동시에 정착·주거지원금, 취업장려금, 무료 직업훈련, 교육지원 등이 이루어지고 있다. 아울러 양질의 일자리 확대와 장기 근속유도를 위해 탈북민의 취업역량 증진과 취업여건 개선에 주력하고 있다.

탈북민들의 자립역량도 중요하다. 자립역량은 경제역량을 비롯해 신체적 역량, 심리정서적 역량, 사회적 역량 등을 포함하는 개념이다. 경제활동과 직장생활은 안정적인 의식주의 기반을 제공하는 경제적 자립의 근간을 이룬다. 이러한 경제활동을 통해서 대인관계를 넓혀가고 사회적 관계를 확장하며 사회의 구성원으로서 자리잡아가게 되는 것이다. 이렇게 보면 자립역량에는 경제적 측면뿐만 아니라 심리정서적 측면, 사회적 측면 등 다양한 영역이 포함된다. 경제적 자립이 심리적 자립에 긍정적 영향을 줄 수 있지만, 심리적 혹은 사회적 자립이 안 된 상태에서는 경제적 자립에 어려움을 겪을 수 있다. 자립역량에는 취업 여부, 소득수준, 안정적 생활과 주거, 신체적 건강, 심리정서적 안정, 사회적 연결망 등 다양한 요인들이 포함될 수 있다.[24]

이렇게 볼 때, 탈북민이 한국사회에서 자립하기 위해서는 경제적 역량도 필수적이지만 신체, 심리정서, 사회적 역량이 함께 수반돼야 한다. 신체 역량이란 탈북민이 신체적으로 건강해 스스로의 삶을 영위하는 데 문제가 없고 신체를 건강하게 유지할 수 있는 능력이다. 신체 역량은 자립을 위한 기초 역량이다. 심리 역량은 재북 시 및 탈북 과정에서 다양한 경험을 거쳐 한국에 온 탈북민에게 자립의 주요 역량에 해당한다. 심리 역량이란 심리적 외상이나 스트레스, 불안감, 좌절감 등의 정서적·심리적 불안요인들을 제거해 자신의 삶을 만족하고 스스로 긍정적인 미래를 설계하고 유지할 수 있는 능력을 일컫는다. 심리적 안정성이 높은 사람은 이주한 사회에 보다 잘 적응하는 경향이 있으며, 안정성이 낮은 사람은 상대적으로 부적응 상태에 처할 위험성이 높다. 따라서 탈북민들의 자립에 있어서 스트레스를 적절하게 관리하고 어려운 상황을 대처할 수 있는 의지력과 자기회복력의 정도가 중요하다. 자신의 삶을 만족하고 스스로 긍정적인 미래를 설계하고 지속할 수 있는 자아긍정 인식과 미래 기대감을 갖도록 해야 한다. 마지막으로 사회 역량은 사회적 지지의 원천으로서 가족 간 유대감과 사회적 관계망의 확보, 사회적 접근 가능성을 높이는 수단으로서의 정보 접근성과 활용능력, 사회적 소통을 위한 언어 활용능력 등을 일컫는다. 특히 코로나19 팬데믹을 거치고 4차 산업

혁명 시기를 맞이하면서 사회역량의 중요성이 더해지고 있다. 사회적 소통을 위한 언어 활용 및 디지털 정보의 활용능력을 높이면서 동시에 친밀한 대인관계와 지지를 이끌어줄 수 있는 사회적 역량이 정착의 주요 요소로 제기되고 있다.

탈북민이 한국사회에 안정적으로 정착하기 위해서는 정부, 민간, 탈북민의 세 요소가 함께 협력함을 통해서 시너지 효과를 발휘할 수 있다. 탈북민의 안정적 정착을 위한 자립자활의 방향과 과제를 제시하고자 한다.

첫째로, 4차 산업혁명 시대에 고용 취약계층, 고용 안정성이 약한 일자리에 종사하는 취업자가 많은 탈북민에 대한 자립자활 정책의 방향을 설정하고 대비해야 할 것이다. 정부 차원에서는 현재 양질의 일자리 지원을 위해 구직구인 등록시스템, 취업 알선과 상담 등 취업지원센터와 취업상담사 제도를 운영하고 있다. 구직자 지원을 위해 직업훈련교육, 취업취약계층 발굴과 지원 서비스, 단기연수 사업, 재북전문직 양성과정 등을 진행하고 있다. 일자리 창출과 자립촉진을 위해 사회적 기업 및 자활사업 운영 지원, 영농정착 및 창업 지원 등 다양한 지원사업을 운영하고 있다.

그러나 코로나19 팬데믹 및 4차 산업혁명은 전 세계의 경제구조를 재편하고 있다. 고용 취약계층 및 고용 안정성이 약한 일자리에 종사하는 탈북민에 대한 자립자활 정책의 필요성이 광범위하게 논의되고 있다. 일반적으로 코로나19

팬데믹 시기에 대면 서비스업을 중심으로 한 숙박업과 요식업, 도매업과 소매업, 예술 및 여가관련 서비스업, 강사 및 교육 서비스업, 제조업 등이 큰 타격을 받은 것으로 나타나고 있다. 대면 서비스업을 중심으로 한 업종에 온라인 판매망을 운영할 수 있도록 하거나 보건·방역 관계종사자, 소프트웨어 개발자 등 급변하는 산업구조 개편 환경에서 살아남을 수 있는 기술과 능력을 갖추도록 해야 할 것이다. 물론 4차 산업혁명 시기에 대비한 노동정책은 고용노동부와의 긴밀한 협력 속에서 정책방향을 수립하고 기존의 고용보험 안전망을 더욱 확대하고 사각지대의 취약계층을 파악해 보호받을 수 있는 정책을 마련해야 할 것이다.

둘째로, 직업훈련과 취업지원제도는 진로탐색의 기회를 높이고, 단기적 취업연계를 넘어서 지속적 경력개발로 이어지도록 중장기적 자립역량 강화에 초점을 두어야 할 것이다. 다수의 탈북민들은 한국사회에서 직업훈련을 받고 안정적인 좋은 직장에 취직하기 위해 노력하고 있다. 남북한 직업세계와 직장문화의 차이에도 불구, 진로를 탐색하고 직업훈련과 교육을 받으며 다양한 자격증을 취득해 자신의 직업능력을 강화하고 있다. 이러한 노력이 현실적인 성과를 거둘 수 있도록 단계별 맞춤형 진로지도와 취업연계, 경력개발로 이어지도록 해야 할 것이다. 탈북민은 더 나은 삶을 위해 한국으로 왔다. 북한에서와 달리 더 나은 교육 기회를 보장받으며 인적자원의 가치를 높이길 원하며, 재북 시절의 직장보다 숙련도가 높고 전문직으로 인정받는 직업을 희망한다. 북한에서는 성차별적 직업구조에 갇혀 있고 가부장적인 사회 분위기로 인해 충분한 진로탐색의 기회를 갖지 못했다. 남북한의 상이한 직업세계로 인해 자신의 잠재력과 능력에 비해 저평가된 저숙련, 저임금 직종에 고착되어 있는 경우도 많다. 자격증 취득과 취업 이후에도 지속적인 경력개발을 할 수 있도록 직업 경로에 대한 지식과 경력태도, 진로포부를 키워나갈 기회를 제공해야 할 것이다.

셋째로, 자립역량을 높이기 위해서는 경제적 측면과 함께 심리정서적 안정과 사회적 역량이 중요하게 고려돼야 할 것이다. 경제적 효율성 차원에서만 판단할 것이 아니라 심리정서적 안정과 함께 한 인간으로서 존엄성, 사회적 관계, 사회정의의 맥락에 보다 많은 초점을 두어야 한다. 탈북민 정책과 서비스 전달체계는 이들의 경제적 적응에 초점을 맞추어 생계비 수급권자 수준을 벗어나 경제적으로 자립하는 것을 주요 목적으로 삼고 있다. 이는 전적으로 한국정부 또는 일반국민들의 지배적 사고일 수 있다. 탈북민이 한국에서의 적응 잣대를 경제적 자립에 두고 성공과 실패의 이분법적 논리로 귀결되지 않도록 경계해야 한다. 보다 중요한 것은 한국생활 과정에서 얼마만큼 인간적인 대우를 받는지, 그러한 상황들을 본인들이 얼마나 인식하고 있는지, 현재의 삶에 만족하고 있는지, 자신들이 원하는 삶의 질은 무엇인지 등에 초점을 맞출 필요가 있다. 또한, 탈북민이 한국사회의 안정적 정착에 가장 필요한 것은 정서적 회복을 위한 심리안정이다. 자립역량은 심리정서적 안정에 기반을 두고 있다. 현재 하나원, 남북하나재단, 하나센터, 학교에 이르기까지 정착지원기관에 상담사를 배치해 운영하고 있다. 전문상담사 제도를 운영하는 것에 자족하지 않고, 보다 양질의 심리상담과 정신의학 전문가를 필요로 한다. 탈북민이 경험한 인신매매와 젠더폭력, 신체적 학대, 노동착취 등의 다층적 생애 궤적에 대한 충분한 이해와 정교한 관점으로 다룰 수 있는 트라우마 치유와 상담 전문인력이 충분히 확보되고 운영돼야 한다.

넷째로, 탈북민의 사회적 관계와 지지망을 확대해 나가고, 남북주민이 통합할 수 있는 환경을 조성해야 할 것이다. 탈북민은 한국사람들에 비해 상대적으로 사회적 관계망과 지지망 등 인적자본이 부족하다. 재북 및 탈북 과정, 중국 체류 과정에서 가까운 친인척의 사망이나 이별과 재결합의 경험 등으로 가족 간 유대관계가 약해졌다. 가족 간 유대감은 자신을 둘러싼 친구관계, 직장동료관계, 소그룹 모임, 지역사회 공동체 등을 통해 확장해 나가는 것이 필요하다. 또한, 탈북민 성인은 컴퓨터, 스마트폰, SNS 등의 활용에 어려움을 드러내고 있다. 코로나 시기 및 4차 혁명 시대에 디지털 문해력은 이 시대를 살아가기 위한 필수 능력이 되었다. 탈북민들이 사회적 관계망 유지를 위한 최소한의 디지털 문해력을 갖추도록 해야 할 것이다. 더 나아가 탈북민 정착지원정책의 방향은 정부 중심의 성공사례 보여주기를 넘어서, 마음과 마음을 잇는 남북한 주민 간 관계성 증진과 친화력 향상으로 전환해야 할 것이다.

마지막으로, 탈북민 정착 정책과 실천 프로그램은 이들의 임파워먼트를 효과적·효율적으로 유도해 내는 것이어야 할 것이다. 탈북민은 단순히 '수혜대상'이 아니라 '주체적 대상'으로서 한국사회에 적응하고 통합되어 살아가는 존재이다. 행위 주체인 탈북민이 자기를 존중하는 자존감, 문제해결의 자신감, 고난 극복의 의지를 갖도록 지원해주어야 한다. 탈북민 자신을 둘러싼 환경적 요소들과 더 효과적으로 상호작용할 수 있는 능력을 향상시키는 프로그램이 필요하다. 주어진 환경이나 전제 조건이 모두 똑같지 않다 할지라도 각 개인이 지닌 임파워먼트 수준에 따라 삶의 만족도가 달라질 수 있음을 보여주고 있다. 행위자이자 주체로 참여할 때 만족도가 높아진다. 이는 정착 통합 프로그램이나 사업이 탈북민이 주체로 참여토록 구성돼야 함을 의미한다. 자조능력을 증대하는 프로그램, 자존감이 증대되는 프로그램이 필요하다. 강점을 파악하고 연관 프로그램을 개발할 때에 그들의 역량을 높일 수 있고 자립을 도모할 수 있다.

5장

탈북민의 한국사회 정착과 부적응

이 장에서는 탈북민의 한국사회 정착과 적응의 어려움에 대해 살펴본다. 탈북민은 재북 및 탈북과정에서의 강한 스트레스와 트라우마 경험이 한국사회 적응에 큰 영향을 미치고 있다. 한국 입국 초기에 개인별로 정도의 차이는 있지만, 새로운 환경에서 불안, 우울, 낮은 자긍심, 정체성 혼란 등 문화적응 스트레스를 경험하고 있다. 북한체제 및 탈북과정에서의 생존 트라우마, 한국사회 정착과 심리정서적 부적응 문제, 이러한 부적응과 트라우마를 극복하고 적응 능력을 높이기 위해 필요한 과제가 무엇인가를 살펴본다. 또한, 탈북민에게 있어서 가족은 탈북과 이주, 재정착 과정에서 삶을 지탱해주는 원천이면서도 정착을 어렵게 하는 장애요인이기도 하다. 탈북가족 구성의 실태, 해체와 재결합, 복합가정의 문제점, 탈북청소년 교육지원체계와 내용, 과제에 대해 살펴본다. 또한, 대다수 탈북민들은 한국사회에 정착하여 뿌리를 내리고 있지만, 일부 탈북민은 부적응과 불만을 넘어 탈남이라는 새로운 이동을 시도하였다. 탈남의 문제를 난민자격 해외탈북자 실태, 탈남의 원인, '초국적 자본을 활용해 더 나은 삶의 기회를 찾아서'라는 거시적인 차원의 국제이주의 관점에서 살펴보고자 한다.

I. 탈북 트라우마와 심리정서적 치유

한국사회 정착과 심리정서적 부적응

이 절에서는 탈북민은 입국 초기 정착 과정에서의 문화적응 스트레스, 재북 및 탈북과정에서의 외상경험이 복합적으로 작용하여 잠재되어 있는 심리정서적 부적응이나 트라우마가 재현되는 경험을 할 수 있음을 살펴보고자 한다. 통상적으로 이주민은 새로운 사회로 이주하면 어느 정도의 적응기간을 필요로 한다. 탈북민은 하나원교육 수료 후 5년간을 거주지 보호기간으로 지정받는다. 한국사회에 적응하는 데 5년 정도의 기간이 소요된다는 전제이다. 이 기간에 생계비와 의료급여 지급을 포함한 사회적 안전망에 편입됨과 동시에 취업과 교육 지원이 집중적으로 이루어진다. 이 기간이 지나면

거주지 보호기간도 종료된다. 입국한 지 10년 정도가 지나면 한국사회의 일반 시민으로 살아갈 수 있는 것으로 간주한다. 그런데 누구나 정착했을 것으로 간주하는 시기에 예기치 않았던 사망사건이 보도되고 있다. 탈북모자 사망사건, 전문상담사 백골 발견 등이 그 극단적인 사례이다.

2022년 12월 21일 탈북민 무연고 장례가 치러졌다. 동료 탈북민의 정착지원 업무를 맡았던 남북하나재단 전문상담사가 한 임대아파트에서 백골상태로 발견된 것이다. 그녀는 왕성하게 활동했던 전문상담사의 일을 그만두고 주변 지인들과 연락을 끊었다. 결국 가족도 연고자도 없이 살다가 홀로 죽음을 맞이한 것이다.[1] 사망원인은 '불명'이지만, '왜 죽었을까'라는 의문을 떨쳐버릴 수가 없다. 생활고, 건강, 심리정서, 인간관계 등 죽음의 원인은 다양할 것이다. 특히 트라우마를 겪은 사람들은 사소한 자극이라도 과거의 외상사건과 연관시켜 불안, 분노, 우울증과 그로 인한 비관적인 행동이나 증상을 표출하기도 한다. 따라서 극단적인 탈북민 사망사건이 아니라도 이들의 심리정서적 부적응과 트라우마, 이로 인한 심리적·정신적 건강 문제가 중요하게 대두되고 있다.

탈북민의 정착과 관련된 심리정서적 적응에 관한 연구가 다양하게 이루어지고 있다. 입국 초기에 탈북과정에서의 강한 스트레스와 트라우마 경험이 한국사회 적응에 큰 영향을 미치고 있다. 그런데 입국 후 시간이 경과하면서 북한사회 및 탈북과정에서의 외상보다는 문화적응 스트레스가 정신 건강에 더 큰 영향을 미친다는 연구결과도 있다.[2] 문화적응 스트레스는 낯선 새로운 사회에 적응하면서 겪는 심리적 어려움이라고 할 수 있다. 새로운 지역에 정착하는 과정에서 이주자들은 심리적으로 강한 충동, 잃은 것을 회복하고자 하는 갈망, 해체, 혼란, 정체성 위협 등을 보이게 된다. 이 과정에서 이주자들은 새로운 현실에 맞지 않는 감정, 생각, 행동들을 정리할 필요성을 느끼면서 자신의 정체성을 재조 직화하는 과정을 겪는다. 탈북민은 새로운 삶에 대한 기대 감으로 한국 정착을 시작한다. 한국생활 적응은 경제적, 문 화적, 심리적 문제로부터 가족 관계에 이르기까지 다양한 영역에서 이루어진다. 주택, 취업, 교육 등 당장 살아가는 자립의 문제로부터 가족, 결혼, 자녀양육 등 역할과 가치관 의 변화에 이르는 다양한 어려움에 직면할 수밖에 없다.

탈북민의 문화적응 스트레스로는 개인별로 정도의 차이 는 있지만, 입국 초기에 모든 환경이 낯설고 두려운 경험일 수 있기 때문에 불안, 우울, 낮은 자긍심, 정체성 혼란 등을 경험할 수 있다. 같은 민족이지만 언어와 문화생활의 소통 방식이 달라 당황한다. 북한 출신이라고 편견이나 차별을 받거나 낮은 사회경제적 지위로 인한 좌절을 경험한다. 한 국의 법과 제도에 대한 무지로 인한 혼란을 경험하기도 한다. 정착과정에서 동등한 인간으로서 존중받지 못한다는 느낌을 받는다.

문화적응 스트레스는 탈북민의 가족 구성과 역할 변화를 통해서도 나타난다. 이주는 가족구성원 모두에게 변화를 수반한다. 가족역할의 변화는 가족구성원들에게 스트레스를 가중시키고 갈등요인을 제공한다. 부부사이에 한국적응 과정에서 오는 혼란감뿐만 아니라 부모와 자녀, 부모와 조부모, 손자와 조부모 등 세대 간 갈등도 나타난다. 탈북민 가족의 아동과 청소년들은 한국의 문화와 사고방식을 부모들보다 쉽게 습득할 수 있다. 아내인 탈북여성은 남편인 탈북남성보다 한국생활에 더 빠르게 적응하는 경향이 있다. 이러한 문화적응의 정도와 차이로 인해 가족 간 갈등이 발생할 수 있다. 여성의 경우에는 남녀 역할 변화, 부부문제, 자녀교육의 부담, 직장생활의 어려움 등 다양한 문제에 직면한다. 특히 복합가정을 구성한 탈북여성의 경우에 북한의 남편이나 자녀, 중국의 남편이나 자녀, 한국에서 출생한 자녀 등 복잡한 문제들이 중첩될 수 있다.

이렇게 한국 정착과정에서 어려움을 겪고 있는 탈북민들은 이미 북한 내 및 탈북과정에서의 외상 경험을 안고 있는 경우가 적지 않다. 탈북 과정에서 가족 이산이 발생한 경우에는 두고 온 가족에 대한 그리움과 죄책감으로 심리적 갈등을 느낀다. 가족과의 이별에 대한 강박관념과 가족과의 재결합 욕구로 인해 악몽에 시달리기도 한다. 북한이나 중국에 남겨둔 가족들의 경제적 기대에 대한 부담을 안고 있는 경우도 적지 않다. 이런 상황에서 정착과정의 스트레스로 인해 잠재되어 있는 심리정서적 부적응이나 트라우마가 재현되는 경험을 할 수 있다. 탈북 과정과 재정착 과정에서 겪는 위기적 사건들로 인해 우울증, 외상후 스트레스 장애와 같은 심각한 정신적 후유증을 유발할 수 있다. 가족 간 갈등, 직장 내 갈등이 발생하고, 아동학대, 부부폭력, 대인관계에서의 분노표출과 폭력 등의 위기상황에 노출될 수 있다.

탈북민의 트라우마 수준은 일반인에 비해 상대적으로 높다. 국가인권위원회가 국립중앙의료원 연구진에 의뢰한 탈북민 인권피해 트라우마 실태조사[3]에 따르면, 탈북민은 심각한 인권침해로 트라우마를 경험하고 있고 일상생활에서도 후유증을 겪고 있는 것으로 나타났다. 이들은 북한 내 및 탈북과정에서 공개적인 자아비판을 경험했고, 심한 굶주림과 질병을 직접 겪었으며 이들 중에는 인신매매나 성폭력을 경험한 경우도 있었다. 조사결과 복합적인 외상후 스트레스 장애(PTSD: Post Traumatic Stress Disorder)가 56%로 나타났고, 50~60% 정도가 우울, 불안, 불면의 증상이 있었으며, 25% 정도가 높은 자살 위험성을 가진 것으로 나타났다. 일반국민의 PTSD 평생유병률이 약 1.5%인 것을 고려하면 탈북민은 그 정도가 월등히 높음을 알 수 있다. 또한, 통일부가 발표한 '2021 하반기 북한이탈주민 취약계층 조사 및 지원 결과'에 따르면 탈북민 취약계층의 47%가 정서적·심리적 어려움을 겪고 있다. 주요 문제로는 생계(25%)로 답한 사람이 가장 많았지만 정신건강(20%), 신체건강(13%), 가족관계(4%) 등 정서적·심리적 어려움을 호소하는 것으로 나타났다. 이러한 증상은 삶의 질을 대폭 저하시킨다. 한국에서 삶의 질을 일정수준 유지하려면 심리정서적 안정 및 정신건강에 대한 지원이 이루어져야 함을 의미한다.

탈북민의 심리정서적 어려움이나 트라우마는 심리적·정신적 건강문제이면서 사회 적응 및 자립과도 직결되는 문제다. 트라우마를 겪는 사람의 증세로는 '정서조절의 어려움'과 '신체화 증상'을 들 수 있다.[4] 트라우마로 인해 머리가 아프고 소화가 잘 되지 않고 온 몸이 쑤시는 신체화 증상이 나타난다. 이들은 악몽이나 끔찍한 사건에 대한 회상, 또는 혼란스런 기억을 통해 그 사건을 다시 경험하는 증상을 호소한다. 이로 인해 조급함과 초조함, 우울과 불안, 떨림, 심장 압박, 공황장애, 두통, 위장장애 등 신체화 증상을 보인다. 이러한 트라우마의 경험은 정서조절의 어려움, 정상적인 인간관계의 어려움으로 연결되는 경향이 있다. 탈북 트라우마 경험으로 타인에 대한 경계와 불신을 놓지 못하고 지속적으로 인간관계의 갈등을 겪고, 만성적인 불안과 두려움에 사로잡히기도 한다. 사회생활 과정에서 만나는 사람들과 좋은 관계를 유지하다가도 대화 도중에 갑자기 화를 내고 분노를 표출하기도 한다. 직장생활에서 유사한 문제 상황이 촉발돼 분노를 표출하고 직장을 그만두는 경우도 발생한다. 사람과 폭력적 구조에 의해 반복적으로 트라우마 환경에 내몰렸기 때문에 자기 자신뿐만 아니라 사람과 세상에 대한 불신감을 포지할 수 있다.

북한 내 및 탈북과정에서의 외상경험은 수년 후 한국생활에도 영향을 주며, 개인의 정서적 고통뿐만 아니라 한국생활에서 과민한 대응 및 세상을 보는 관점에도 악영향을 줄 수 있다. 탈북민들은 외상사건의 연속적 경험을 비이성적이고 비논리적인 방법으로 표출할 수 있다. 특히 일반주민들과의 관계에서 짜증, 분노폭발과 같은 정서적 대처를 하거나 목적과 방향을 잃은 양극단의 감정과 행동을 보이기도 한다. 이러한 행동패턴이 반복되면 일상적인 사회생활의 관계형성에도 어려움을 가져올 수 있다. 이는 탈북민의 고립을 초래하거나 일반주민들과 비합리적 상호관계 양상으로 갈등을 불러일으킬 수도 있다.[5]

최근 탈북민의 트라우마는 개인의 병리적 현상과 내적인 문제로만 바라볼 수 없다는 지적이 있다.[6] 트라우마 연구가 주로 신경생리학적·정신역동적 접근으로 이루어졌다는 한계를 인식하고 사회문화적 측면도 함께 고려돼야 함이 지적되고 있다. 트라우마를 신경생리학적 질병 혹은 심리적 장애 정도로만 이해할 경우에 사회문화의 병리성 측면을 간과하고 개인의 내적 문제로만 치부할 위험성이 있다. 트라우마는 피해자의 뇌 혹은 마음에서가 아니라 그들이 살고 있는 구체적인 사회환경에서 일어나는 것이기 때문이다. 탈북민의 트라우마는 개인의 병리적인 현상과 내적인 문제로 발현됐지만 천착해 들어가면 그들이 살았던 환경과 사회구조에 기인함을 인식해야 한다. 트라우마를 발현하는 북한사회, 탈북 과정, 한국사회의 정착 환경을 이해하고 성찰해야 한다. 특히 다른 이주민과 달리, 탈북민은 독특한 북한체제의 특성과 탈북 과정 및 중국에서의 경험으로 인해 그들이 겪었던 트라우마를 온전히 치유하지 못함으로써 한국생활 정착에도 어려움을 야기하고 있다.

북한체제 및 탈북과정에서의 생존 트라우마

탈북민의 심리정서적 적응의 문제를 이해하기 위해서는 북한체제 및 탈북과정에서의 생존 트라우마에 대한 이해가 필요하다. 한국사회에서 '트라우마'라는 용어는 그렇게 환영받는 표현이 아니다. 그런데 북한주민과 탈북민 집단을 트라우마 이해로부터 출발해야 한다는 연구가 진행되고 있다.[7] 이 연구자는 북한에서 탈북민의 삶이 구조적인 정치적 폭력과 일상적인 가정폭력, 만성적인 경제적 결핍과 같은 지속적인 스트레스 경험으로 인해 삶 자체가 트라우마라고 밝힌다. 트라우마를 이해한다는 것은 단순히 한 개인의 생리심리학적 차원을 넘어 폭력적인 사회구조적인 문제와 직면하는 것을 의미하고 트라우마 생존자에게 씌워진 사회적·도덕적 낙인을 지우기 위해서다. 탈북민에 대한 이해가 트라우마 이해로부터 시작할 때, 한 개인에게 도덕적 낙인을 씌우지 않게 되고, 트라우마를 발현하는 북한체제의 폭력성, 탈북 및 중국 체류과정에서의 비인간적인 인권 실상에 관심을 기울이게 되며, 변화를 위해 가능한 것들을 모색하게 된다.

탈북민에 대한 편견을 없애기 위해서는 어느정도 북한 내 및 탈북과정에서의 탈북민의 트라우마 경험에 대한 이해가 필요하다. 북한사람들을 심층적으로 알기 위해서는 전체주의 폭력이라는 불안한 환경에서 자신을 지키기 위해 오직 생존전략에만 집중해야 하는 신경생물학적 기능을 고려해서 북한사람의 정신세계를 이해해야 한다. 북한사람들은 만성적 집단 트라우마로 사회적 관계 형성에 있어서 분노, 싸움 등과 같은 공격적·폭력적·회피적 성향 및 불신과 적대감을 안고 살아왔다.

북한은 현대사에서 유례가 없는 3대 세습체제의 전체주의 국가다. 북한은 극단적인 이데올로기인 주체사상을 중심으로 당의 유일적 영도체제를 확립했다. 대외적으로는 미국과 남조선이라는 외부의 적을 상정해 핵무기를 개발하고 내

부적으로는 주민들의 불안과 공포심을 높이는 통치전략을 확립했다. 북한정권은 1인 독재체제를 유지하기 위해 주민들을 성분별로 핵심계층, 동요계층, 적대계층 등으로 구분하고 서로를 감시하며 억압하고 착취하는 전 사회적인 감시통제체계를 작동시키고 있다. 이러한 독재국가 유지를 위해 북한사회 전반에 걸쳐 조직생활과 보상, 감시와 처벌 등의 사회적 조직망이 구축돼 있다.

북한사회는 특정계층의 이익을 위해 타자화된 다수를 억압하는 전형적인 트라우마 사회의 단면이다. 이러한 전체주의 국가 환경에서 주민들은 스스로를 보호하기 위해 생존전략에 집착하며 살아갈 수밖에 없다. 이러한 북한사회를 '전체주의 공포체제', '공포정치와 트라우마', '북한체제 트라우마'라는 용어로 지칭하면서 분석의 대상으로 설정하고 있다. 이런 사회에서 북한사람들의 생존을 위한 반응은 주체적으로 생각하고 행동하고 폭력적인 상황을 변화시키기 위한 행동전략을 선택하지 않는다. 생존을 위해 순종이나 체념, 학대에 대한 무감각, 저항 의식의 소멸 등의 심리적 전략으로 대처한다. 가시적으로는 이중적 삶의 태도를 유지하는 병리적 대처기제로 자기를 보호하며 내적인 안정감을 유지해 가는 것이다.

북한체제로부터 배태된 생존 트라우마는 탈북 이후에 더 강화되는 경향이 있다. 반복적인 스트레스와 트라우마 상황을 경험하게 되는 것이다. 극심한 경제난을 겪으면서 탈북, 중국체류, 차별과 배신, 인신매매와 성폭력, 강제결혼, 가족의 죽음과 이별, 체포와 북송 등 수많은 고비를 넘으며 만성적인 트라우마를 겪게 된다. 특히 탈북여성은 중국에서 불법체류자로서 인신매매와 강제결혼 등으로 자기존재와 몸을 버리면서 오직 생존을 위한 삶을 살게 된다. 인신매매로 형성된 가족관계에서 존중받는 존재이기보다는 잃으면 안 되는 물건으로 취급받았고 그러한 경험이 심리적인 고통으로 축적되는 것이다.

부적응과 트라우마를 넘어서: 치유과 자기회복

탈북민의 외상 경험은 한국에서의 정착과 적응에 부정적인 영향을 미치고 있음을 살펴보았다. 최근에는 정신적 외상과 스트레스를 경험한 개인들이 고통과 고난에도 불구하고 개인적으로 성장하고 생산적인 삶으로 변화한 점에 주목하기 시작했다. 그것은 외상경험 이후 심리적 성장(PTG: Post-traumatic-growth), 스트레스와 관련된 성장의 문제로 다루어지고 있다. 한국에서 7년 정도 거주한 탈북민을 대상으로 외상 경험 이후 심리적 성장에 대한 실태와 이에 영향을 미치는 요인이 무엇인지 탐색하는 연구가 이루어졌다. 탈북민은 탈북 과정과 제3국을 통해 한국에 입국하는 과정에서 참혹한 충격과 심리적 고통을 경험했을지라도 다양한 성장

요인들을 발휘해 한국생활에 긍정적으로 적응하고 있음을 보여주고 있다.[8] 이 연구 결과에서는 외상후 개인 성장에 인구학적 요인인 성별, 연령, 학력 등은 영향을 미치지 않은 것으로 나타났다. 그 대신에 우울, 문화적응 스트레스, 미래에 대한 희망, 사회적 지지, 그리고 인식된 만족이 외상후 개인 성장과 높은 상관관계를 보이고 있다. 특히 탈북민의 문화적응 스트레스의 극복이야말로 외상후 개인성장의 심리적 성장과 상관이 있으며, PTG에 대한 유의미한 예측요인임을 보여주고 있다.

이 연구에서는 한국에서의 문화적응 스트레스도 그들의 외상 경험 못지않게 심리적인 고통으로 제시되고 있다. 이는 정착과정에서 겪는 문화적응 스트레스를 완화 또는 해소하는 방안이 적극 모색돼야 함을 시사한다. 남북한의 문화적 차이로 인한 스트레스에 효과적으로 대처할 수 있는 적극적 개입의 필요성을 제시하고 있다. 한국사회는 일반적으로 소수집단이 주류집단의 기대에 맞게 적응하고 동화돼야 한다는 은근한 압력이 내재돼 있다. 특히 분단체제하에서 적대국인 북한에서 이탈한 탈북민은 기존의 자신들의 생각과 경험은 잊어버리고 한국사회의 주류 사회문화에 적응하고 동화해야 한다는 압력에 지속적으로 직면하게 된다. 이는 탈북민의 외상후 개인성장에 부정적인 영향을 끼치므로 이러한 문화적응 스트레스를 줄일 수 있는 방안이 모색되어야 한다. 한국에서 겪는 문화적응 스트레스를 적절하게 다룰 수 있도록 개인의 정서적·문화적 역량을 높이는 교육이 필요하다. 적응과 동화를 넘어선 '통합'의 인식이 가능하고, 한국문화와 북한문화에 대한 상호 이해가 가능한 치료자와 상담자의 예방적 교육과 정신건강 서비스도 필요하다.

탈북민의 외상후 개인 성장에 사회적 지지, 특히 한국사람들의 지지가 긍정적 영향을 주는 것으로 제시하고 있다. 사회적 지지란 사회체계 내에서의 상호작용을 통해 심리적 스트레스의 근원과 외상에 노출된 개인을 정서적·정신적으로 보호하는 완충역할을 함으로써 개인의 위기 또는 변화에 대해 적응토록 도와주는 속성이다. 터놓고 말할 수 있는 한국사람으로부터의 정서적 지지는 탈북민의 PTG와 밀접한 상관관계일 뿐만 아니라 PTG에 대한 긍정적인 예측요인으로 나타났다. 따라서 탈북민 개인의 성장을 위해서는 한국사람들과 원만한 상호 작용이 이루어질 수 있도록 하고, 남북한 사람들이 심리사회적으로 연계될 수 있도록 다양한 방안들을 심도있게 고려해야 함을 시사한다.

또한, 외상후 개인 성장은 '인식된 만족'과 '미래에 대한 희망'이 긍정적 요인으로 제시됐다. 인식된 만족이란 경제적 측면과 정부지원정책, 또는 정신신체적 측면에서 어느 정도 만족감을 가지는가를 의미한다. 이렇게 현재 삶에 긍정적 인식을 가지면서 앞으로 한국사회에서 잘살 수 있을 것이라는 미래에 대한 희망이 개인 성장과 긍정적인 관계를 가짐을 보여주고 있다. 이렇게 자신의 미래에 대한 희망과 만족감을 높이기 위해서는 '심리적 요인'에 중점을 두고 심리적 지지와 지원에 정책의 초점을 두어야 함을 의미한다. 이주생활에 대한 긍정적인 정서 함양, 현실에 몰입할 수 있는 능력 배양, 자존감 향상, 이주자로서의 삶에 대한 개인적 신념과 믿음체계를 견고히 해주는 심리적 지지가 필요하다.[9] 이는 자본주의 환경에서 개인의 동기와 욕구를 충족하고, 신체적 및 심리정서적 안정을 이루고, 사회적 관계를 형성함으로써 개인의 성장을 이루어낼 수 있는 심리정서적 치유와 교육환경이 제공되어야 함을 시사한다. 또한, 긍정적 미래인식에는 근로능력과 경제활동이 중요하므로 양질의 일자리 제공이 뒷받침되어야 한다. 한국사회는 북한처럼 당성과 계급으로 결정된 삶이 아니라 개인의 선택과 노력 정도에 따라 각기 다른 삶을 영위할 수 있는 사회구조적 차이에 대한 인식을 강조하고 삶의 질을 높이는 정착정책 마련에 노력을 기울여야 할 것이다.

최근 신경가소성 과학은 스스로 치유하고 성장하고 발전할 수 있음을 제시하고 있다. 트라우마 치유와 관련해 신경학적 손상에 대한 이해와 함께 신경가소성이라는 변화 가능성을 이해하는 것이 필요하다. "20세기의 뇌과학에서 가장 중요한 발견인 신경가소성은 우리 뇌가 일생 동안 끊임없이 변한다는 사실이다. … 신경가소성의 과학은 획기적으로 다른 관점을 제공한다. 변화하고 성장하고 배우고 발전하기에 너무 늦지 않았다는 사실을 확실히 보여준다. 선택권과 힘이 당신에게 있다."[10] 트라우마를 겪고 신경학적 손상을 입었지만 신경가소성 과학은 스스로 치유하고 성장하고 발전할 수 있음을 보여준다. 북한주민의 집단적 트라우마와 탈북민의 트라우마는 개인적·집단적 노력에 의해 회복되고 발전될 수 있는 가능성을 보여준다. 그렇다면 트라우마를 극복하고 적응능력을 높이기 위해 개인과 집단 차원에서 필요한 과제가 무엇인가를 살펴보고자 한다.

첫째로, 탈북민 개인이 트라우마를 극복하고 적응 능력을 기르기 위해서는 트라우마를 회복할 수 있는 기회를 제공해야 한다. 한 개인의 신체적, 심리적, 사회적 안정감과 회복력을 증진할 수 있는 환경을 조성해야 한다. 의료적 지원과 심리상담 외에도 개인의 내적 고통과 분노를 표출할 수 있는 다양한 신체활동, 명상 등을 고려할 수 있다. 정신건강을 증진하고 대인관계를 활성화하는 다양한 방법을 모색해야 한다. 북한의 가족 중심적 가부장적 사고와 성역할을 기준으로 가족해체의 경험을 해석한다면 자력으로는 어찌할 수 없었던 개인적 경험에 대한 과도한 죄책감으로부터 자유로울 수 없을 것이다. 이러한 도덕적 손상으로부터 회복되기 위해서는 그 대상자에 대해 용서하는 마음을 가져야 하며, 자신의 삶과 자신을 둘러 싼 세상을 있는 그대로 수용하고 받아들이는 작업이 이루어져야 한다.[11] 이를 위해 탈북여성을 대상으로 치유프로그램을 운영하고, 자조모임이나 심리사회적 교육을 제공해 성인지적이고 성평등적인 관점, 그리고 강점 중심적으로 자신의 경험을 재조명하는 작업이 이루어져야 한다.

두 번째로, 정신건강에서 안전한 유대관계의 확립과 관련해 사회적 지지체계를 마련해야 할 것이다. 탈북민 외상후 개인성장에 사회적 지지, 특히 한국사람들과의 사회적 지지가 긍정적 영향을 주는 것으로 나타났다. 사회적 관계망을 강화하기 위해 우선 기존에 알았던 지인이나 동료들과 식사를 하거나 산책을 하는 등 만남을 지속하기 위해 노력해야 한다. 주변에 지인이 거의 없는 경우에는 지역 센터나 모임에서 강좌를 듣거나 취미활동에 참여하거나 교회 등 종교활동에 참여할 수도 있을 것이다. 그런데 주목해야 할 점은 개인의 성장을 가져오는 사회적 지지는 탈북민 자신을 인정해 주고 존중해 주는 공간에서, 서로의 일상생활을 공유할 수 있는 관계에서 활발하게 일어날 수 있다는 것이다. 탈북민이 자기정체성을 형성하면서 정서적인 안정을 가질 수 있는 소그룹 공동체가 중요하다. 남북한 사람들이 소그룹 공동체에서 독서토론, 집단상담, 영화감상, 예술 및 체육 활동 등을 함께 하는 것을 사례로 들 수 있다. 남북한 사람들이 자신의 삶을 표현하고 서로의 문화를 분석하고 비판하고 성찰할 수 있는 기회를 가져야 할 것이다. 이러한 모임은 단순한 정보와 지식 습득을 넘어서 정서적 공감대를 형성하고 위로를 주고 인식의 전환과 성장하는 경험을 줄 수 있을 것이다. 남북한 사람들이 상호의존, 상호환대의 관계를 경험할 수 있도록 만남, 교육, 성장의 여건을 조성해야 한다.

세 번째로, 탈북 트라우마 극복은 탈북민 개인의 힘과 노력뿐만 아니라 주변에서 심리정서적 지지체계를 연결하는 것이 중요하다는 점이다. 대부분의 탈북여성들은 한국생활에 대한 초조함과 불안함을 보이기도 했지만, 교육과 성장에 대한 강한 의지를 보여주고 있다. 그들은 여러 번의 탈북과 북송 경험 속에서 삶과 죽음의 경계를 오갔음에도 불구하고 얼마나 악착같이 버티고 살아가고 있는지를 이야기했다. 동시에 그들은 모든 것을 잊었다고 생각하지만 그 때를 떠올리면 다시 그 폭력적 상황으로 돌아가게 된다고 한다. 그 고통의 경험과 기억들이 생생하게 살아나 과거를 자신의 삶에서 떼어내고 지워내기가 어렵다고 한다. 그럼에도 불구하고 그들은 고통스러운 트라우마의 경험 속에서도 자기를 치유하고 성장해가는 강한 투지와 노력을 보여주고 있다. 탈북민이 이런 트라우마 경험 속에서도 내적인 자기회복력을 복원해가려는 노력에 호응하는 역할을 해야 한다. 정책적·제도적 지원과 함께 이들이 다양한 실천적 방안들을 활용케 하는 여건이 마련돼야 한다. 그들이 온전히 자기회복력을 갖고 치유될 수 있도록 심리정서적 지지체계를 연결해주고, 정신건강적 치유환경에 쉽게 접근할 수 있는 여건을 조성해야 할 것이다.

네 번째로, 트라우마에 대한 일반국민들의 인식 변화가 필요하다는 점이다. 탈북민 개개인의 트라우마 현상을 개인적인 결핍이나 병리적인 현상으로만 바라볼 것이 아니라 사회구조적 문제 안에서 이해하고 제도적 해결을 위해 노력해야 함을 의미한다. 그동안 트라우마를 신경생리학적 질병 혹은 심리적 장애 정도로 이해하고 개인의 내적 문제로만 한정하는 경우가 적지 않았다. 따라서 탈북민이 스트레스로 인해 통증을 호소하거나 감정을 정상적으로 제어하지 못할 때, 이를 개인의 정신적 또는 감정적인 문제로만 바라보았다. 사람들과의 관계에서 분노조절을 못하고 상황과 동떨어진 양극단의 감정과 행동패턴을 보일 때 '공격적인 사람', '사회성 없는 사람' 등 개인의 사회성 문제로 평가됐다. 그러나 탈북민의 트라우마는 개인의 병리적인 현상, 내적인 문제로 발현되었지만 천착해 들어가면 그들이 살았던 환경과 사회구조적 문제임을 이해할 필요가 있다. 트라우마는 한 개인의 기저에 있는 정신병리가 아니라 국가폭력, 가정폭력 등 학대적인 환경에 의해 발현되는 신경학적 손상임을 이해해야 한다. 이러한 이해 속에서 트라우마의 피해자인 탈북민에 대한 이해가 이루어진다. 이런 점에서 심리정서적 적응과 트라우마의 문제와 관련해 남북한 주민이 서로를 이해할 수 있는 만남 또는 교육의 기회가 주어져야 할 것이다. 탈북민 입장에서는 북한에서의 생활방식과 자신들의 대처방식이 외상과 같은 극단적 경험으로 왜곡돼 나타날 수 있음을 이해할 수 있다. 한국사람들은 이러한 탈북민의 개별적 독특성과 다양성을 이해함과 동시에 한국사회의 익숙함에서 오는 편견이나 고정관념 등을 이해하고 공감할 수 있어야 할 것이다.

2. 가족의 해체와 재결합, 복합가정

탈북가족 구성의 실태

탈북민에게 있어서 가족은 탈북과 이주, 재정착 과정에서 삶을 지탱해주는 원천이면서도 정착을 어렵게 하는 장애요인이기도 하다. 가족을 동반하지 못한 탈북민은 북한에 남아있는 가족의 안전과 생계를 걱정해야 한다. 탈북민 가족 구성의 특수성은 복합가정이 적지 않다는 점이다. 가족구성은 단독가구, 2인가구, 4인가구 등 다양하다. 복합가정의 경우는 한국사회 정착과정에서 정신건강, 심리정서, 경제생활 등 다방면에 영향을 주며 정착에 어려움을 가중시키는 경향이 있다. 탈북여성을 중심으로 복합가정이 생겨나고 이들은 이주과정에서 초국적 어머니의 역할을 수행하고 있다.

복합가정의 실태는 탈북민 가족구성 조사에서 나타난다. 탈북민 가족구성에 있어서 배우자의 출신지역은 남녀가 다르게 나타난다. 탈북남성의 경우, 배우자는 북한출신이 83.5%로 가장 높고 중국 9.0%, 남한 5.6% 순이다. 탈북여성의 경우, 남한 배우자는 45.2%로 가장 높고 중국 29.1% 북한 25.3% 순이다. 학생 자녀가 있는 경우에 거주지역은 남한 79.7%, 중국 15.2%, 북한 9.2% 순이다.[12] 탈북남성의 배우자 출신지역은 북한이 가장 많다. 이는 북한에서 가정을 이룬 후에 입국했거나 한국에 와서 북한출신 여성과 결합하는 경우다. 한편 탈북여성의 가족구성은 좀 더 복합적이다. 탈북여성 배우자 출신지역은 남한출신이 가장 많다. 한국에서 새롭게 가정을 이룬 경우가 이에 해당된다. 그렇지만 중국 배우자의 비중도 높고, 학생 자녀를 둔 경우에는 거주지역이 중국과 북한의 비중이 높다. 자녀가 한국에 거주하는 경우에는, 한국에서 태어난 자녀뿐만 아니라 북한과 중국에서 데려온 학생 자녀를 포함하는 수치이다. 이는 탈북여성이 이주과정을 통해 초국적인 어머니 역할을 수행하고 있고 복합가정이 구성됐음을 의미한다.

탈북민은 1990년대까지는 주로 단신으로 한국에 입국하는 형태가 많았다. 이후에는 개인이 먼저 탈북한 후 북한에 남아 있거나 제3국에 살고 있는 가족들을 한국에 데려와 재결합하는 등 다양한 가족형태가 늘어나고 있다. 한국에 온 탈북여성이 가족을 구성하는 형태를 몇 가지로 유형화할 수 있다. 첫째는 가족 동반 유형이다. 가족들이 함께 중국을 거쳐 한국에 입국해 해체나 재구성 없이 가족을 이루는 경우이다. 시간 차를 두고 가족을 데려왔더라도 큰 사건이나 트라우마 없이 가족이 함께 한 경우에도 이에 해당된다. 가족동반의 경우는 처음부터 한국입국을 목적으로 탈북을 기획하고 높은 브로커 비용을 감수하면서 결정하는 경향이 있다. 온 가족이 함께 한국에 정착한 경우에는 심리정서적으로 보다 안정적이다. 이는 서로가 의지할 수 있기 때문이다.

둘째는 중국에서 비자발적 혼인을 경험한 탈북여성이 한국정착 후 중국 남편과 자녀를 데려와 합법적으로 결혼을 하고 가족을 재구성하는 경우이다. 탈북여성이 먼저 한국에 온 후에 중국 남편과 자녀를 데려와 국제결혼 형태로 가족을 구성하고 살아간다. 셋째는 비자발적 혼인이나 인신매매로 혼인을 한 탈북여성이 자녀만 한국으로 데려오는 경우가 많다. 넷째는 탈북여성이 단신으로 탈북해 한국에 와서 새로운 가족을 구성하는 형태이다. 위와 같이 다양한 가족이주로 인해 다양한 형태의 복합가정이 구성될 수 있다. 북한에 남편이나 자녀가 있는 상태에서 한국에서 결혼해 태어난 자녀들, 중국에서 결혼한 남편과의 사이에 태어난 자녀들, 중국 남편과 결별한 채 한국에서 새로 결혼해 태어난 자녀들 등으로 다양하다. 이 중에는 북한과 중국에 각각 자녀가 있으면서 한국에서 자녀를 출산해 가정을 이룬 경우도 있다. 모 또는 부를 중심으로 가족을 구성해 살아가지만 복잡한 관계를 경험할 수밖에 없다. 어머니는 같지만 아버지가 북한, 중국, 또는 남한 출신이라는 국적이나 지위에 따라 복잡한 관계의 어려움을 경험할 수 있다.

탈북가족 해체와 복합가정의 문제점

탈북과정에서 가족 해체와 재구성이 이루어지면서 복합가정이 생겨났고 한국사회 정착과정에서 복합가정의 문제점이 다양하게 표출되고 있다. 탈북민 정착과정에서 가족의 중요성이 부각됨에 따라 가족이주 관점의 연구가 이루어지고 있다. 기존에는 북한의 가족생활이나 제도에 초점을 맞춘 연구가 대세였다면, 가족단위 탈북민의 입국이 증가하면서 한국사회에서의 가족 간 갈등, 가족관계와 역할변화, 부적응 실태 등에 주목하고 있다. 한국에 먼저 온 가족이 북한이나 중국, 제3국에 남아있는 부모형제들을 불러들이면서 발생하는 가족의 재결합과 재구성에 대한 연구가 진행되고 있다. 탈북가족의 이주를 사회적 자본으로서의 가족과 비공식 네트워크를 활용한 연쇄 이주로 분석하는 이주사회학적 관점의 연구도 이루어지고 있다.[13] 탈북민 이주에서 가족의 역할은 한국에서의 적응에 영향을 미치며, 북한에 있는 다른 가족 구성원을 데려오는 데 용이한 사회적 자본이다. 한국 내부 및 남북한 사이에 구축된 네트워크는 사회적 자본에 의한 가족 구성원의 연쇄이주를 촉진한다. 지속적인 송금과 교신을 기반으로 구축된 북한 및 제3국에서의 가족 연결망은 남아있는 가족의 연쇄이주를 촉진하는 것이다.

가족이주가 연쇄이주의 형태로 지속되는 주요 요인은 가족 간 강한 유대감이다. 가족 구성원 중 한 사람의 이주는 북한에 남겨진 가족의 위험성이 커지므로 연쇄이주를 촉진하는 요인이 된다. 한국에 입국한 탈북민은 정부로부터 받은 정착금을 대부분 브로커에게 주고 정착 초기에 가족을 찾는 일에 집중하고 있다. 가족연결망을 활용한 가족의 연쇄이주는 지속적으로 증가하며, 이러한 가족의 이산과 재결합은 다양한 문제를 수반한다. 한국사회에서 재결합 가족은 가족을 동반해 이주한 탈북민 가족보다 경제적, 정서적으로 더 어려움을 겪는 것으로 나타나고 있다. 특히 청소년 자녀를 둔 가정과 재결합한 가족은 가족 간 괴리와 갈등을 경험하고 있다.

복합가정의 탈북여성 어머니는 북한 또는 중국에 남아있는 가족에게 송금해야 하는 경우가 적지 않다. 왜냐하면 탈북여성 다수는 효를 강조하는 북한의 가부장적 규범에 강하게 신념화돼 있기 때문이다. 중국에 남아있는 자식에게, 또는 북한에 남아있는 가족을 향한 그리움과 미안함을 송금을 통해 달래는 것이다. 한국 땅에서 자신도 먹고 살기 힘든데 아르바이트를 하며 힘겹게 돈을 모아 북한에 보낸다.

"여기서 돈 보내면 그냥 뚝뚝 하늘에서 나오는 줄 알고. 그냥 쉽게 쉽게 … 그 돈을 목돈을 보내주면 그거로 장사를 해야 되는데. 그걸 쓰고 또 달라고 하고 또 쓰고 또 달라고 하고. 완전 밑 빠진 독에 물 붓기예요. 그것 때문에 연락을 안 해요. 다 이렇게 핸드폰 단절하더라고요 … 북한사람들이 경제개념이 없어요."[14]

브로커 비용이나 송금 문제는 경제적인 어려움뿐만 아니라 가족 간 신뢰와 믿음의 문제를 동반하기도 한다. 북한에 있는 가족을 데려오거나 돈을 보내 굶어죽지 않도록 정성을 다하며 가족에 대한 끈을 놓지 않으려고 애쓴다. 어려운 한국생활에도 불구하고 돈을 마련해 북한에서 가족들을 데려왔지만 경제적인 문제가 가족 간 갈등으로 비화되는 경우도 적지 않다.

한국생활 정착에서 재결합 가족이 직면하는 문제는 가족 구성원 간 언어소통과 가치관 차이, 관계 회복, 정체성 등으로 표출된다.[15] 탈북여성은 북한에서 중국으로, 다시 한국으로 이주하면서 결혼, 이혼, 재혼을 반복하게 되며 다양한 구성원의 가족을 형성하게 된다. 가족들이 다양한 언어를 사용하면서 가족 간 의사소통의 어려움을 겪으면서 고스

란히 생활 스트레스로 반영된다. 한 탈북여성은 중국에서 태어나 학교에 다니는 아들과 중국 남편을 한국으로 데려왔고 한국에서 딸을 출산했다. 중국어밖에 모르는 남편과 아들이 정착과정에서 적지않는 갈등을 경험하고, 한국에서 태어난 딸은 중국어를 몰라 아빠·오빠와 의사소통의 어려움에 직면한다.

자녀를 한국으로 데려온 경우에는, 불안정했던 엄마와 자녀 간 관계를 회복하고, 중국어만 구사하는 자녀에게 한국어를 가르치고 학교에 보내며, 출생지별로 다양한 자녀의 정체성 갈등의 혼란을 극복해야 하는 문제들이 대두된다. 자식을 먹여 살리기 위해 탈북을 했고 한국에 와서 힘들게 돈을 벌어 자식들을 데려왔지만 자녀와의 관계회복은 쉽지 않다. 온갖 고통을 감내할 수 있었던 것은 자녀를 먹여 살릴 수 있고 만날 수 있을 것이라는 희망이 있었기 때문이다. 북한이나 중국에서 자식을 데려와 살면 이제 큰 고생은 지나가고 가족이 함께 모여 평안한 시간을 가질 수 있을 것이라 생각했다. 하지만 한국에서의 가족의 재결합과 생활은 생각했던 것만큼 쉽지 않다. "애를 처음 만나고 얼마 동안은 정말 꿈같았어요. 애도 그랬고. 시간이 지나니까 애가 왜 나를 버리고 엄마 혼자만 한국에 왔냐고 화를 내기도 하고 마음속에 원망이 가득 찼더라구요."[16] 자녀의 머리 속에는 홀로 남겨져 겪어야 했던 굶주림과 생활고, 주변의 따가운 시선과 눈총, 외로움 등이 각인되어 쉽게 지워지지 않는다. 떨어져 있던 시간만큼 쌓여있던 그리움과 불신, 원망의 마음을 회복하는 시간이 필요하다.

일과 가정생활을 병행해야 하는 탈북여성의 경우에 자녀의 교육문제가 제기된다. 일을 하면서 자녀를 세심하게 돌볼 수 없는 처지여서 힘들게 데려온 자녀를 탈북청소년들만 교육하고 보호하는 대안학교나 기숙형 공부방, 그룹홈으로 보내야 한다. 자녀와 감정적으로 충돌하고 말다툼을 하는 경우도 있다. 집에서 자녀의 숙제를 봐주고 식사를 챙기고 돌보는 것이 힘들 정도로 갈등의 수위는 높아간다. 중국 출생의 경우에는 한국말도 모르는 상태에서 데려오다 보니 학교에 보내도 한국말 때문에 스트레스를 받아 학교에 가고 싶어하지 않는다. 한국말을 가르쳐주고 공부도 가르쳐주고 돌봐줄 사람이 필요하다. 어쩔 수 없이 대안학교나 그룹홈으로 보내야 한다.

가족구성원 간 갈등요인으로는 아버지인 탈북남성의 부적응 문제도 제기되고 있다.[17] 탈북남성들은 한국 정착과정에서 여성이나 청소년처럼 유사한 문제를 경험한다. 남북한 간 사회문화적 차이, 경제활동에 대한 어려움, 사회적 차별 등과 함께 신체적·정신적 어려움을 겪기도 한다. 개인 차이는 있으나 대체로 청소년보다 중장년층, 여성보다 남성의 적응능력이 떨어지는 것으로 나타나고 있다. 특히 탈북남성들은 남성성을 강조하는 삶을 살아왔고 이것이 한국사회 적응에 장애요인이 된다. 예를 들면, 북한사회에서 강조하는 남성의 미덕, 북한의 성 불평등, 교육과 학습을 통한 남성성 획득과 같은 인과적 조건이다. 탈북남성은 여성에 비해 낮은 사회 적응력, 순탄치 않은 한국 직장생활, 사회적 편견 및 차별 등으로 사회적응이 어려운 것으로 나타나고 있다. 한국의 자본주의체제와 사고방식으로부터 오는 이질성은 탈북민으로 하여금 경제·사회·문화적으로 배제됐다는 느낌을 가지게 할 수 있다. 남성정체감의 핵심요소인 경제적 능력 여부는 여성보다도 우울감과 좌절감을 더 높게 느끼게 하는 요인이다. 이러한 맥락을 고려해 볼 때, 탈북남성이 한 가족의 가장으로서 겪는 경제적 곤란과 죄책감이 남성들의 신체적·정신적 건강에 영향을 미친다. 즉 가부장적 사회주의체제에 익숙한 탈북남성은 가족 내에서 가장으로서의 자신의 위치를 정립할 때 안정감을 찾고 어려움을 극복할 수 있다. 그러나 탈북남성이 가장으로서의 위치를 확보하지 못했을 때 가족관계의 위기가 찾아오고 심한 경우에는 가정폭력으로 비화되는 경우가 있다.

또한, 한국에서 태어난 자녀와 함께 중국, 또는 북한에도 자녀가 있거나 이들을 데리고 왔을 때 탈북민 부모는 서로 다른 출생의 역사를 가진 자녀들 사이에게 부모가 어떤 입장을 취할지 고민하게 된다. 중국 출생 자녀를 둔 경우에는 언어로 인해 드러날 수밖에 없기 때문에 뒤늦게라도 북한 출신이라는 정체성을 밝히게 된다. '엄마는 북한사람이고, 너를 한국에 데려오고 싶었지만 중국에서는 불법체류 신분이어서 북송될 위험에 처해 있었고, 그리고 죽을 고비를 넘어 한국에 와서 너를 데려오기 위해 안 해본 일이 없고, 그래서 결국 너를 데려와 함께 살게 되었다'는 이야기를 하게 된다.

> "학교에 다니면서 한국말을 못 알아들으니까 짜증이 난다면서 집에 오면 나한테 화풀이를 하는 거예요. 애는 쑥 컸는데 지난 세월만큼 애에 대해서 모르니까 편치만은 않았어요. 어떻게 해야 할지 … 애한테 이해하기 쉬운 말로 아주 진지하게 이야기를 했어요. 엄마가 중국서 계속 살 수가 없었던 이유, 혼자서 한국에 올 수밖에 없었던 이유, 대한민국 국민으로 엄마가 중국에 가도 만일 문제가 생기면 북한으로 보내질 수 있어서 쉽게 중국에 갈 수 없었던 이유, 엄마가 북한에서 살았을 때의 이야기 … 아이가 심각하게 듣더라고요. 엄마가 너를 버린 게 아니라고. 그랬으면 한국에 데려오지 않았을 거라고 … 애하고 나하고 한참을 울었어요."[18]

이렇게 엄마가 자녀에게 자신의 탈북 스토리를 이야기할 수 있고 자녀가 듣고 공감하는 기회를 가지는 것만으로도 회복의 시작일 수 있다. 엄마와 자녀 간 대화를 통해 문제를 해결하는 과정이 그렇게 쉽지 않고 지난한 과정을 거칠 수밖에 없다. 남한출생의 자녀를 가진 경우에도 정체성 문제에 직면하게 된다. 남한출생 자녀는 탈북부모가 한국에서 국적을 취득하고 출생한 경우이다. 부모와 자녀 모두 한국시민이다. 하지만 부모가 '탈북민'이라는 것이 자녀에게 어떤 영향을 줄 것인지 고민한다. 탈북민으로서의 위치가 자녀에게 자원이 될지 편견과 낙인이 될지를 고민하고 북한출신 정체성을 밝힐지 여부를 결정하게 되는 것이다.

탈북민의 안정적인 정착을 위해서는 가족중심의 지원이 필요하고, 가족의 기능이 강화돼야 한다. 탈북민에게 가족이란 삶의 든든한 버팀목이다. 가족의 중요성은 타국에서 어려움을 극복하고 적응할 수 있게 하는 공통적인 요인이었다. 가족과 함께 입국한 탈북민들이 안정적이며 빠르게 정착하는 점을 고려할 때, 가족의 결속을 저해하는 갈등요소를 찾아 이를 줄이는 노력이 필요하다. 가족의 회복을 위해서는 가족의 결핍과 병리보다 강점과 자원에 근거한 방안을 모색해야 한다. 그리고 가족해체 예방에 도움이 되고 가족구성원의 관계를 돈독히 할 수 있는 가족 강화 프로그램을 실시해야 한다. 세대 간 갈등, 부부 간 갈등, 부모자녀 간 갈등을 줄이고 의사소통하는 방법에 도움이 되는 가족 단위의 정착프로그램이 필요하다.

탈북자녀 대상 교육체계와 교육의 과제

이 절에서는 탈북민 자녀를 포괄하는 탈북청소년의 개념과 범주, 탈북자녀 대상 교육지원체계와 내용, 탈북청소년 교육의 과제에 대해 살펴본다. 탈북청소년에 대한 이미지는 꽃제비, 무연고 청소년, 중국 출생, 학교 부적응, 통일인재 등 다양한 용어가 연상된다. 탈북의 역사만큼이나 실제로 탈북청소년의 스펙트럼이 다양해졌다. 1990년대 후반과 2000년대 초반에 가족 없이 홀로 떠돌다가 입국한 탈북청소년이 적지 않았다. 이들은 북한이나 중국에서 교육 경험이 부족한 상태에서 한국에 입국했다. 부모 없이 홀로 한국에 입국한 무연고 아동 청소년도 적지 않았다. 이들은 성장해서 가정을 이루고 성인이 된다. 또한, 먼저 입국한 부모 세대가 북한에 살고 있거나 중국에서 태어난 자녀를 데려오면서 탈북 1.5세대가 탈북민 세대의 상당수를 차지한다.

탈북 1.5세대는 탈북 1세대와 한국에서 태어난 2세대의 중간적 존재로서 청소년기를 전후해 부모를 따라 입국한 세대들이다. 이들은 북한 출생과 중국 출생으로 대별된다. 북한 출생은 북한에서 태어나 한국에서 자란 젊은 세대이고, 중국 출생은 부모 중 한 명이 탈북민으로서 중국이나 제3국에서 태어나 한국에서 자란 세대를 일컫는다. 이들의 성격은 확연히 대비된다. 최근에는 한국에서 태어난 2세대 청소년이 절대 다수를 차지한다. 이들은 북한 출신인 1세대 부모의 자녀라는 점에서는 동일하지만 그 외에 복잡한 배경과 성격을 지닌다. 즉 본격적인 대량 탈북 25년을 넘어서면서 우리사회는 탈북 1세대, 1.5세대, 2세대가 공존하는 시대가 도래했다. 탈북민 정착이 자녀 세대의 정착과 교육을 준비해야 할 때다.

탈북민 부모 세대는 성인이 되어 한국으로 왔기 때문에 북한적 사고 방식이 강하다. 자녀 세대는 두 나라의 언어와 문화를 어느 정도 이해하면서도, 청소년기 사고와 가치관의 유연성으로 '남한과 북한의 가교', '통일의 가교', '먼저 온 통일 세대'로서 긍정적으로 표현되고 있다. 다른 한편 탈북청소년은 가치관이 확립되지 않은 상태에서 한국으로 건너왔기 때문에 정체성 갈등을 겪는 경우가 많다. 스스로의 선택이 아닌 부모 손에 이끌려 한국행 비행기를 탄 청소년의 경우에 더욱 그렇다. 북한과 한국, 어느 문화권에도 적응하지 못하고 방황하는 경우가 적지 않다. 탈북청소년은 자기 정체성을 확립하며 새로운 한국사회와 학교생활에 적응해야 한다.

탈북청소년은 법적으로는 북한출생만을 의미한다. 북한이탈주민법에 따르면 탈북민이란 북한에 주소, 직계가족, 배우자, 직장 등을 두고 있고 북한을 벗어난 후 외국 국적을 취득하지 않은 자로서 '보호 대상자'로 규정하고 있다. 그렇지만 현실적으로 탈북청소년의 배경에는 탈북민을 부모로 둔 북한 출생, 중국 등 제3국 출생, 한국 출생으로 구분할 수 있다. 학교 현장에서는 '탈북청소년'의 범주에 북한출생과 중국출생을 포함해 교육을 지원하고 있다. 탈북여성이 중국에서 낳아 한국으로 동반한 자녀 숫자가 매년 증가해 북한 출생을 앞지르고 있다. 2022년 4월 현재 한국의 초·중·고에 재학 중인 탈북학생 수는 2,061명이다. 이 가운데 북한 출생은 635명이고 중국 등 제3국 출생은 1,426명으로 69%가 넘는다. 학교 현장에는 중국출생 탈북청소년이 북한 출생보다 더 많아졌고 이로 인해 여러 가지 교육적 어려움을 겪고 있다.

탈북여성들은 중국에서 출산한 자녀를 한국으로 데려오고 있다. 더 나은 교육과 생활환경을 보장해 주기 위해서다. 그렇지만 이러한 결정은 새로운 문제를 야기하고 있다. 탈북엄마 입장에서는 북한에서 출생한 탈북청소년과 동일하게 대학특례입학이나 학비 지원이 이루어지지 않는 데서 오는 경제적·교육적 어려움이 있다. 중국에서 출생한 자녀의 입장에서는 익숙했던 중국생활 환경에서 벗어나 한국에 와서 한국어를 습득하며 친구를 사귀고 학교생활에 적응해야 하는 어려움이 있다. 탈북여성과 그 자녀가 균등한 교육기회를 누리고 안정적으로 정착할 수 있는 환경을 조성해야 할 이유다.

한국에 온 제3국 출생 탈북청소년의 증가는 이들에 대한 법적 지위에 관한 논의가 제기된다. 이들에게도 북한 출생과 마찬가지로 정부 지원이 이루어져야 한다는 것이다. 국회에서는 북한이탈주민의 범위에 제3국 출생 탈북청소년을 포함시키는 법안이 수차례 발의됐다. 개정안은 아직 입법화 되지 못한 상태다. 법안의 요지는 탈북민 범위에 제3국 출생 탈북자녀와 중국에서 고아가 된 무국적 탈북아동을 보호대상으로 포함시키는 안이다. 이와 관련 다음과 같은 문제가 고려돼야 한다. 한국정부가 탈북민 범위에 제3국 출생 탈북청소년을 포함시켜 보호·정착 지원하는 것이 중국 정부와 외교적 마찰의 소지는 없는지 면밀히 검토돼야 할 것이다. 아울러 이들을 탈북청소년과 동일하게 특례입학과 학비지원 등 정착지원하는 것에 대해 국민들의 폭넓은 공감과 의견 수렴도 병행돼야 한다.

초창기의 대량 탈북시기에는 한국정부가 청소년들을 수용할 준비를 갖추지 못했다. 한국 학제 기준으로 정규학교에 편입됨으로써 부적응으로 중도에 탈락하는 학생들이 적지 않았다. 고등학교의 경우, 중도탈락률이 50%에 달한 때도 있었다. 북한에서 학교에 적을 두고 장사하거나 떠돌아다니는 경우와 중국에서 숨어 지내느라 학교를 제대로 다니지 못한 경험들이 한국의 교육제도에 반영되지 못했다. 북한에서 중학교 2학년을 다니다가 온 17세의 탈북학생이 한국의 초등학교 6학년에 편입학했으나 자퇴하는 경우도 있었다. 이 학생은 한국 학제 기준으로 북한의 소학교 4년을 졸업했지만 한국의 초등학교 6년 졸업으로 인정되지 않았던 시기였다. 현재는 이러한 문제점이 개선돼 북한 기준으로 초졸, 중졸, 고졸이 인정되고 있다.

탈북청소년들은 탈북 과정에서 부모나 가족들의 사망, 이혼, 이별 등을 경험했고 중국에서 체류하는 동안에 새로운 가족 구성원을 형성하게 되면서 한부모 가정인 경우도 많다. 가족구성원 간 서로 의지하고 보호하는 기능이 상당히 약화된 상황에서 탈북청소년들은 한국 입국 후에도 심리적, 정서적으로 어려움을 겪고 있음을 알 수 있다. 북한 출생과 제3국 출생 학생들이 공통적으로 학교수업 따라가기, 정체성 혼란, 친구관계, 가정 환경에서 오는 어려움을 겪고 있다. 남북한은 같은 한국어를 사용해 기초적 의사소통에는 큰 어려움이 없지만, 각종 용어나 교육문화 차이로 인해 의사소통이나 교과수업 내용을 이해하는 데는 어려움이 수반될 수밖에 없다. 중국 출생 탈북청소년의 언어적 어려움은 더 클 수밖에 없다. 일반학교에 편입한 탈북청소년은 자신이 북한이나 중국 등 제3국 출신임을 숨기는 경우가 많은데, 이는 이들의 건강한 정체성 함양에 걸림돌이 되기도 한다.

탈북청소년 적응교육은 초기에는 시행착오를 겪었으나 현재는 정부차원의 시스템을 구축해 체계적으로 지원하고 있다. 탈북청소년 교육지원은 교육부와 통일부, 산하기관

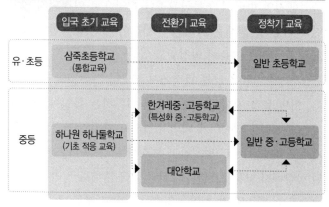

	입국 초기 교육	전환기 교육	정착기 교육
유·초등	삼죽초등학교 (통합교육)		일반 초등학교
중등	하나원 하나둘학교 (기초 적응 교육)	한겨레중·고등학교 (특성화 중·고등학교) / 대안학교	일반 중·고등학교

출처: 탈북청소년교육지원센터 홈페이지.

인 탈북청소년교육지원센터와 남북하나재단에서 수행하고 있다. 교육부와 통일부는 탈북학생의 학교 및 사회 적응력 제고를 위해 입국초기 교육, 전환기 교육, 그리고 정착기 교육 등 단계별로 지원하고 있다. 입국 초기에는 삼죽초등학교와 하나원 하나둘학교가 있다. 하나원에 거주하는 유·초등 탈북학생들은 삼죽초등학교에서 통합교육을 받고, 중·고등 연령의 탈북학생들은 하나둘학교에서 학업보충과 사회적응교육을 받는다.

전환기 교육으로는 한겨레중·고등학교와 다양한 대안학교가 있다. 일반학교의 통합교육을 기본방향으로 탈북학생이 선택할 수 있는 다양한 수준의 대안적 학습교육 형태가

운영중이다. 학업 중도탈락율을 낮추고 청소년들에게 양질의 교육 접근기회를 보장하기 위함이다. 한겨레중·고등학교에서는 일정기간 학업보충 및 사회적응 교육을 받고 일반학교로 전입할 수 있는 전환기 학교로서의 기능을 수행하고 있다. 여명학교, 드림학교, 하늘꿈학교 등 대안교육기관에서는 학령기 초과자, 학교 부적응 학생들을 위해 맞춤형 교육이나 위탁교육을 실시하고 있다. 정착지 학교에서는 한국학생과 탈북학생의 통합교육을 실시하되 탈북학생이 다수 재학하는 학교에서는 특별반을 운영하기도 한다.

시·도 교육청과 학교를 통해 탈북청소년 재학학교에 이들의 학교 적응을 위해 일대일 멘토링 제도, 통합프로그램, 방과후 교육 프로그램, 상담교사 등을 정책적으로 지원하고 있다. 얼마 전까지만 해도 탈북청소년의 적응과 부적응의 문제는 개인의 능력이나 노력의 결과로 간주되는 경향이 있었다. 이제는 정부 차원에서 조직적으로 지원 시스템을 구축하고 예산 배정 및 프로그램 지원 등으로 개개인의 적응과 정착을 적극적으로 돕고 있다. 탈북청소년은 모든 국민과 동일하게 양질의 무상 초등교육과 중등교육 및 고등교육의 기회도 보장받고 있다. 북한출생 청소년은 관련 법령인 「북한이탈주민의 보호 및 정착지원에 관한 법률」 제24조(교육지원), 「북한이탈주민 교육지원 지침」(통일부 지침), 「초·중등교육법」 규정에 의거해 무상 초·중등교육에 대한 접근 및 이수를 보장받고 있다. 만 24세까지 고등학교 이하의 학교에 입학 또는 편입학 경우에 입학금·수업료·학교운영지원비 및 기숙사 사용료 등을 면제받는다. 이들은 고입 및 대입 특별전형제도, 교육비 지원 등을 통해 고등교육의 기회도 보장받고 있다.

일반학교에서는 탈북학생들의 특성을 고려한 맞춤형 지원을 통해 교육 형평성을 제고하고 있다. 이들에게는 재북 및 탈북과정, 중국 체류경험, 그리고 한국사회에서의 생활여건 등을 고려한 교육지원이 이루어지고 있다. 우선 학교에서는 탈북학생과 교사 간 1:1 맞춤형 멘토링을 지속적으로 실시하고 있다. 탈북학생이 다수 재학하는 학교에서는 '심리상담사'가 파견돼 있다. 탈북학생이 다수 재학중인 일반학교에는 이들의 학업과 적응을 지원하기 위해 재북교사 경력을 지닌 20여명의 통일전담교육사가 파견돼 있다. 또한, 정착지 학교의 편입 초기에 일반학교와 대안교육시설에 중국어 구사가 가능한 한국어 강사를 파견해 한국어 교육과 초기 적응교육을 실시하고 있다. 탈북학생의 직업교육 기회확대를 위해 특성화고 및 마이스터고에 대해 탈북학생 특별입학전형, 개인별 맞춤형 진학지도, 진로 및 직업 교육을 실시하고 있다.

탈북청소년 교육의 과제는 다음과 같다.

첫째로, 탈북민의 가정배경에 있어서 가족구조, 가구소득을 고려한 지원 필요성과 문제점이 논의되고 있다. 한국교육에서는 부모학력, 가구소득, 가족구조 등 가정배경에 따른 학업성취의 격차를 진단하고 이를 좁히기 위한 정책적 노력들이 시도되고 있다. 탈북학생의 학교 적응에는 개인의 적응능력뿐만 아니라 가정배경의 영향력도 크게 작용한다. 북한과 중국에서의 성장환경, 탈북 및 한국입국 경험, 가족해체와 재구성, 가족의 경제적 및 심리정서적 환경, 가족구성 형태 등이 탈북학생의 학교 적응과 학업 성취에 영향을 미친다는 것이다.

이러한 가정배경이 탈북학생의 교육기회 및 학업성취 격차에 영향을 미치는 것을 최소화해야 한다. 현행 지원정책상 북한 출생 교육지원, 제3국 출생 교육지원, 국내 출생 교육지원이 각기 상이하다. 탈북민 부모의 입장에서는 같은 자녀를 두고 지원내용이 차등화 되는 것에 대해 문제제기를 하고 있다. 출신 여부에 따라 법적 지위와 내용이 다른 점은 차별적 인식과 대우로 연결될 우려가 있다. 제3국 출생이든 국내 출생이든 자녀들은 탈북민 부모가 안고 있는 어려움의 직간접적 영향 속에 놓여있다. 탈북민 자녀의 하루일과를 단순화하면 "낮에는 '학교'에서 한국식으로 생활하고 저녁에는 '가정'에서 북한식으로 생활한다"는 여담도 있다. 부모의 가정배경이 자녀에게 그대로 영향을 미친다는 것이다.

따라서 탈북민 자녀의 교육기회에 경제자본, 사회적 지

위, 심리정서적 자원, 교육문화 자본 등 부모의 가정배경이 최소한으로 영향을 주도록 배려해야 할 것이다. 이들의 진로진학 지도, 심리, 학습, 잠재역량개발, 위기학생 발굴 등 지원방안도 다각도로 모색돼야 한다. 또한, 학교교육 중심의 지원정책이 가정 단위의 지원이나 생활환경 개선과 안정 등을 포함한 탈북청소년 개개인에 대한 총체적 지원정책으로 전환돼야 할 것이다. 개별화된 접근 및 총체적 접근을 통해 탈북청소년 중에서도 적응 취약집단이 안고 있는 복합적 문제를 해결할 수 있어야 할 것이다.

둘째로, 탈북학생들에 대한 정착지 일반학교에서의 통합교육을 강화하면서 다양한 수준의 대안적 학습형태와 지원체계에 대한 논의가 이루어져야 할 것이다. 탈북학생의 특수성이 강조되어 비인가 대안교육시설, 그룹홈, 기숙 형태의 공부방 등에서 한국학생과 구분되어 별도로 돌봄과 교육이 이루어지고 있다. 탈북학생 교육은 개개인의 소질과 능력을 개발하고 학교생활에 적응하며 한국의 민주시민으로 양성하는 것이다. 탈북학생들만 모여서 공부하고 친구관계를 형성하며 그들만의 학교에 다니는 것은 대학교 및 사회생활에서의 남북한 주민 통합을 지연시키는 것이라는 비판이 지속 제기되고 있다.

탈북청소년들에게 정착 단계별로 필요한 맞춤형 교육을 제공하되 정착지 일반학교로 편·입학을 유도하고 학교 적

응 및 학업 지도를 강화해 나가야 할 것이다. 탈북학생 특성
화학교인 한겨레중·고등학교는 전환기 교육기관으로서 역
할을 강화하고 인가 대안학교인 여명학교와 하늘꿈학교, 드
림학교 등도 학령 초과자, 학교 부적응, 특화프로그램교육
등 대안형 교육기관으로 특화 운영돼야 할 것이다. 더 나아
가 코로나19 팬데믹 이후 탈북학생 수가 감소하는 현실을
반영하고 통합교육의 중요성을 고려한 교육제도를 구상해
야 할 것이다. 탈북학생 감소에 따른 대안교육시설의 점진
적 감소가 현실화되고 있다. 이제 일반학생과 탈북학생이
함께 다니는 통합형 특성화학교, 통합형 인가대안학교의 운
영을 고려해야 할 것이다. 남북한 출신의 학생 비율을 1:1
수준으로 맞추어 '작은 통일 시범학교'를 운영해 보고 학급
단위로 적용할 수 있는 모델을 발굴할 필요가 있다. 남북의
학생이 함께 공부하며 통일을 준비하는 통합형 교육과정에
기반한 대안적 학교의 구상에 대해 고민해야 할 때이다.

셋째로, 탈북청소년의 정체성 관련, 북한 출생과 제3국 출
생의 정체성 문제가 완전히 다르다는 점을 이해하고 이에 맞
는 인식 및 진로진학 지도가 이루어져야 할 것이다. 청소년
세대의 적응과 통합을 저해하는 요소로는 출신배경 공개 문
제가 있다. 탈북청소년이 주변 사람들에게 자신의 출신을 밝
히는 것이 쉽지 않은 이유는 이들의 의지나 자신감의 유무보
다는 사회적 편견이나 잠재적인 차별 때문이다. 탈북청소년

이 주변 사람들에게 북한 또는 중국 출신임을 공개할지 여부에 대해, 해마다 약간의 차이는 있지만, 일반적으로 절반 정도의 청소년이 절대 또는 가급적 밝히고 싶지 않다는 의견을 제시하고 있다. 특히 한국 거주기간이 5년, 10년 이상으로 길어질수록, 대안학교보다 정규학교에 다니는 학생들일수록 북한 또는 중국 출신임을 밝히고 싶지 않다는 응답이 높게 나타났다. 한국 입국 초기에는 북한 출신임을 밝히는 것이 말투나 외모 등으로 인해 자의 반 타의 반 불가피한 측면이 있다. 그러나 탈북청소년들은 일정기간 이상 거주하면서 말투나 외모에서 차이가 드러나지 않게 되고 출신이 밝혀졌을 때 겪었던 부정적 경험 등의 이유로 자신의 출신을 숨기는 것을 볼 수 있다. 또한, 탈북학생들만 생활하는 대안학교에 비해 다수의 일반청소년과 섞여서 생활하는 정규학교의 경우 자신의 출신을 밝히는 데 더 어려움을 겪고 있다.[19]

따라서 탈북청소년이 출신배경을 밝히고 당당하게 생활할 수 있도록 우호적이고 수용적인 분위기를 조성하는 것이 중요하다. 그렇지만 자신의 신분을 밝힌 후 주변 사람들로부터 소외당해 커다란 상처를 입는 경우도 발생하므로 신중한 결정이 요구된다. 출신배경을 밝히는 것이 좋은지 여부를 판단할 수 있도록 주변상황, 교우관계, 선생님과의 관계, 마음상태 등을 충분히 고려하는 것이 바람직하다. 청소년 자신에 대해 긍정적인 자존감을 갖고 정체성을 밝힐지를 스스로 결정할 수 있도록 격려하는 것이 필요하다.

또한, 정체성 관련해 북한 출생, 중국 출생 탈북청소년이 각각의 출신 배경과 교육문화적 경험을 바탕으로 자기성장을 이룰 수 있어야 할 것이다. 북한 출생 탈북청소년은 남과 북을 모두 경험한 통일에 이바지할 소중한 인재이다. 이들이 겪는 학업의 어려움, 정체성의 혼란, 언어·문화의 차이, 가족·친구관계, 경제적 어려움 등이 남북한 교육통합, 더 나아가 마음 통합의 밑거름이 될 수 있다. 남과 북의 사고와 가치관, 언어와 문화, 교육과 사회구조 등을 경험한 이들이 '통일의 가교', '먼저 온 통일 세대'로서의 역할을 감당할 수 있기를 기대한다. 또한, 중국 출생 탈북청소년은 중국어를 포함한 중국 출생의 문화적 자산을 바탕으로 통일한국에 중요한 역할을 할 수 있을 것이다. 이들은 출생국 중국, 탈북민 엄마의 고향인 북한, 본인의 대한민국 국적을 기반으로 개별 국가에 대한 이해, 한반도의 지정학적 특수성, 그리고 통일한국에 대한 비전을 꿈꿀 수 있을 것이다. 세계화 시대에 한반도의 통일이 주변 강대국과의 관계에 긴밀히 연결되어 있는 상황에서 중국 출생 청소년은 남과 북, 그리고 중국을 잇는 통일준비 과정에 의미있는 역할을 기대할 수 있을 것이다. 이러한 이들의 특성을 반영해 자아정체성을 강화하고, 이와 연계해 진로진학지도가 이루어져야 할 것이다. 북한과 중국에서의 출생과 성장배경, 교육환경과 학습여건 차이, 개인

소질과 능력 차이 등을 반영해 진로탐색과정, 생애적 진로설계, 전문가멘토링, 취업교육 등을 진행해야 할 것이다.

마지막으로, 자녀 세대를 포함한 가족의 통합적 정착지원을 수립해야 할 것이다. 코로나19팬데믹의 영향으로 수년간 탈북민 입국자가 감소했다. 지금이야말로 장기적 관점에서 정착지원의 방향을 재정비하는 기회가 될 수 있다. 이미 정착한 탈북민뿐만 아니라 새로 입국한 사람을 아울러 전체적인 삶의 질, 그리고 취약계층의 어려움이나 상황에 대해 더 많은 관심을 가져야 할 것이다. 혼자서 아무리 정착을 잘해도 가족 구성원이 어렵거나 위기에 처한다면 그 변화로 삶이 흔들릴 수 있다. 전체 탈북민이 장기적으로 잘 정착할수 있는 환경을 조성해 주는 것이 바람직하다.

그런 차원에서 탈북민 입국자의 특성을 살펴보면, 여성 입국자, 국경지역 거주자, 젊은층 중심 탈북자의 증가추세와 함께 북한에서의 직업군도 다양하다. 가족 구성에 있어서도 북한 출생뿐만 아니라 제3국 출생과 한국 출생 자녀의 비율이 증가하고 있다. 이러한 탈북민 누계 인원의 확대, 국내 거주 연차의 확대, 보다 나은 삶을 위한 이주민적 입국 성격 등이 보다 적극적으로 정착지원정책에 반영돼야 한다. 거시적 차원에서 그동안 탈북민 1세대, 1.5세대 지원정책에 초점을 두었다면, 이제는 2세대, 3세대 지원을 포괄하는 가족통합 지원으로 확장적 준비를 할 때이다.

3. 부적응과 탈남, 초국적 이주

탈남과 난민자격 해외탈북자

대다수 탈북민들은 한국사회에 정착하여 뿌리를 내리고 있지만, 일부 탈북민은 부적응과 불만을 넘어 탈남이라는 새로운 이동을 시도하였다. 탈북민의 탈남 이유로는 일반적으로 한국사회 부적응, 경제적 어려움, 미래에 대한 불안감 등을 꼽을 수 있다. 최근에는 탈북과 탈남의 문제를 '초국적 자본을 활용해 더 나은 삶의 기회를 찾아서'라는 거시적인 차원의 국제이주, 초국적 네트워크라는 관점에서 보는 시도가 진행되고 있다. 탈남의 문제를 탈남의 실태와 원인, 초국적 이주의 관점에서 살펴보고자 한다.

영국에 거주하는 탈북난민 최승철 씨는 자신의 탈남 의미를 다음과 같이 표현한다.

"한국에서 살면 넌 죽을 때까지 탈북자다. 여긴 인종 상관없다. 여기서는 North Korea든 South Korea든 상관없다." … 북을 떠나 남한으로 왔던 승철 씨는 2008년 다시 남한을 떠나 영국으로 향했다. '난민'이 되어 도착한 영국은 철저히 '남의 나라'였다. 이곳 사람들과는 언어도, 생김새도 달랐다. 그런데도 어쩐지 마음이 편했다. "한국정부는 탈북하면 일단 돈을 줘요. 그 배경에 정치적인 요소가 들어가 있잖아요. 정부에서 주는 돈

받고 '북한 좋다'는 말을 하면 배은망덕한 일이 되는 것
이거든요. 한마디로 탈북민들은 남한에서 체제경쟁의
승전물이고, 북한과 체제경쟁에서 승리한 증거물 그 이
상도 그 이하도 아니에요."[20]

가끔씩 접하는 탈북민의 월북소식에 대해 다수의 국민들
은 놀랄 수밖에 없다. 탈북민 방송인 임지현 씨가 북한의 대
남선전매체에 모습을 비춰 재입북 배경을 밝혔다. 30대의
탈북민이 한국에 입국한 지 1년여 만에 휴전선 철책을 넘어
월북했다. 북한체제의 폭력과 억압이 싫어서, 더 나은 경제
적 삶과 자유를 찾아서 한국사회에 온 탈북민이 왜 다시 탈
남해 월북하는가?

2012년부터 2022년까지 총 31명의 탈북민이 다시 북한
으로 돌아간 것으로 조사됐다. 신원을 파악한 탈북민 28명
의 월북 사유로는 체제 부적응 12건, 유인공작 11건, 가족
향수 7건, 탈북 지원 5건 등으로 나타났다. 일부 탈북자의
입북 사유는 가족에 대한 향수와 유인공작이 함께 작용한
것으로 알려졌다. 재입북 탈북민의 국내 체류 중 직업은 무
직이 12명, 일용직이 10명으로서 무직자 비율이 43%다. 그
밖에도 선원, 간병인, 다방·유흥업소 종업원 등으로 저소득
층이거나 비정규직이다. 한국정부로부터 탈북민으로 인정
받은 뒤 다시 한국을 떠난 이른바 '탈남' 인원과 월북 인원
을 합치면 800명을 넘는다. 탈북 후 한국에 입국했다가 제

대로 정착하지 못하고 제3국으로 망명하는 경우가 많고, 다시 재입북하는 경우는 적지만 꾸준히 있다는 것이다.[21]

탈북민은 한국에서뿐만 아니라 세계 속의 난민이 되어 전 세계에서 디아스포라처럼 떠돌며 살아가고 있다. 탈북민은 세계 각국에서 난민 혹은 불법체류자로 거주하고 있다. 탈북민의 대다수가 중국 등을 통해 한국에 입국한다. 하지만 탈북민은 중국 이외에도 러시아, 몽골, 동남아시아지역, 미국, 유럽, 캐나다 등 전 세계로 이동을 시도하는 것으로 나타나고 있다. 탈북자들은 탈북 이후 민간단체, 지원활동가의 지원을 받아 세계 여러 나라에 망명을 신청했다. 유엔난민기구에 따르면, 2021년 말을 기준으로 전 세계에 난민 신청한 탈북자 수는 528명으로 파악됐다.

표 5.1 난민 자격 해외 탈북자 수

연도	수(명)	연도	수(명)
2011	1,052	2017	1,175
2012	1,110	2018	802
2013	1,166	2019	762
2014	1,282	2020	694
2015	1,103	2021	528
2016	1,422		

출처: 통일연구원, 『2022 북한인권백서』, p. 468 재인용.

특히 유럽연합 국가에 정치적 망명으로 난민 지위를 신청하는 경우가 급증했다. 그러나 이들 중에 상당수가 탈북자로 위장한 조선족 등 중국인이거나 한국에 이미 정착해 한국 국적을 취득한 탈북민으로 밝혀지면서 난민지위 심사 및 인정 절차가 강화됐다. 실제로 탈북한 후 제3국을 경유하지 않고 유럽, 캐나다, 미국 등 서방국가로 직행해 망명을 신청하는 경우는 드물다. 서방국가로 이동하는 데 브로커비용 등 상당한 자금이 소요되기 때문이다. 영국의 경우, 2007~2008년에만 무려 512명의 탈북자를 난민으로 받아들였지만 2016년에는 단 1명의 탈북자도 난민지위를 인정받지 못했다. 한국은 2009년 북한이탈주민법 개정을 통해 한국 국적 취득을 속이고 제3국에 위장 망명을 신청한 경우에 보호와 정착지원을 종료할 수 있도록 조치했다.[22]

탈남의 이유

전 세계에 흩어져 사는 탈북민은 각국마다 상이한 지원정책에 근거해 살고 있다. 각국의 지원정책은 대체로 만족스러운 수준은 아니다. 한국은 북한이탈주민법에 근거해 어떤 국가의 난민·이주민 정책에 비교되지 않을 정도로 제도적, 물질적으로 높은 수준의 지원제도를 마련해 운영하고 있다. 대다수의 탈북민들은 이 제도에 힘입어 한국사회에 정착하고 뿌리를 내리고 있지만, 일부 탈북민은 불만을 제기하기도 하고 극단적으로 탈남이라는 새로운 이동을 시도하기도 한다. 왜 탈북민은 한국을 떠나 타국으로 이동하는가?

탈북민의 탈남 이유로는 일반적으로 한국사회 부적응, 경제적 어려움, 미래에 대한 불안감 등을 꼽을 수 있다. 월북의 원인은 북한당국의 재입북 회유 등이다. 탈북민이 한국사회에 정착하지 못하는 이유로 일반적으로 '경제적 어려움'을 들고 있다. 정부로부터 취업 지원을 받고 있지만 소득 수준이 낮고 안정적인 일자리를 구하지 못하는 경우가 적지 않다.

그 밖의 탈남 이유로는 한국사회의 차별과 무시 등으로 인한 부적응이나 미래에 대한 불안감 등이다. 탈북민의 적응유형 중에서 '절망지배 무기력형'이 부적응의 탈출구로 탈남을 선택할 수도 있음을 지적한다.[23] 탈북민 중에는 북한 내 및 탈북과정에서의 절대적 생존의 어려움에서는 벗어났지만 자신들이 한국사회에서 기대했던 인정받는 삶을 기대할 수 없었다고 토로한다. 결국 이들은 생존중심의 삶에서 벗어나지 못하는 것에 대해 비관하고 무기력해 한다. 시간이 지날수록 한국사회의 주변부에 속하면서 제도권으로 진입하는 삶보다는 다른 생존 방식을 찾기를 갈구한다. 새로운 탈출구를 제도권 밖 혹은 지리적 공간 밖에서 찾는 가운데 탈남을 선택하기도 한다. 또한, 탈남 이유로 한국에서의 북한출신 사람들에 대한 차별을 든다. 탈북 부모 입장에서는 자녀들이 계속 그런 차별 속에서 살아서는 안 된다는 의지를 표출한다. 영국거주 탈북난민은 영국이라는 장소에서 한국인과 탈북민이 모두 제3의 장소에 있기 때문에 동일한 처지이다. "우리가 조국을 떠난 것처럼 한국사람들도 자기 조국을 버리고 온 것이니 다 같은 처지 아니에요"라는 말에서 알 수 있다.[24] 한국이 아닌 제3의 다른 나라에서는 한국사람도 소수자이고 탈북민도 소수자로 동등할 수밖에 없다는 점에서 심리사회적 안정감을 얻는다.

또한, 최근 연구에서는 탈남 이유 중에 자녀를 위한 '유학형 탈남'을 꼽기도 한다. 글로벌 시대에 한국사회에서도 영어가 중요한데, 자녀를 유학 보낸다는 심정으로 해외 이주를 결정한다는 것이다. 자녀들이 한국 학교에 적응하는 것이 어려울 뿐만 아니라 선진국으로의 이주와 시민권 획득이 자녀들의 사회적 지위를 격상시켜 줄 것이라는 희망이다. 한국에서는 임대주택에 살면서 생활보호 대상자로 살아가고 있고 취업과 학력 취득을 통해 저소득층에서 벗어나기까지는 장시간을 요한다. 부모가 어려운 생활 가운데서도 자녀의 성공을 위해 경제적 지원을 해야 하지만 한국의 교육열과 사교육비 부담에서 벗어나기 어렵다. 따라서 분단체제에서 보다 자유로운 나라, 사회보장제도가 잘 구비된 나라, 과도한 교육열과 사교육비 부담에서 벗어날 수 있고 영어를 배울 수 있는 나라로 이주할 수 있다는 기대감이 '탈남' 배경이다. 영국, 캐나다, 독일, 호주 등 사회복지 선진국으로의 이동은 자신과 자녀들의 초국적 계급상승의 전략이 될 수 있을 것이라는 기대감이 작용한 것이다.

영국은 전 세계에서 가장 많은 탈북난민이 거주하고 있고 대다수가 뉴몰든에 집중되어 있다. 영국에서 난민지위를 획득한 대다수의 북한사람들은 한국에서 '탈남'한 사람들이다. 미국보다 훨씬 전향적인 난민수용 정책을 가진 EU가 탈북자들의 관심지역이 됐고 그중에 영어를 배울 수 있는 영국이 선호대상이다. 이들은 대체로 한국 여행비자로 EU 국가에 입국한 후 비행기나 배를 타고 영국으로 진입하거나 영국행 비행기를 직접 타고 입국해 한국을 경유했다는 사실을 숨긴 채 망명을 신청한다. 짧게는 몇 개월, 길게는 10년까지 한국에 거주하면서 한국 시민권을 획득한 이들이 재이주를 결정한 이유는 다양하다. 학령기 자녀를 가진 많은 부모들은 '교육문제'로, 노인들은 '복지천국'을 찾아 영국으로의 재이주를 결정했다고 한다. 다수의 탈북난민은 '아이들의 교육을 위해서' 그리고 '보다 나은 복지사회를 찾아서' 뉴몰든으로 이주했다면서 상당히 만족해 한다. 많은 탈북난민은 '한국처럼 경쟁이 심하지 않다'는 점, '아이들이 영어를 제대로 배울 수 있다'는 점, '아파도 치료를 받지 못하고 죽어야 하는 일은 없다'는 점 등을 열거했다. 어떤 탈북난민은 영국의 사회복지제도에 대해 '북한에서 얘기하던 사회주의가 여기에 있었다'고 만족감을 나타냈다.[25]

국제이주, 초국적 네트워크

한국을 거쳐 해외로 이주한 탈북난민의 숫자가 늘면서 이를 새로운 관점에서 바라보는 연구는 이루어졌다. 해외 이주 탈북난민들의 국제이주와 초국적 네트워크의 경험과 의미, 영국 뉴몰든지역에 정착한 탈북난민과 한국 출신 이주민 사이의 상호작용에 대한 고찰, 독일, 캐나다 등으로 이주한 탈북난민들의 경험과 의미에 대한 사례 연구가 다양하게 진행됐다.[26]

2000년대 중반부터 시작된 탈남 현상에 대해서는 일반적으로 한국사회 적응이 어렵거나 한국사회의 탈북민에 대한 차별적인 시선 때문임이 밝혀졌다. 월북의 경우에는 북한에 있는 가족을 한국으로 데려오기 위해 또는 가족의 안전에 위협을 느껴 재입북한 경우처럼 여러 가지 동기가 복합적으로 작용했다. 한국생활에서 물질적 풍요와 자유로운 삶을 누렸지만 정서적으로 외로움과 불안감을 느꼈고, 한국사람들과 인간관계를 맺는 데 어려웠고 재북 가족에 대한 그리움 등이 크게 작용했음을 보여주고 있다.

그런데 최근 탈남의 동기로 '초국적 자본을 활용한 더 나은 삶의 기회를 찾아서' 라는 점이 제시되고 있다. 탈북과 탈남의 문제를 거시적인 차원의 국제이주, 초국적 네트워크라는 관점에서 보는 시도가 진행되고 있다.[27] 탈북과 탈남 현상을 남북관계의 정치적 특수성에서 벗어나, 국제이주의 보편적 맥락에서 바라보는 것이다. 탈북은 북한의 정치경제적 상황에서 촉발되고 남북관계의 정치적 특수성에 영향을 받았다. 북한의 어려운 경제적 상황이 탈북을 부추기는 요인이 됐고 남한의 체제경쟁적 상황에서 정착지원정책이 탈북민 입국을 유인하는 요인으로 작용했다.

한편 동아시아의 성별화된 국제이주와 국제이주 네트워크의 확장이 탈북을 촉진시키는 데 일조했다는 점이다. 탈북민 다수가 탈북여성인 점은 탈북 요인으로서 중국과 아시아지역의 돌봄과 결혼시장 수요로 인해 성별화된 국제이주를 유인토록 촉발했다. 탈북민의 한국입국이 증가하면서 국제이주 네트워크가 형성됐다. 한국에서 탈북민 숫자가 점증하면서 공동체 내부의 네트워크도 확장됐고, 이는 비공식적 네트워크로 이루어져 있다. 탈북민과 북한에 남아 있는 가족들 간 연결은 비공식적 이주네트워크인 브로커 집단, 종교조직 등을 통해 은밀하지만 활발하게 이루어지고 있다. 즉 한국, 북한, 중국 등에 구축된 네트워크는 사회적 자본에 의한 가족 구성원의 연쇄이주로 이어졌다. 지속적인 송금과 교신을 기반으로 구축된 가족 연결망은 북한이나 중국에 남아있는 가족의 연쇄 이주를 촉진시킨다. 가족 구성원 중 한 사람이 탈북하고 한국 정착 후 교신과 송금을 통해 추가적 이주를 시도할 수 있는 물질적 기반을 마련한다. 또한, 탈북민의 국제 네트워크는 국제적 이주를 촉발하고 한국에서 다시 영국, 캐나다, 호주, 독일 등 다른 나라로 이주하며 그 영역을 확장했다.

우선, 탈북난민들의 독일 이주사례가 주목할 만하다. 독일에 난민 신청을 했던 북한 국적자들은 한국에 거주했던 탈북자들로서 국제 탈북 중개조직을 통해 프랑스, 벨기에 및 독일로 이주한 것으로 나타났다. 사례 연구 결과에 비추어, 최근 유럽과 미주지역에서 난민신청한 북한 국적자 절대 다수는 대한민국 보호탈북자인 것으로 추정됐다. 미국의 북한인권법 제정 및 유엔 북한인권위원회 활동 등을 중심으로 재구성된 국제 인권장치와 한반도 분단의 산물인 북한이탈주민지원법이 결합돼 국제적 탈북난민 네트워크가 형성된 것으로 보인다. 북한인권법 제정으로 탈북난민들에게 '국제 난민'으로서의 지위를 획득할 수 있는 국제적 정당성이 확보됐고, 이를 토대로 유럽과 미국, 캐나다로 향한 국제이주의 초국적 네트워크가 급속히 형성될 수 있었다. 이것은 한국거주 탈북민들이 여권과 신용대출금을 가지고 유럽 각국으로 이동할 수 있는 물적 토대 때문에 가능했다. 이러한 논리적 배경으로는 한국사회에서 탈북민이 반복적으로 경험하는 배제와 위선적 자본주의 현실을 경험하며 새로운 사회로의 이주를 결행한다는 것이다.[28]

특히 그동안 냉전적 시각으로는 이해하지 못했던 탈북민의 탈남과 이주를 '초국적 이주'라는 논리로 분석하는 시도가 이루어졌다. 탈북민의 탈남과 이주는 적대국가 북한에서 한국으로 망명한 난민으로서 동정과 경계의 대상이었고, 한국사회에 적응하지 못하고 다시 탈남한 부적응자로 보는 냉전적 시각이었다. 그러나 정치적으로 규정된 기존의 수동적 이미지에서 벗어나 이들을 초국적 이주자로 규정한다. 이들은 분단체제의 엄중한 경계를 넘어 사람, 돈, 정보를 주고받는 '침투성 초국가 전략'의 적극적 주체이자 행위자이다. 이들의 초국적 이주는 분단국가 간 정치적 경계만을 넘나드는 것이 아니라 국제적 인권체제의 논리를 이용해 이미 정착한 한국을 떠나 다양한 국가로 이주하고 있다. 탈북민이 동원할 수 있는 유일한 자본은 세계에서 가장 위험한 국경을 넘어 온 사람으로서 획득한 '초문화적 자본'이다. 탈북민은 '초문화적 자본'을 활용하고 이를 기반으로 새로운 '초국가적 가족, 공간, 연계망'을 만들어나가고 있다. 탈북자의 북한 거주 경험, 탈북 과정에서의 고난과 역경은 그 누구도 흉내낼 수 없는 이들만의 고유한 초문화적 자본이다. 따라서 국제 인권체제에서 탈북이라는 초국적 행위를 국제적 난민으로 인정토록 촉진하는 상황에서 더 부유한 나라로 재이주하려는 전략을 구사할 수 있다.[29]

또한, 이들은 은밀하게 형성된 초국적 네트워크를 통해 분단체제의 정치적 장벽을 뚫고 불법적 송금과 연쇄 이주를 시도하고 있다. 탈북민의 북한 가족 송금은 '국가보안법'

에 따라 정부의 승인 없이 북한사람을 접촉했다는 점에서 불법적 행위, 또는 남북교류협력법에 저촉되는 비법적 행위로 규정될 수 있다. 그런데 탈북민은 수백만 이산가족들이 지난 70여 년간 냉전체제와 국가보안법에 순치되어 엄두도 내지 못했던 가족 간 통신, 송금, 상봉, 재결합을 가능한 현실로 만들어버렸다. 송금은 자신의 탈북으로 인해 가족들이 북한에서 겪게 되거나 겪을 수 있는 불이익을 보상해 주는 의미를 내포한다. 이로 인해 가족의 사회적 지위와 교육 기회를 확대할 수 있는 초국적 자본이 되기도 한다.

제3부

탈북민과 한국인의
사회통합 과제

남북주민 접촉의 갈등과 포용

이 장에서는 남북한 주민의 접촉과정에서 보이는 갈등 현상을 다각적으로 분석함으로써 탈북민과 한국인의 사회통합 문제에 대해 살펴본다. 탈북민 3만 명 시대를 맞이하면서 사회통합 문제가 현안으로 부상했다. 남북주민 통합 사업과 인식 개선 등을 통해 포용적인 사회분위기가 조성되고 있음에도 불구하고 탈북민이 느끼는 편견과 차별, 한국인의 부정적 인식은 증가하고 있다. 이러한 사회구조적 배경에는 한반도 분단체제가 놓여 있다. 분단체제와 마음의 분단은 어떤 관계를 맺고 있는지, 분단의식이 탈북민에 대한 부정적 인식에 어떻게 연결되는지를 살펴본다. 또한, 남북한 주민의 접촉에서 상호인식의 차이와 갈등, 탈북민이 한국사회 정착과정에서 경험하고 느끼는 어려움으로서 언어와 생활문화의 차이, 경제생활 및 민주시민 인식의 차이 등을 살펴본다. 탈북민에 대한 시선과 갈등은 배려와 동정의 대상에서 출발해 적개심과 혐오에 이르기까지 다양하게 인식되고 있다. 따라서 탈북민이 한국사회 적응의 어려움에도 불구하고 다양한 인정투쟁을 통해 자신의 정체성을 어떻게 재구성하고 있는지, 한국인들이 탈북민을 동정과 관용의 대상에서 공감과 환대로 맞이하기 위해 어떻게 해야 하는지, 남북주민의 통합을 위한 방안은 무엇인지 살펴본다.

I. 분단체제와 마음의 분단

분단체제와 탈북민

분단체제의 희생자는 모든 남북한 주민들이지만 탈북민에게 더 강하게 투영되는 모양새다. 주승현은 탈북민을 남에도 북에도 속하지 못한 조난자들로 규정한다.

> "나도 북한 출신이지만 탈북민을 생각하면 너무 불쌍하다는 생각이 든다. 북한에서는 배신자로, 한국에서는 북한체제의 증언자인 동시에 이등 국민, 삼등 국민으로 취급된다. 결국, 탈북민은 탈출자인 동시에 남북한 어느 곳에서도 제대로 인정받지 못하는 사생아다. … 이것이 바로 분단의 조난자들이 겪고 있는 비극이자 슬픔이다."[1]

탈북민은 분단체제가 만들어낸 경계선적 존재다. 이로 인해 나타나는 사회구조적·심리정서적 현상들을 분석하는 연구가 진행되고 있다.[2] 남북한이 체제경쟁을 하고 분단적 인식이 깊게 뿌리내린 상황에서 탈북민은 경계선적 존재로 내몰릴 수밖에 없다. 탈북민은 분단체제의 주요 당사자이면서도 어느 한쪽으로 실질적인 정체성을 규정하기 어려운 주체다. 이들은 굶주림과 인권유린을 피해 한국으로 이주한 난민이자 한국시민이다. 그렇지만 북한에서 태어나서 자란 북한인이다. 그런데 탈북민을 만나면 '한국이 좋아요, 북한이 좋아요.'라는 질문을 쉽게 던진다. 탈북민의 정체성을 묻는 설문조사에서도 '당신은 북한사람인가, 한국사람인가'라는 선택에 대답해야 하는 경우도 있다. 이에 탈북민들은 제3의 대답으로 자문자답하게 된다. 즉 남한도 북한도 아닌 경계선적 존재, 또는 남한과 북한을 모두 아우르는 통합적 존재일 수 있다는 것이다. 분단체제적 인식 때문에 어느 하나를 선택하거나 어느 하나로 바라보도록 강요하고 있다. 따라서 한국사회에서 이들의 존재는 대한민국 국민으로서 포용하고 환대하는 이웃과 같지만, 북한체제에 대한 분노와 적대감정이 투사되는 한국사회 내 소수자로서 불편한 존재로 소환되는 대상이기도 하다.

남북한은 분단된 두 개의 다른 정치체제이면서도 '독특한 상호적대와 상호연대의 결합구조'로 이루어져 있다. 분단체제하에서 남과 북은 서로의 차이와 존재를 인정하지 않은 채 적대적 관계로만 존재한다. 게다가 '국경'보다도 더 강력하게 작동하는 수많은 일상의 '경계'가 남북한 내부와 외부에 공존하고, 이를 통해 양 체제는 유지되고 작동한다. 탈북민은 바로 분단의 경계를 서성이는 자들이다. 공간적으로는 북한과 남한의 경계를 넘어 한국으로 이주해온 자들이고, 정착 후에는 훨씬 더 공고한 일상의 수많은 분단의 경계들을 매순간 접하는 사람들이다. 한국 정착과정에서 이들은 분단 이데올로기적 관점에서 호명되고, 분단체제를 강화하는 역할을 수행하기도 한다. 북에서 왔기 때문에 정착과 보호의 대상이 되고, 북한 출신이기 때문에 간첩일 수 있다는 의심을 받고, 북한 정권의 희생양이기 때문에 한국사회에서 동정의 대상이 된다. 한국에서 생존하기 위해서는 북한을 철저히 부정해야 하고, 한국사회에 비판적인 것은 북한사회에 동조하는 것으로 매도되기도 한다. 즉 탈북자는 자신의 정체성을 스스로 만들어내지 못하고, 항상 타인의 시선을 내면화하면서 자신의 정체성을 구축하는 이중적 존재로 내몰리게 된다.[3]

분단체제 의식은 한국사회에 너무 강하게 자리잡고 있어 탈북민에게서 북한이라는 상징성, 북한주민으로서의 정체성을 쉽게 해체시키지 못하고 있다.[4] 엄밀한 의미에서 탈북민은 북한에 살고 있지 않고 북한주민도 아니다. 현재 대한

민국 국민으로서 한국 땅에 살고 있다. 그런데 탈북민과 북한, 북한주민을 분리시키는 것은 쉽지 않다. 80여 년간 형성돼온 분단체제의 영향이라 할 수 있다. 분단체제는 정치군사적 대립뿐만 아니라 북한에 대한 적대성을 한국인의 일상적인 삶 속에 내면화시켰다. 한국사회는 분단 상황의 첨예한 남북대결에 기초해 대북 적대성을 자신의 정체성의 핵심으로 삼아왔다. 한국전쟁의 주범, 왕조적인 3대 세습국가, 경제후진국, 핵미사일 위협국가 등 적대적 대북 이미지가 한국인의 일상적인 삶 속에 깊이 뿌리내렸다. 문제는 한국사회 내 지배적인 적대적 이미지를 탈북민에게 투사해서 때로는 호전적인 대상으로 때로는 열등하고 가난한 대상으로 바라본다는 점이다. 탈북민을 북한과 동일시하는 한국사회 분위기 때문에 남북관계가 악화될수록 탈북민에 대한 시각이 더욱 부정적으로 변하는 경향이 있다. 한국사회의 대북 적대성은 천안함, 연평도 사건, 개성 남북공동연락사무소 폭파 사건, 장거리미사일 연쇄 발사, 핵실험 등으로 강화되는 것을 볼 수 있다.

분단체제는 남북을 갈라놓는 물리적 분단 외에도 심리정서적 분단을 야기했다. 한국사회에 부과된 반공주의 트라우마에 의한 심리적 편견과 정체성의 혼란을 겪는 직접적 피해자는 바로 탈북민이다. 과거에 비해 탈북민에 대한 인식이 많이 좋아졌지만 분단체제의 심리적 인식은 제도 속에 보이지 않게 내재돼 있다. 이들은 취업 지원서류에 탈북민임을 밝혀야 할지 말지를 고민해야 한다. 최근에는 채용생태계의 변화로 출신 지역, 학교 등 개인의 민감정보를 명기하지 않아 상황이 조금 나아졌다. 불과 얼마 전까지만 해도 여러 회사에 취업 지원서를 제출했지만, 서류전형에서 빈번히 통과하지 못했다. 결국 지원서류에서 탈북민의 흔적을 지우고 나니 서류전형을 통과했다는 사례가 탈북민 사이에 회자되곤 했다. 식당에서 일하기 위해 탈북민이라고 했더니 탈락했는데 조선족 동포라고 하니 곧바로 일하라는 연락에 받았다. 이처럼 자신의 정체성을 숨기고 일해야 하는 것이 서글픈 현실이다.

군복무와 관련, 초기에는 탈북민의 병역 면제는 당연한 것으로 인식됐다. 북한에 가족이나 친척이 있어 그들에게 총부리를 겨눌 수 있겠느냐 라는 배려도 있었지만, 군정보가 북한으로 넘어갈 수 있을 것에 대한 우려가 내재돼 있었다. 탈북민 당사자들이 형평성의 문제를 제기하면서 병역을 적극적으로 선택할 수 있게 됐고, 군복무 이수자가 생겨나고 있다. 방위산업체와 민감정보를 다루는 공기업과 직장에도 탈북민에 대한 보이지 않는 천장이 존재한다면서 취업전형 실패담을 토로하기도 했다. 현재는 탈북민임을 식별하는 주민등록번호가 없어졌다. 초창기에는 주민등록번호를 입력하면 탈북민임을 바로 확인할 수 있었다. 탈북민을 일반

국민과 분리해 특수집단으로 경계하는 제도와 시스템이 존재하고 있었다. 특히 남북한 분단체제에서 양산되는 대북적대의식은 탈북민에게로 전이됐다. 탈북민을 분리하고 구분하는 사회에서 이들은 편견과 배제, 그리고 소외를 경험할 수밖에 없었다.

분단체제가 낳은 분단의식의 피해경험은 학교에서도 일어난다. 한 탈북학생이 수업시간에 북한 인공기를 구체적으로 묘사했다. 한 친구가 이것을 목격하고 "너 왜 이렇게 잘 그려, 너 북한에서 왔니"라는 질문에 놀랐지만 잘 넘겼다. 그러나 결국 북한출신이라는 것이 학급에 소문이 나기 시작했다. 그런데 북한의 미사일발사 소식이 보도되자, 한 친구는 "너희 북한 왜 이래? 우리가 북한 굶어죽지 말라고 많이 도와줬는데 미사일로 겨누냐." 이것이 싸움의 발단이 됐고 결국 학교를 자퇴하고 대안학교로 전학가는 사례가 있었다. 학교 안에서도 분단교육을 받고 분단적 마음을 내재화한 학생들은 분단의 시각에서 탈북학생에게 언어적 폭력과 상처를 가했던 것이다.

또한, 탈북민이 한국사회에서 겪는 차별과 무시 경험은 북한에서 습득한 문화적 차이로 인한 오해나 자격지심이 원인일 수도 있다. 그러나 구조적 차원에서 분단체제와 신자유주의의 영향과도 깊이 연관돼 있다.[5] 한국사람들은 분단체제의 영향으로 북한에 대한 적대적 이미지를 탈북자에게 투사해 북한사람과 동일시하여 차별하는 경향이 있다. 한국사회에서 일상을 살아가면서 탈북민은 언제든 분단의식의 한쪽 편으로 의심받거나 그쪽으로 낙인화돼 버리는 경험을 하게 된다. 대표적으로 '빨갱이'담론을 들 수 있다. 한국사람들에게는 북한체제와 북한정권에 대한 부정적 인식이 탈북민과 동일시되면서 '무섭다', '공격적이다', '믿지 못한다' 등의 선입견과 편견을 갖는다. 정도가 심한 경우에는 천안함, 연평도 사건처럼 남북 간 군사적 긴장이 고조되면 '북한, 너희들 왜 그래', '북으로 돌아가라' 등의 편견과 차별을 가한다. 소수자인 탈북민은 한국사람조차도 극복하기 힘든 적대감의 무조건적 상징인 빨갱이담론으로부터 벗어나기 어렵다. 북한출신이라는 말을 하면 간첩으로 오해받거나 불이익을 당할까봐 걱정해야 한다. 간첩은 아닐지라도 북한이 가지고 있는 공격적이고 믿을 수 없는 국가라는 상징적 이미지가 탈북민에게 덧씌워지지 않을까 우려한다. 이러한 분단의식이 빚어낸 탈북민에 대한 부정적인 집단적 정서가 한국사회 적응을 어렵게 한다.

분단체제와 탈분단 의식

이렇게 탈북민을 북한체제와 북한정권에 대한 부정적 인식과 무의식적 동일시에는 분단체제하의 분단의식이 깊게 자리잡고 있기 때문이다. 분단이 오래 지속되다보니 분단을 정상적인 것으로 인식하는 경향이 있다. 분단체제는 남북한 사람들 모두의 삶에 영향을 미쳤다. 백낙청[6]은 분단체제론에서 분단이 오랫동안 지속되면서 분단상황이 분단체제로 고착화돼 한반도 주민들의 일상생활에 뿌리를 내렸으며 상당수준의 자기 재생산 능력을 갖추었다는 점을 지적한다. "남북분단이 일정한 체제적 성격을 띠고 있다는 말은 분단이 고착되면서 분단구조가 문자 그대로 남북주민 모두의 일상생활에 그 나름의 뿌리를 내렸고 그리하여 상당수준의 자기 재생산 능력을 갖추었다." 이러한 분단체제는 극복돼야 하지만 일상생활에 뿌리내리고 자생능력을 갖춘 사회로서 갑자기 붕괴하거나 어느 한 쪽의 패배를 통해서는 곤란하다. 점진적으로 분단체제를 극복하는 과정으로서의 통일 노력이 필요함은 재론의 여지가 없다. 또한, 분단체제론은 남북한 분단을 세계체제와 긴밀하게 연결된 하나의 '체제'로 설명한다. 남북한 분단은 세계체제 일부로서의 측면과 남북한체제가 중첩적으로 작동하는 상황이다. 남북한 분단은 정치, 경제, 사회 등 구조의 수준에서만 작동하는 것이 아니라 분단 속에 살고 있는 사람들의 정체성과 사적 영역까지 규율해 왔다.

우선 한반도의 분단구조는 하나의 구조를 형성해 남북한 관계에서뿐만 아니라 한국사회의 여러 구조에까지 연결돼 있다. 분단구조는 지역적 분단, 이념적 분단, 체제상의 분단, 그리고 문화적 분단을 이루고 있다. 분단을 매개로 남북한의 정치·경제·사회적 관계와 남북한 관계의 총체로서 분단구조가 형성됐다. 이러한 분단구조는 적대성에 기초한 두 개의 체제가 적대적 의존관계에 놓임으로써 분단을 유지, 강화해 오고 있다. 즉, 분단은 이제는 하나의 구조로서 재생산구조를 지닐 정도로 견고하며 남북한 구성원 모두에게 강력한 파급력과 영향력을 행사하고 있는 것이다. 따라서 분단구조는 쉽게 해체될 수 없다. 분단은 끊임없이 재생산되기 때문이다. 남북한은 상호의존적·공생적 적대 및 적대적 공생 구조를 생산함으로써 체제를 더욱 견고하게 한다.

분단체제 속에서 남북한은 분단권력을 견고하게 형성했으며 이는 분단의식을 통해 재생산되고 강화되고 있다. 남북한이 상호 간 적개심, 증오, 대립과 대결의식을 강요해왔다. 남북은 이분법적 논리에 다른 대립적 논리, 자기 우월성 논리, 타자 배제 논리라는 분단 지향적인 논리와 분단언어를 생산해 왔다. 우선 북한은 지도자와 권력에 대한 찬양 및 우월성 교육, 사회주의 우월성 교육, 집단주의 강조 등을 통해 자기 우월성의 논리와 배타적·적대적인 반제 반자본주의 교육을 지속하고 있다. 한국에서의 분단 의식과 교육은 반공·반북의식 교육, 자유민주주의 우월성 교육 등을 통해서 확인할 수 있다.[7]

이와 같이 분단체제의 핵심은 '마음의 분단'에 있다. 한반도 분단체제는 80여 년을 경과하면서 오랫동안 누적된 적대적 관계를 바탕으로 우리 안의 마음체계를 분단시켜 놓았다. 남북 당국만이 적대적 공생관계를 유지하는 것은 아니다. 우리 사회 내부에 깊숙이 자리잡은 마음의 분단체계가 협력적 관계와 적대적 관계의 양축을 이루면서 어떤 상황에서는 대립하고 어떤 상황에서는 어느 한 쪽이 우위를 차지하는 살아있는 생물처럼 등장하는 것이다.[8] 분단은 특정한 분단적 주체를 생산하고, 분단을 배태한 인식과 감정체계 및 감각 등을 구성해 왔다. 분단적 인식과 감정은 주체와 타자 사이의 적절한 관계맺기를 어렵게 한다. 이러한 분단체제와 의식 속에서는 타자와 상대국가에 대한 '공존'과 '상호인정'이 불가능하다. 분단의 작동으로 상호인정이 가능하지 않으며 주체와 타자 할 것 없이 서로를 미워하고 적대해 왔다. 분단적 인식은 단순히 북한, 북한사람, 탈북민이라는 타자에 대한 시선뿐만 아니라 한국 내 특정 집단이나 세력을 배제하기 위해 활용된 '빨갱이', '종북'이라는 낙인을 확산시켰다. 이처럼 타자에 대한 혐오, 두려움, 반감, 적대감 등을 확대 재생산시켰다.[9]

남북한 사람들의 삶은 분단체제에 규율되어 있다. 한국사회에서 남북한 사람의 정상적인 상호인식과 관계맺기는 탈분단 의식으로부터 시작돼야 한다. 분단체제가 장기화하면서 더욱 견고해지는 우리사회 안의 분단을 해체해야 한다.

물리적 차원에서 분단은 군사분계선을 사이에 두고 남과 북이 분리된 것을 의미하지만, 정서적 차원에서 분단의 현실이 만들어낸 심리적 경계도 존재한다. 대표적인 심리적 경계가 반공주의와 그 폭력성이다. 심리적 분단 트라우마를 극복해야 한다. 남북한 교육이 분단을 극복하기보다 오히려 분단을 고착화하고 영속화시키는 역할을 수행했으므로 탈분단 의식교육을 실시해야 한다. 이러한 분단체제의 문제점과 그 영향력을 인식하고 분단의식에서 벗어나고자 할 때, 개인의 정체성, 주체와 타자 사이의 관계맺기, 남북한 사람들의 정상적인 상호인식과 사회만들기가 가능해진다. 그런 점에서 분단체제를 극복하기 위한 탈분단 의식, 탈분단 교육이 논의되고 있다.

평화연구자들은 한반도 분단체제의 해체를 남북한 국가 차원의 정치적 프로세스와 함께 사회구조적 차원, 그리고 남북한 사람들의 사회문화적 및 심리정서적 측면에 이르는 다층적인 인식 변화를 촉구하고 있다.[10] 한반도는 분단 이후 동족을 살상하는 한국전쟁을 치르고 1953년 휴전협정을 체결했다. 전쟁의 종결이 아닌 휴전협정이었다. 종전협정이나 평화협정이 체결되지 않은 상태에서 여러 차례 무력충돌이 발생했다. 게다가 미중러 패권경쟁 속에서 북한의 핵 개발과 미사일 위협, 한국사회의 남남갈등 등 대내외적 갈등이 고조되고 있다. 한반도 갈등은 한반도를 둘러싼 이웃 국가와 이해 당사국들의 협력이 필요한 국제적 수준의 문제이면서 남북한 국가 간 문제이다. 이 과정에서 남북한은 오랫동안 상대방의 정치적 실체를 인정하면서도 상대 국가의 정당성을 인정하지 않으며 부정적 상호의존성, 적대적 공생관계를 유지하고 있다. 또한, 한국사회는 정치·경제·사회 시스템의 기저에 갈등 구조와 갈등 문화를 갖고 있고, 그 구성원들은 개인과 집단이 상대 국가에 대해 가지고 있는 혐오와 적대감 같은 심리와 집단정체성을 갖고 있다. 따라서 분단체제는 한반도 평화프로세스의 정치적 과정을 밟아가는 동시에, 남북한 사회의 갈등 구조와 문화, 구성원들의 갈등에 대한 인식과 정체성뿐만 아니라 심리와 감정 등을 변화시키기 위한 노력이 병행돼야 하는 문제이다.

이러한 인식의 변화를 위해 탈분단 교육, 평화교육을 강조하며 시민사회단체 차원의 교육이 이루어지고 있다. 권혁범은 통일은 탈분단 교육으로 시작되어야 함을 강조한다. 탈분단 교육은 인위적인 통일교육을 강조하기보다 분단체제로 인해 야기된 우리사회의 비평화적인 구조와 일상생활을 비판적으로 성찰하는 교육을 강조한다. 한반도의 특수한 분단 상황으로 인해 발생한 획일주의를 강화하는 통일, 군사주의를 강화하는 통일, 개인의 자유의 희생 위에 이루어지는 통일을 반대한다. 대신에, 정치제도 및 군사안보 영역뿐만 아니라 일상생활의 가치와 실천 영역에 이르기까지 분단상황이 비폭력적 방법에 의해 철저히 해결돼야 하며, 개인의 존엄성과 인권의 보편적 기반 위에서 이루어지는 통일을 지향한다. 안승대는 분단 구조와 분단 의식이 통일시대로 진입하는 것을 가로막는 근본요인이라고 지적한다. 이를 극복하기 위해서는 분단의식의 허구성에 대한 철저한 전복과 해체의 작업이 진행되어야 한다. 기존의 분단 언어, 분단 의식으로 인해 이분법적이고 이원적인 대립구조를 철저히 해체시키는 교육이 이루어져야 한다. 적와 아군, 너와나, 우리와 그들, 찬반 등으로 구분하는 의식을 알아차려야한다. 그리고 서로 교류하고 침투하고 소통하는 만남의 공간, 통일의 공간이 되도록 해야 할 것이다.

이러한 탈분단을 위한 교육이 상호이해교육, 갈등전환교육, 평화교육 등으로 다양하게 이루어지고 있다. 탈분단 평화교육에서는 분단체제, 분단폭력에 대한 이해를 중요하게인식한다. 우리의 사회 구조와 일상생활에 스며들어 있는 분단을 알아차리고 이를 극복하기 위해 노력해야 한다. 탈분단을 위해서는 우리가 보지 못했고 충분히 알아차리지 못했던 분단폭력에 대한 이해가 필요하다. 주입식 반공교육에서 출발해 군사주의 문화, 가부장제, 불평등, 인종주의 등구조적·문화적 폭력을 간파해 비판적으로 성찰해야 한다. 이러한 탈분단을 위한 평화교육에서는 평화감수성에 기반한 소통과 관계맺기, 사회갈등과 폭력에 대한 이해, 지속가

능한 공동체에 대한 비전, 평화 실천을 위한 적극적인 태도
와 역량 증진 등을 관심 깊게 다루고 있다.

2. 남북주민 상호인식과 갈등

상호인식과 갈등

탈북민의 국내 입국 숫자가 증가하면서 남북주민 간의 접촉
도 늘고 있다. 학교, 직장, 마을 등으로 접촉의 공간이 확대
되고 있다. 남북주민 간의 만남과 접촉에서 서로를 인식하
고 이해하는 내용이 달라 오해와 갈등이 생기고 있다. 이 절
에서는 남북주민 상호인식의 양상과 차이, 그리고 갈등의
유형과 원인에 대해 살펴보고자 한다. 탈북민은 하나원을
나오자마자 임대주택을 배정받아 거주한다. 다수 거주하는
지역은 대표적으로 서울 강서구 가양동, 노원구 중계동, 양
천구 신정동, 인천 남동구 논현동을 들 수 있다. 이러한 탈
북민 밀집지역은 남북한 사람들이 접촉하고 만나는 공간이
됐고 이곳에서 상호 간 갈등과 소통의 모습이 드러나기 시
작했다. 동아일보는 탈북민 밀집지역의 남북한 주민 404명
을 대상으로 남북주민 통합 실태를 조사했다. 인터뷰에서는
한국에 입국한 지 10년이 됐고 이 지역의 슈퍼에서 일하는
50대 탈북여성의 이야기를 전하고 있다.[11]

"여기 사람들은 우릴 세금 안 내고 자기들 세금이나 축
내는 사람처럼 봐요. 우리도 세금 내면서 사는데 말이
죠. 똑같은 상황이라도 우릴 대하는 게 달라요. 열심히
일하면 '쫓겨나지 않으려고 악을 쓴다'고 말하고, 무거
운 걸 나르다 '아이고, 힘들어'하면 '이럴 거면 북한에
있지 여기 왜 왔느냐'고 말해요. 그럴 때면 정말 상처를
받습니다."

조사결과에서는 남북한 주민 간 대화 경험이 있는 사람들
가운데 탈북민의 69.1%, 남한 주민의 62.7%가 소통에 어
려움을 겪었다고 응답했다. 탈북민 밀집지역에 사는 데 대
한 만족도가 낮은 이유로 남한 주민은 남북 주민 간 생활방
식 차이로 인한 갈등(42.5%)을 들었다면, 탈북민은 탈북민
밀집지역에 산다는 주변의 부정적 인식(41.5%)을 꼽았다.
그동안 한국정부의 탈북민 정착정책이 경제적 지원에 역점
을 두었지만, 이제는 주민통합에 치중해야함을 보여준다.

탈북민 3만 명 시대를 맞이하면서 사회통합 문제가 현안
으로 부상하고 있다. 이제 탈북민 정착의 방향은 사회통합
이어야 함을 제시했다. 탈북민이 지역사회에 원활하게 정착
할 수 있도록 남북주민 통합사업과 인식 개선 등 이들을 포
용하는 사회분위기가 조성되고 있다. 그럼에도 불구하고 탈
북민에 대한 부정적 인식은 증가하고 있다. 서울대 통일평
화연구원에서 실시한 통일의식조사에 의하면, '탈북민을 더

많이 지원해야 한다'는 남한주민의 응답이 2007년 59.2%에서 2022년 43.3%로 감소추세다. 남한입국을 원하는 '탈북민을 모두 받아들여야 한다'고 응답한 비율이 2007년 52%에서 2022년에 29%로 감소하고 있다. 마찬가지로 남북하나재단의 북한이탈주민 실태조사에 의하면, 탈북민 10명 중 2명이 최근 1년간 남한사회의 차별이나 무시 경험이 있다(19.5%)고 응답했다.[12]

과거에는 탈북민에 초점을 맞추어 이들의 한국사회 정착 실태에 관심을 두었다. 이는 탈북민과 한국 사람들이 어떻게 함께 살아가고 있는지, 어떤 일상적 갈등을 경험하고 있는지에 대해 소홀했음을 반증했다. 남북한 주민 간 갈등에 대한 내용 및 그 원인, 갈등해결을 위한 방안 등에 대한 연구 필요성이 제시됐다. 우선, 남북한 주민 갈등 연구는 남북한 주민 사이에 주요 갈등사례를 종합하고 유형화하며 갈등 원인을 분석하는 것을 중심으로 이루어졌다.[13] 이러한 연구는 남북한 주민들의 접촉지대를 정착지원 공간, 직장 공간, 주거 공간, 학교 공간 및 가정 공간으로 구분하거나 또는 영역으로 구분하는 방식으로 갈등사례를 유형화해 원인을 분석하고 있다. 그리고 이를 통해 갈등의 대응방식과 해결방안을 도출하고자 했다. 더나아가 탈북민에 대한 인식개선 및 남북한 주민의 시민의식과 공동체의식 제고를 위한 교육적 대안과 방향을 제시하는 데 기초자료를 제공코자 했다.

남북주민 사회통합을 저해하는 갈등유형을 4가지로 유형화하고 이를 사회통합 교육 프로그램으로 제시한 연구가 있다. 탈북민의 우수 정착사례 580건 중에서 갈등사례 276건을 추려내어 남북한 주민 간 만남에서 가장 빈번하게 접촉하거나 부딪치는 갈등사례들을 유사한 사례들로 분류해 4가지로 유형화했다. 의사소통 방식차이에서 오는 갈등유형은 외래어, 신조어 등 남북한 간 언어차이로 인한 오해다. 아울러 직설적·간접적 표현 등 의사소통과 언어예절 차이에서 오는 오해와 부적응에 의한 갈등이다. 문화와 생활방식의 갈등유형은 기본예절, 공동생활, 의식주, 문화활동 등 사회생활 전반에 걸친 남북주민의 생활양식 차이로 인한 것이다. 편견과 위축감에서 오는 갈등유형은 분단체제하에서 북한체제와 탈북민에 대한 부정적 인식에 의한 갈등이다. 마지막으로 남북한의 상이한 법체계와 경제시스템에 대한 몰이해로 인한 오해와 갈등이다. 이러한 갈등유형에 대한 이해를 통해 사회통합교육을 실천할 수 있는 방안이 도출된다. 남북한 주민 간 자주 발생하는 갈등사례와 그 원인을 파악함으로써 상대방의 입장을 이해할 수 있고, 함께 소통할 수 있는 가능성이 열린다.[14)

또한, 남북한 주민 갈등의 영역과 공간은 연구자 마다 다양하다. 혹자는 갈등 유형별로 포괄적으로 다루기도 하고 한 두 영역을 선별해서 연구하기도 했다. 갈등사례 분석영

도표 6.1	남북주민 사회통합을 저해하는 갈등유형 4가지			
	갈등유형①	**갈등유형②**	**갈등유형③**	**갈등유형④**
갈등 유형	의사소통 방식의 차이에서 오는 갈등	문화와 생활 방식의 차이에서 오는 갈등	편견과 위축감에서 오는 갈등	법·제도의 차이에서 오는 갈등
탈북민 입장에서 본 갈등	소통 방식에서 오는 상처와 갈등	시민사회 경험 부재에서 오는 갈등	탈북민이라서 오는 갈등	법치주의에 대한 이해 부족에서 오는 갈등
	외래어와 우회적 표현 VS 직설적 표현	개인주의, 다원주의 VS 집단주의, 획일주의	부정적 시선과 편견 VS 자격지심과 위축감	시스템적 문제해결 방식 VS 사람 중심 문제해결 방식

역으로는 의사소통, 사회문화, 경제생활, 법제도, 내적통합 등으로 구분된다. 갈등사례 공간으로는 가정, 주거, 학교, 직장, 지역사회 등으로 구분된다. 또한, 최근의 관심사는 갈등 양상뿐만 아니라 이를 어떻게 이해하고 처리할 것인가 하는 점이다. 분석방법은 먼저 정착과정에서 겪는 사회문화적 갈등요소와 갈등의 처리과정을 탈북민의 관점에서 파악한다. 그 다음으로 탈북민에 대한 인식과 갈등요소를 한국인의 관점에서 분석한다. 끝으로 남북한 주민 간 갈등을 보다 원만하게 해결하는 방안을 모색한다. 이러한 갈등을 유형화하는 근거로는 남북한 사회구조나 생활문화의 차이, 가치관의 차이 등을 기초로 구분하거나 해석하고 있다.

남북한 주민의 갈등은 '자본충돌', '차별', '정체성' 등의
연구관점으로 심층적 분석이 시도되고 있다. 우선 남북주
민의 갈등을 자본충돌과 갈등경험으로 분석한다. 탈북민이
한국사회 정착과정에서 보이는 특성들을 부르디외(Pierre
Bourdieu)의 아비투스(habitus) 관점으로 해명함으로써 남
북주민 간 갈등을 재조명했다. 아비투스란 개인이 사회적
주체로 성장하는 과정에서 부여되는 교육, 경제, 혈통, 언
어, 지역 등 요소들의 신체에 축적된 기질의 총체이다. 탈북
은 그냥 한 사람의 이동이 아니라 그의 아비투스를 동반한
행위자의 이동이다. "탈북민의 남한 내 유입은 단지 사람의
이동뿐만 아니라 습관, 습성, 관습, 행동양식, 행동감각 등
을 동반한 행위자들이 경계를 넘는 복잡한 사건이다." 탈북
민은 경제·사회·문화적으로 다른 체제의 한국으로 이주해
자본을 획득하는 과정에서 충돌하고 갈등할 수밖에 없다.
이들이 한국에서 새롭게 경제자본, 사회자본, 문화자본, 상
징자본을 형성하는 과정에서 발생하는 충돌과 갈등의 경험
및 그 원인에 대한 분석을 시도하고 있다.[15] 이는 탈북민이
새로운 곳으로 이주해 적응하고 정착하기 위해 갈등을 겪
을 수밖에 없다는 일방적 적응 관점에서의 갈등논리를 넘어
선다. 자본획득을 위한 갈등은 이미 한국사회의 모든 사람
들이 겪는 보편적 갈등 현상으로서, 여기에 새로 유입된 탈
북민은 한국사람들과의 갈등을 겪을 수밖에 없다. 그렇다면

보편적 현상인 자본획득 갈등이 한국사람과 탈북민 사이의 갈등에서 어떻게 나타나는지를 주목하여 갈등의 보편성과 특수성을 생각해 볼 수 있다.

언어와 생활문화 인식의 차이

탈북민이 한국사회 정착과정에서 경험하고 느끼는 어려움은 무엇인가? 가장 일상적으로 부딪치는 것이 언어와 생활문화에 대한 인식의 차이다. 남북한은 같은 민족으로서 같은 언어를 사용하고 있지만, 분단 80여 년을 거치면서 남북한 간 언어, 문화, 사회시스템의 동질성과 이질성이 공존한다. 남북한 통일과정 및 통일 이후에도 언어 차이는 사회적인 문제가 될 수밖에 없다. 외국인이 한국에 오게 되면 한국어와 한국문화를 별도로 배워야 한다. 탈북민은 같은 민족이면서 한국어라는 공통 언어를 사용하기 때문에 한국사회에 적응하는 데 큰 어려움이 없을 것으로 생각한다. 그런데 남북한의 언어와 문화는 별도의 학습이 필요할 정도로 격차를 보이고 있고, 탈북민이 한국사회에 적응하는 데 어려움으로 작용하고 있다.

탈북민이 정착과정에서 접하는 언어적 어려움은 얼핏 보기에는 큰 문제가 없어 보인다. 그러나 찬찬히 들여다보면 가벼운 일상 대화에서도 소통의 차이로 인한 오해와 불편이 발생한다. 공식적인 언어활동에서는 더 심각하다. 예를 들면, 일상생활에서 경제용어를 제대로 이해하지 못해 피해를 당하기도 한다. '근저당권설정', '지상권', '보증' 등의 용어들은 상거래 경험이 없는 이들에게는 너무나 생소한 언어들이다. 직업훈련과 관련한 전문용어, 일상생활에서의 경제용어를 제대로 이해하지 못해 자격증 취득과 취업에 어려움을 겪는다. 여성들이 직업훈련을 거쳐 취업하는 분야 중에는 네일아트, 요양보호사, 간호조무사 등을 들 수 있다. 네일아트를 직업으로 택하기 위해서는 매니큐어, 폴리시, 젤네일, 젤스티커, 패티큐어, 조갑과 조상 등 생소한 단어와 그 의미를 익혀야 한다. 그런데 이러한 전문용어는 탈북민뿐만 아니라 한국사람도 새롭게 익혀야 하는 어려운 용어다.

남북한 간 언어 차이는 외래어, 그중에서도 영어 표현을 들 수 있다. SNS 증가로 인한 문자나 단축어, 신생어 등의 언어 사용도 어렵다. 언어 환경의 변화로 인해 일상에서 사용하는 남북한 어휘의 차이가 생겼고, 남북한 간 다른 의미의 언어들이 생겨났다. 분단 이후 남북한은 같은 어휘를 사용하지만 언어의 의미가 달려졌고, 의사소통 방식의 차이에서 오해가 생길 수 있다. 구체적 사례로서, 화장을 안 하고 출근한 날에 얼굴을 보자마자 '얼굴이 못쓰게 됐네'라는 말을 들었을 때 한국사람은 기분이 나빠진다. 당장 거울을 들여다보며 내 얼굴이 망가졌는지 살피게 된다. 그런데 이 탈북민은 '얼굴이 축나서 안타깝다'는 의미로 상대방을 배려하는 긍정적인 의미로 말한 것이다. 이렇게 한국에서는 '못 쓰게 됐네'라는 말을 물건이나 기계 등에 사용하는 부정적 의미라면, 북한에서는 긍정적 의미로 사용되고 있다. 긍정과 부정의 의미가 충돌하게 되면 오해를 가져올 수 있다. 좋은 뜻으로 한 말이 오해를 불러올 수 있는 것이다.

남북한 언어의 이질성은 남북한의 언어문화가 서로 다른 생활문화와 언어정책의 차이에서 기인했음을 이해할 필요가 있다. 언어는 경제활동, 생활환경, 문화환경과 직접적인 연관이 있고, 이러한 필요에 의해 언어가 생성되고 유통된다. 언어는 자기의 의지대로 선택할 수 없는 문화공동체의 산물이다. 언어로 무엇인가를 표현한다는 것은 그 언어의 깊숙한 내면을 이해할 때 가능하다. 한국은 서울말 중심의 표준어인데 반해 북한은 '평양말' 중심의 '문화어'를 사용한다. 북한에서는 아름다운 말을 지키는 것, 민족어의 순수성을 지키는 것을 강조하며 '말다듬기 사업'을 진행했다. 한국 언어를 '외래어가 뒤섞인 잡탕말'이라고 비판한다. 남북한 언어 인식의 차이에 있어서 북한의 직설적 화법과 한국의 간접적 화법이 오해를 야기하는 경우가 종종 있다. 사실상 북한의 언어는 직설적이며, 말에 대해 상당한 신뢰와 권위를 부여한다. 그 이유는 북한사회에서 가장 권위 있는 것은 법이나 제도가 아니라 최고지도자의 말이기 때문이다. 북한의 언어정책은 '언어가 혁명의 수단'이라는 데 기초하며, 최고지도자의 말을 무한 권위를 가진 절대성으로 인정하고 있다. 어디에서나 최고지도자의 교시, 현지지도가 있고, '말씀판'과 기념비가 있다. 또한, 북한 사람들에게는 일상생활에서 '생활총화'를 통해 직설적 화법이 체화돼 있다. 총화에서는 자신의 성과와 잘못을 말로 설명하고 여러 사람들 앞에서 말로 맹세하며, 함께 참여한 사람들은 공동체의 목적을 위해 잘못을 시정하도록 직설적으로 지적하는 데 익숙한 사회다.[16]

따라서 남북한 언어의 차이보다 남북한 '언어문화'에 대한 인식 차이로 인한 어려움과 갈등은 보다 신중한 이해를 요구한다. 한국의 일상생활에서 자주 쓰는 간접적 표현으로 '나중에 밥 한번 먹어요', '나중에 연락 드릴께요', '다음에 다시 올게요', '지금 바쁘니까 나중에 전화해요'라는 말이다. 그냥 헤어지기가 멋쩍어서 인사치레로 하는 말을 탈북민은 사실인것으로 오해하는 경우가 종종 있다. 탈북민에 대한 이해 없이 선의만 가지고 관계를 맺는 경우에서도 정착도우미나 지원관계자들은 언어문화 차이로 인해 오해와 편견을 가질 수 있다. 실례로 한국사람이 '북한에서 와서 고생이 많다. 어려운 일이 있으면 언제든 연락하세요'라고 말하면서 연락처를 건냈다. 탈북민은 '언제든 연락하세요'라는 말을 그대로 믿고 늦은 저녁이나 주말에 전화를 걸었다. 당연히 반가운 목소리로 맞이해 줄 줄 알았는데 당황해 하는 목소리에 기분이 상하거나 무시당한 감정을 가지게 된다.

이렇게 남북의 언어문화에 차이가 생긴 이유로 한국사회
의 변화상을 들 수 있다. 사회가 산업화되고, 대인관계가
공적으로 접어들수록 우회적인 표현이 발달한다. 예를 들
면, 외교 회담에서는 외교관례상 '합의하지 않았다'는 등 부
정적인 표현을 잘 쓰지 않는다. '양측은 서로 간에 이견이
있다는 데 합의했다'고 표현한다. 또한, 한국사회에서는 대
면적 접촉이 줄어들면서 우회적 표현이 많아졌다. 직접적
으로 상대가 듣기 싫어하는 말을 하기보다는 상대가 마음을
상하지 않도록 우회적으로 이야기한다. 이것이 상대방에 대
한 배려라고 생각한다. 특히 일상생활에서 탈북민이 자주
지적하는 것은 '한국사람들은 면전에서는 칭찬하고 문제없
는 듯이 침묵하더니, 그 사람이 없을 때는 그 사람의 잘못을
지적하고 비판한다'는 점이다. 요약해 보면, '한국사람은 겉
과 속이 다른 것 같고 외교적인 표현을 너무 자주하는 것 같
다'는 지적이다. 탈북민은 우회적 표현이 상대방에 대한 배
려, 관계회복, 단절 예방을 고려한 언어표현 방식일 수 있
음을 이해하지 못하고 있다.
　일상생활에서 남북한 가족문화의 차이에서 오해가 빚어
질 수 있지만, 서로의 차이를 이해하는 방향으로 나가야 할
것이다. 탈북민이 자주 한국에 대해 언급하는 표현은 '한국
에는 집단이라는 것이 없고 개인만 생각하는 것 같다'는 말
이다. 북한과 중국에서는 집단과 가족이 중요한데 한국에

서는 개인이 최고인 문화로 느껴진다고 말한다. 예를 들면, 한국가족의 며느리가 된 탈북여성은 형님과 동서를 보면서 '내 가족, 내 몫만 챙기는 것 같다', '가족행사가 있으면 정해진 날만 참석한다', '바쁘다는 핑계를 대며 안 온다'고 생각했다. 그런데 자신이 전화하면 안 오는데 시어머니가 전화하면 오는 것을 보고 '내가 나서면 안 되겠구나'를 깨달았고, 남북한의 가족 문화가 조금 다르다는 것을 느끼고 배워나가고 있음을 알게 된다. 그렇지만 북한며느리가 주도적인 가정에서는 오히려 북한의 가족문화가 형성되는 경우도 있다. 지방에 정착해 사는 한 탈북여성 가족은 대가족이 자주 모이고, 동네 사람들이나 친구들이 함께 모여 음식을 나눠 먹기도 한다. 이러한 지방생활은 70~80년대 한국의 가족 문화를 연상하게 한다.

위에서 살펴보았듯이, 남북주민의 갈등은 외래어와 신생어 등 언어 구사에 대한 탈북민들의 이해 부족에서 오는 경우도 있고, 상호 간의 발언의 태도와 화법의 차이로 인해 오해와 불신을 일으킬 수도 있음을 지적했다. 남북한의 일상 언어 차이가 서로 문화에 대한 낯설음으로 나타나고, 한국사회 내 타자에 대한 편견과 차별이 작동하면서 오해와 갈등을 야기할 수도 있다. 남북한 사람들이 오해와 갈등을 줄이기 위해서는 모르는 단어와 이해되지 않는 문장이나 행동을 서슴없이 물어보고 배워야 한다. 한국사회의 우회적 의

사소통 방식과 탈북민의 솔직하고 직선적인 의사소통방식을 서로가 이해해야 한다. 말씨를 가지고 차별하거나 웃음거리로 삼지 말고, 뜻이 정확히 전달된 것 같지 않으면 다시 설명하고 이해했는지 물어볼 필요가 있다.

특히 한국사회의 경제적 우월감을 드러내는 의사소통 방식은 피해야 할 것이다. 실례로, 봉사자가 탈북민에게 "아이구, 살기 참 좋지? 북한에서는 못 먹었을 거 아니야"라는 경제적 우월감이 담긴 말을 하면서 음식을 건넬 때, 고개를 끄덕였지만 마음이 불편함을 감출 수 없었다고 토로한다. 한국인들은 상대방에 대한 호기심으로 혹은 진심으로 그 사람에 대해 알고 싶어서 질문하는 경우가 적지 않다. '북한에서 고기 먹어 봤니', '컴퓨터 게임 해봤니', '놀이공원 있냐' 등 질문을 툭툭 던진다. 물어보지 않았는데도 한국의 좋은 물건이나 장소를 장황하게 설명하는 것은 오해를 가져올 수 있다. 한국에서는 고기가 흔하고 컴퓨터 게임도 누구나 할 수 있고 현대적 놀이공원이 많은데, 반대로 북한에는 없고 경험할 수 없다는 것을 내면에 깔고 질문하는 것으로 느껴질 수 있다. 탈북민을 비하하거나 우습게 볼 의도가 없었지만 그렇게 오해받을 수 있다는 것이다.

또한, 일상생활에서 상대방이 듣기에 거북한 이야기를 물어보지 않아야 할 것이다. 대입시험기간에 '시험 잘 봤니', '대학에 들어 갔니'라고 대놓고 물어보지 않는다. 취업준비

생에게 '취업지원서 내고 있니', '취업 했니'라는 질문이나
미혼청년에게 '결혼 안하니', '결혼할 상대가 있니'라는 말
은 삼가야 한다. 마찬가지로 탈북민 개개인마다 한국에 온
상황이 다를 수 있으므로 스스로 이야기를 하기 전에는 거
북한 질문을 자제하는 배려가 필요하다.

경제생활 및 민주시민 인식의 차이

한국사회가 탈북민에게 기대하는 정착 목표는 민주시민으
로서 살아가는 것이다. 이를 위해서는 북한의 사회주의 계
획경제와 다른 한국의 자본주의 시장경제와 법질서체계에
대한 이해가 필요하다. 그러나 탈북민이 민주시민으로 살아
가는 데 필요한 가치에 대한 몰이해로 어려움을 겪는 경우
가 생겨나고 있다. 초기 정착과정에서 탈북민은 남북한체제
의 차이에서 오는 생활 격차와 인식 차이를 느낀다. 특히 북
한주민들은 사회주의체제 중에서도 김일성, 김정일, 김정
은으로 이어지는 유례없이 3대 세습체제와 주체사상 일색
의 전체주의적 독재체제와 국가주도의 계획경제체제에서
살았다. 이들은 한국사회 정착과정에서 민주시민에 대한 인
식의 간극이 있음을 경험한다. 구체적으로 북한에서 사회의
자율적 영역은 극도로 제한됨에 따라 국가와 시민사회의 구
분이 본질적으로 모호하다. 모든 조직은 공적인 것이며, 사
적 또는 자율적인 활동은 허용되지 않는다. 북한에서는 집

단적 가치와 당에 대한 무조건적 순응은 '신민'이 존재할 뿐
자율적 시민은 존재하지 않았다.

이에 탈북민은 한국사회의 다양한 가치, 사회의 민주화,
시민권의 보장 등 자율적인 시민의 역할과 참여에 대한 이
해가 부족할 수밖에 없다. 대한민국의 국민이 되면 시민으
로서의 권리와 의무가 주어진다. 헌법에 보장된 시민으로서
누릴 수 있는 권리는 인간으로서의 존엄과 가치, 행복추구
권, 평등권, 자유권, 참정권, 사회권, 청구권 등이다. 이러
한 기본 권리 중에서도 탈북민은 자유권과 권리행사에 대한
이해에 있어서 오해와 갈등을 야기하는 경우가 있다. 자유
권은 사생활의 자유, 언론출판의 자유, 경제활동의 자유 등
국가권력이나 다른 사람의 간섭이나 강요를 받지 않을 수
있는 권리라는 인식이 약하다.

탈북민은 북한체제에서 국가와 당이 지시하는 것을 무조
건 실행하는 '의무'에만 익숙해 있다. 시민으로서의 권리에
는 의무와 책임이 동반한다는 것을 이해하지 못하는 경우가
있다. '자유권'에 대해 자신이 원하는 것을 제한받지 않고
할 수 있다고 오해한다. 정착과정에서 한국사람들의 생활과
충돌하는 경우는 자유에는 다른 시민의 자유를 침해하지 않
고 존중해야 함을 인식하지 못하고 있다.

탈북민은 한국사람들에게 '월급 얼마 받아요'라고 물어보
았고, 상대방은 당황해 답변을 안 하거나 얼버무린 경우가

발생하기도 한다. 한국사회에서 월급은 사생활의 의미가 강해 물어보지 않거나 조심스럽게 접근해야 하는 질문임을 모른다. 월급이 최저임금으로 지불되는 아르바이트 같은 경우에는 누구나 인지하고 있어 대답해 줄 수 있다. 그러나, 대부분의 경우, 월급이 개인마다 다르고 자본주의 사회에서 월급으로 경제적 우월성이나 가치비교의 대상이 될 수 있기 때문에 물어보지 않는다. 반면 탈북민이 그렇게 쉽게 물어보는 것은 북한에서의 생활과 인식의 발로다. 북한에서는 국가가 임금을 정하며 공무원, 노동자, 교사 등 비슷한 급여임을 누구나 알고 있다. 게다가 탈북민은 '그 직장의 월급이 얼마인지' 정말로 궁금해서 물어볼 수 있다. 자신이 급여수준을 알아야 그 직장에 들어갈지 여부에 대한 직업탐색을 할 수 있기 때문이다. 이렇게 탈북민은 집단주의 생활 경험으로 사생활 존중, 개인주의에 대한 의미에 어려움이 있을 수 있고, 한국사람은 개인주의와 사생활 존중의 중요성으로 집단주의 문화나 탈북민의 직업탐색의 의미를 이해하는 데 어려울 수 있다. 탈북민은 개인의 자유와 사생활이 존중되는 한국사회에서 상대방의 나이, 키, 가족관계, 월급 등을 물어보면 결례가 된다는 것을 인식하지 못했다. 북한에서는 나이, 키, 월급 등에 대해 물어보는 것을 당연하게 여겼기 때문이다. 반면에 한국사람이 자주 '직장생활이 어떠냐', '친구관계가 어떠냐' 등 안부를 물어보는데, 북한에서는 이를 감시하는 것으로 인식한다. 북한은 5호담당제 등 서로에 대한 감시가 철저한 사회이기 때문에 오해할 수밖에 없다는 것이다.

남북한 주민의 경제생활에 대한 인식 차이는 직장생활에서의 오해와 갈등을 통해 이해할 수 있다. 탈북민은 북한사회에서 먹고 사는 문제로 고통을 받았고 이것이 탈북을 결정하는 주요 동인이었다. 중국에서 돈을 벌기 위해 악착같이 일하고 돈으로 팔려가고 북송되는 경험 속에서 금전의 위력을 경험했다. 온갖 어려움에도 불구하고 자신 또는 가족이 한국에 왔기 때문에 물질적 성공을 이루고자 하는 강한 욕구를 가진다. 실제로 탈북민의 한국사회에 대한 만족도는 높은 편이다. 그 이유는 한국사회가 북한사회와 달리 '자기가 일한 만큼 버는 사회', '노력한 만큼 대가가 주어지는 사회'라는 점 때문이다. 그런 점에서 이들은 자유경쟁과 일한 만큼 벌 수 있는 자본주의적 가치관을 긍정적으로 수용하는 편이다.

한편 대다수의 탈북민은 한국사회 정착과정에서 경제자본을 획득하는 생활을 해오지 않았기 때문에 '치열한 경쟁으로 인한 스트레스'를 호소한다. 북한에서 경험하지 못한 강도 높은 노동에 대해 어려움을 토로한다. "사람 까무러치게 만들고 소변보러 갈 짬도 없다", "북에서는 아무래도 시간을 때우는 게 중요한데 한국은 그 시간 안에 내가 성과를 내는 게 중요하고 결과를 만드는 게 중요하다", "북에서는 업무

중에도 집단으로 노래도 하고 즐겁게 일하기도 한다", "북에서는 일을 빨리 끝내는 사람이 늦게 끝내는 사람을 도와주기도 한다", "남한 사람들은 내 일이 아니면 남 일에 간섭을 하지 않는다." 탈북민들은 다소 폐쇄적이긴 하지만 내부 결속력이 높은 북한의 직장문화에서 나름의 공동체 의식을 경험했다. 하지만 한국의 직장생활은 아침에 출근해서 인사하고 하루 종일 일하고 대화 나눌 시간도 없다가 저녁에 인사하고 헤어진다. 이들의 눈에는 동료에 무관심하고 이기주의로 비춰지는 것이다. 그러나 탈북민은 센 노동강도에 대해서는 그나마 자본주의 사회의 현실로 어쩔 수 없이 수용하는 편이지만 한국의 이기적이고 돈만 아는 비인간적 이익추구 경향에 대해서는 비판적이다. 돈을 최고로 여기며, 자신의 이익만을 추구하는 계산적이고 이기적인 자본주의 현실에 대해 매우 비판적이다. 탈북민은 개인주의를 비판하고 이웃 간 인정과 연대를 소중히 여긴다는 점은 그들이 북한에서 체화한 '집단주의 문화'의 영향이라고 할 수 있다.[17]

탈북민이 남북한 간 인식의 차이를 크게 느끼는 영역은 법과 제도다. 이들은 한국의 법과 제도는 사람을 보호하는 것으로 인식했다. 법과 제도의 테두리 내에서 개인은 자신의 의사를 자유롭게 표명하고 자신의 삶을 직접 계획하고 선택할 수 있다는 것에 만족했다. 반면, 북한에서는 주민들은 법과 제도에 따라 보호받지 못하고, 뇌물 등 불법이 일상적으로 통용되는 사회로 평가했다. 왜냐하면 북한에서는 장사하기 위해 직장에 빠지거나, 병원진료나 지역이동 허가서를 받기 위해서 등 모든 것이 뇌물로 해결되는 사회이기 때문이다.[18] 실제로 남북한 형사법상 폭력에 대한 규정과 처벌에 관한 내용이 달라서 어려움을 겪는 경우가 있다. 탈북민이 돈을 빌려주었는데 상대방이 갚지 않고 감정을 유발하는 말싸움을 걸어와 감정을 억제하지 못하고 주먹을 날렸다. 결과적으로 피해자가 가해자로 돌변하는 상황을 경험했다. 북한은 법치국가가 아니기 때문에 협박이나 싸움 등의 방법으로 금전문제를 스스로 해결하는 데 익숙해 있다. 북한에서는 폭력을 범죄로 인식하지 않는 경향이 있기 때문에 한국 정착과정에서 별생각 없이 폭력을 행사해 법적 손해를 입는 사례도 발생하고 있다.

탈북민이 한국의 법을 이해하지 못해 피해를 당하는 일이 없도록 법 교육을 실시하고 있다. 폭행죄와 상해죄, 합의에 대한 이해를 통해 유사사례를 미연에 방지하며, 폭행 등의 상황이 발생했을 때 합리적으로 해결하는 방법을 습득토록 교육하고 있다. 기본개념에 대한 이해를 통해 피해사례를 사전에 예방하고, 문제가 발생했을 때 해결 방법과 절차를 안내해주는 데 초점을 맞추고 있다. 그런데 법제도나 경제 관련 피해사례는 탈북민뿐만 아니라 한국사람들도 전문지식을 요하는 사항이기 때문에 정부차원에서 적극적으로 대처하고 있다. 하나원, 남북하나재단, 하나센터에서는 탈북민에 대한 법교육의 중요성을 인식해 법률상담과 법교육을 진행하고 있다. 하나원에서는 '우리 사회의 이해 증진' 과정에서 기초적인 생활법률 교육을 실시한다. 하나센터에서는 거주지에 정착한 탈북민을 대상으로 무료 법률상담기관과 연결해 생활법률 교육과 상담을 진행한다. 남북하나재단은 서울지방변호사회의 지원을 받아 매주 2회씩 정기적으로 탈북민 법률상담을 진행한다. 대한법률구조공단, 법문화센터, 금융감독원 등의 기관들과 협력해 지원하고 있다.

또한, 탈북민이 자본주의 시장경제에 대한 이해 부족으로 피해를 보지 않도록 계약과 권리와 의무를 중심으로 교육을 진행한다. 생활경제와 연관된 법교육에서는 신용의 기본개념을 이해하는 것이 필요하다. 계약서 없이 돈을 빌려준다거나 서류를 제대로 작성하지 못해 피해를 당하는 일이 없도록 교육하고, 통장명의나 휴대폰 명의를 빌려주어 자신의 이름이 범죄에 이용되지 않도록 예방교육을 실시하고 있다. 법과 연계되는 경제교육에서는 근로계약서 작성, 고용관계법 및 4대 보험 이해하기 등이 기본적으로 다루어진다. 정착 초기에 고소득을 얻기 위해 취업을 서두르는 과정에서 과장된 구인광고에 속아 시간과 금전적 손해를 보는 경우가 있다. 이러한 상황을 예방하기 위해 취업교육 시 허위 구인정보를 가려내는 교육을 실시한다. 이와 같이 한국 경제생활의 기본개념을 이해하고, 금융사기, 보험사기, 다단계 사기 등에 대처할 수 있도록 경제교육을 실시하고 있다.

그럼에도 불구하고 자본주의 경제생활과 세금, 보험, 신용 등 사회시스템을 이해하지 못해 어려움을 겪는 경우가 발생한다. 예를 들면, 일정액을 받기로 하고 취직을 했는데, 한 달 후 통장에 입금된 월급이 더 적게 나온 것이다. 탈북민은 약속과 달리 자신에게 사기친 것으로 생각해 담당자에게 따졌더니, 4대 보험을 제외한 급여가 통장에 입금됐던 것이다. 이렇게 경제생활이나 세금에 대한 이해 부족으로 갈등을 겪는다. 또한, 법과 사회시스템에 대한 이해부족으로 적정한 절차를 거치지 않고 윗사람이나 힘 있는 사람에게 의존해 문제를 해결하려고 한다. 초창기의 탈북민 지원과 관련, 지원대상자로 선정이 되지 않으면, '왜 내가 지원을 받지 못하느냐', '왜 평가가 낮게 나왔느냐'라며 실무자를 건너뛰고 곧 바로 윗사람에게 민원을 제기하는 경우도 있다. 이는 북한사회에서 법과 제도가 잘 작동하지 않고 윗사람이나 뇌물 등으로 문제를 해결하는 방식에 의존했던 북한 경험이 발현된 것이다. 또한, 법제도 준수관련, 탈북민은 법과 제도를 지켜야 하며 공무원, 경찰 등에게 도움을 청해야 한다는 조언을 받아들이지 못했다. 왜냐하면, 북한에서는 먹고 살기 위해 장사하는 과정에서 법과 제도를 어길 수밖에 없다. 한편 경찰, 공무원 등은 주민들이 장사를 못하도

록 방해하거나 뇌물을 요구해서 가능한 멀리해야 하는 대상
이었다. 그런데 한국에서는 오히려 법과 제도를 지켜야 하
고 어려운 점이 있으면 공무원, 경찰에게 물어보고 도움을
청하라는 것이 다르고 낯설었다고 말한다.

국가정체성과 관련해서도 남북한 주민 간 인식의 차이와
갈등이 야기되고 있다. 탈북민은 법적으로는 대한민국 국민
이지만 심리적으로는 북한사회에 대한 강한 애착을 갖고 있
다. 한국사회에서 생존해야 하는 탈북민 다수는 북한체제에
대해 매우 비판적일 수밖에 없지만, 심리적으로는 북한을
그리워하는 정서를 갖고 있다. 특히 경제적 어려움 때문에
탈북한 경우에는 북한에 대한 그리움이 더욱 짙어질 수밖에
없다. 북한은 태어나서 자란 추억이 서려 있는 곳, 함께 오
지 못한 가족이 남아 있는 곳, 익숙한 산천과 음식이 기다리
는 곳, 못 살아도 인정이 살아 있는 곳, 그리고 친숙한 생활
문화가 깃든 곳이다. 한 마디로 요약하면, '언젠가는 돌아가
야 할 고향에 대한 그리움'이라 할 수 있다. 어릴 때부터 친
숙하게 접해온 북한문화에 대한 향수도 그리움의 한 요소를
이루고 있다.[19]

그러나 한국사회는 분단체제와 분단의식으로 인해 북한
고향에 대한 탈북민들의 그리움과 애착을 공감해줄 준비가
돼 있지 않다. 구체적 사례로서 학교관리자가 연수교육으
로 탈북학생 교육현장을 방문했다. 교내 북한체험관에는 남

북한 지도자가 악수하는 사진이 걸려 있었다. 학교관리자는 "어떻게 북한 지도자의 사진이 이곳에 걸려 있느냐. 탈북학생이 이 사진을 보면서 북한 지도자를 우상화하지 않겠느냐"라고 말했다. 다른 학교관리자가 이에 맞장구치면서, "탈북학생을 도와주고 싶어 멘토 선생님이 됐다. 몇 달간 지도한 후 '북에 가고 싶니?'라고 물었다. 탈북학생이 '네, 가보고 싶어요'라는 대답에 배신감을 느꼈다"고 말했다. 이들은 분단의 논리로 탈북학생 교육을 바라보고 인식하고 있다. 탈북학생이 북한에 가보고 싶다는 것을 주체사상 신봉과 북한체제 우월성을 표현한 것으로 받아들였다. 탈북학생에게 북한은 태어나고 자란 곳으로 어릴 때 함께 뛰어놀던 친구들이 있고 들과 개천이 있는 고향이다. 탈북민에게 북한은 고향이자 가보고 싶은 장소일 수 있다는 인식이 허용되지 않았다.

이상에서 살펴보았듯이, 탈북민에게 북한체제는 싫지만, 고향으로서의 북한은 가보고 싶은 곳일 수 있다. 탈북민은 어느 누구보다 통일에 대한 열망을 가장 강하게 표출하고 있다. 탈북민에게 통일은 무엇보다 그리운 가족과 이웃을 다시 만나고, 어릴 때부터 몸에 밴 북한 음식과 산천 그리고 북한 문화를 다시 향유하는 것을 의미한다. 탈북민이 통일에 대한 열망이 강한 이유는 바로 통일만 되면 다시 고향으로 돌아갈 수 있다는 귀향의 소망 때문이다. 탈북민은 체제

적 차원에서 국가로서의 북한을 강하게 비판하면서도 정서
적·문화적인 차원에서 북한사회에 대한 강한 애착을 지닌
다. 이는 남북한을 모두 비교하고 체험한 탈북민의 가치관
혹은 정체성에는 한국인의 체제 지향성과 북한인의 사회문
화적 지향성이 공존하고 있음을 의미한다.

3. 편견에서 환대로

경계짓기

탈북민 정착의 장애요인으로는 한국사회의 공고한 '경계짓
기'가 지적된다. 경계는 선을 긋는 것으로, 이쪽과 저쪽을
구분하는 선이다. 이러한 경계는 공간으로도 존재하지만 관
념적 형태로도 나타난다. 경계는 집단 거주지역의 안팎과
같은 물리적·공간적 경계로서 존재하기도 하지만, 관념적·
형태적 경계로도 다양하게 나타날 수 있다. 관념적 경계의
형태로서 한국사회 내 한국 출신과 북한 출신의 경계짓기를
들 수 있다. 남북한 출신이 다르고, 어투나 말투와 행동양
식이 다른 것으로 경계짓기도 한다. 어떤 탈북민은 한국사
람이 탈북민을 같은 민족으로 생각하지 않고 한국어를 구사
하는 타국인, 이방인, 조선족 정도로 인식한다고 지적했다.
또한, 탈북민에 대한 경계짓기의 주요 요인으로 경제적 부

적응을 꼽기도 한다. 이들은 정부제공의 정착금으로 생활을 시작하는데, 경제적으로 적응하지 못하면 취업, 가정, 대학, 여가 등 여러 분야에서 소수집단으로 위치가 정해진다. 일반국민과는 달리, 국가의 정착금에 의지해 삶을 시작하는 소수자로서 분류된다.

한국사회의 탈북민에 대한 교묘한 경계짓기를 다음과 같이 표현한다. "분단사회의 저변을 경험하면서 또 하나를 알아챘다. 아무리 성공했다는 소리를 듣고 그럴듯한 명함을 소지하더라도 탈북민이라는 신분이 존재하는 한 동등한 자격으로 존중받기 어려운 경계가 있다. 그것은 또 하나의 사선이다. … 분단사회에서 살아가고 있는 우리 모두도 마찬가지다. 북한의 실상을 접하면서 북한에서 태어나지 않은 것을 운좋게 생각하는 발상이나, 탈북민을 자신과 동일한 정체성을 가진 공동체의 일원으로 보지 않고 비하하는 태도는 결국 분단 구조에 기거하고 있는 동거인들의 이중 인식이자 모순어법이다."[20]

이러한 경계짓기는 구별로 끝나지 않고 우리와 다른 그 집단을 차별하고 낙인찍기로 이어진다. 한국사람들이 자신들을 '구별'하고 그 앞에 '선'을 그은 다음, 경계너머의 자신들을 탈북민으로서의 특징만 가지는 것으로 간주한다. 북한 사회에도 다양한 사람들이 존재하고, 한국에 있는 탈북민 역시 각자가 개성이 다른 사람들이다. 그런데 한국사람들은 탈북민을 북한 출신이라는 하나의 집단으로 묶어 버린다. 한국에서 이들은 독립적인 '개인'이 아닌 북한 출신, 탈북민으로 인식된다. 한국생활에서 이들은 북한 출신의 그림자가 떠나지 않는다. 이들은 다름의 대상이 되고 동정이나 배려의 대상이 된다. 이것도 일종의 차별이다.

이러한 경계짓기는 남북한 주민 사이에만 있지 않고 탈북민 사회에도 존재한다. 탈북민을 하나의 범주로 규정하기에는 이미 그들의 다양한 구성과 이주과정에서 서로 다른 문화적 경험으로 인해 정체성이 다르게 나타나고 있다. 탈북민들 사이에 경계짓기는 고향, 출신성분, 탈북 동기, 탈북 과정, 하나원 기수 등으로 드러난다. 경계짓기는 세대 간, 남녀 간, 계층 간, 직행과 중국행, 북한출생과 제3국출생 등으로 구분되는 명확한 형태로 나타나기도 한다. 기성세대와 장마당세대로 구분되는 세대 간 갈등, 남성과 여성 간 갈등, 그리고 북한에서 당간부로 잘 살았던 엘리트계층과 생계로 어려움을 겪고 탈북한 하류계층 간 갈등, 평안도 출신과 기타 지역의 출신 등으로 경계짓기가 이루어진다.

탈북민들은 한국사회의 적응도가 다양하게 나타나는데 흔히 남성보다 여성이 더 잘 적응하고 중장년층보다 젊은층일수록 잘 적응하는 것으로 나타났다. 중국을 경유한 여성 탈북자가 많아지면서 직행과 중국행, 북한출생과 제3국 출생 청소년 간에 경계짓기도 나타난다. 북한을 탈북해 중국

에서 거주하지 않고 한국에 입국한 '직행'과 중국에 일정기
간 거주하다가 한국에 입국한 '중국행' 사이에는 한국생활
에서 다양한 인식의 차이가 존재한다. 북한에서 출생해 한
국에 입국한 '북한출생'과 탈북여성이 탈북해 중국 등에서
출생해 한국에 데려온 '제3국출생' 간에도 타국에서의 언어
적·사회문화적 경험의 차이로 강한 경계짓기가 나타난다.
또한, 탈북 과정이 직행인 탈북여성과 중국행 탈북여성 사
이에서 경계짓기의 특성이 뚜렷이 드러나고 있다. 중국 체
류 여성은 중국에서 출산과 육아의 경험을 가지는 경우가
많으며 한국 정세와 경제생활 방식에 대한 이해가 직행으로
온 탈북여성에 비해 상대적으로 높은 경향이 있다.[21]

한국사회의 구별짓기는 차별을 가져올 수밖에 없다. 차별
과 관련된 갈등 연구도 다양하게 이루어졌다. 탈북민은 한
국사회에서 사회적 소수자이자 약자로 인식되고 있고, 이에
한국사람들은 탈북민에 대한 차별과 동정 등의 시선을 돌린
다. 탈북민이 차별을 통해 한국에서 이방인, 유목인, 경계
인으로 존재하는 것은 이들이 한국사회의 내집단이 되지 못
한 현실을 반영한 것이다. 탈북민에 대한 시선과 갈등은 배
려와 동정의 대상에서 출발해 무관심, 편견, 차별, 적개심
에 이르기까지 다양하게 표출되고 있다.

정체성과 인정투쟁

이 절에서는 탈북민이 편견과 차별 등 한국사회 적응의 어려움에도 불구하고 다양한 인정투쟁을 통해 자신의 정체성을 재구성해가며 정착하고 있음을 살펴보고자 한다. 탈북민은 누구이며 이들의 정체성은 무엇인가? 탈북민이 한국에서 살면서 자주 들었던 질문이 "탈북자인가요, 북한에서 왔어요?" 또는 "우리나라 사람 아니죠? 조선족이세요?"라는 말인데, 질문 자체가 싫고 기분이 나빴다고 말하고 있다. 자녀를 학교에 보냈을 때에는 탈북민 엄마의 말투를 듣고 친구들이 "너네 엄마 중국 사람이야?"라고 물어보았다는 말에, 말투를 고치려고 애를 쓸 수밖에 없었음을 고백한다. 분단체제에서 탈북민은 자신의 정체성에 끊임없이 의문을 제기하게 된다. 한 민족이 두 개의 정치시스템과 이데올로기로 나뉜 남과 북의 상황과 그 사이에 위치한 탈북민의 존재는 스스로에게, 그리고 한국사회에 문제를 제기할 수밖에 없다.

최근 한국사회의 일반화된 타자와 상호작용 속에서 재구성되는 정체성과 시민성, 인정투쟁의 문제가 논의되고 있다. 탈북자를 파크(Robert Park)의 '경계인(the Marginal Man)' 또는 '이방인(the stranger)'의 개념으로 해석하기도 한다. 한국사회가 분단이라는 구조에서 벗어날 수 없는 한 분단체제에서 탈북민은 한국사회의 완전한 구성원으로 동화되기란 구조적으로 불가능에 가깝다. 남북 분단, 대치, 그리고 적대적 관계는 여타의 국가에서 찾아볼 수 없는 월경의 금기를 당연시해 왔다. 탈북민은 이 공간적 경계를 넘었다는 측면에서 분단체제의 메커니즘과 이데올로기적 경계를 교란하는 경계 사이에서 이방인이자 경계인이 된다. 남북한의 적대적 관계가 지속되는 분단체제에서, 그 반대편에서 이주해온 이방인은 새로운 사회에 완전히 통합되는 것은 불가능하다. 따라서 탈북민은 한국 국민이자 같은 민족이면서, 그들의 출신지가 한국의 정반대에 위치한 북한이기 때문에 '가장 이질적인 타자'로서 정체성 논의가 이루어진다.

탈북민은 한국에 도착하자마자 중앙합동신문센터에서 심문을 받는다. 이곳은 통일부·경찰·기무사 등 5개 기관의 합동센터로 운영하는데 주로 신분 확인이나 북한동태 파악을 위한 심문을 진행한다. 신원 조회 과정은 탈북자들이 북한주민임을 증명하고, 북한 상황이나 문제점 등의 정보를 한국 정보기관에 제공함으로써 자신들이 왜 북한을 탈출할 수밖에 없었는지를 설명하는 과정이다. 이후에도 탈북민은 북한에서 왔다는 이유로 잠재적인 관찰의 대상이 된다. 하나원에서 교육을 마치고 각 지역의 임대주택으로 이주하게 될 때, 그들이 처음으로 해야 하는 일은 지역 하나센터와 관할 경찰서에 자신의 거주지를 등록하는 것이다. 거주지 보호담당관과 신변보호담당관이 배치된다. 이들은 '정착 지원'의 대상인 동시에 '관리의 대상'으로 분류된다. 탈북민은 이러한 구분의 과정을 경험하면서 의식적, 무의식적으로 북한을 적대하거나 감정적 미련을 강하게 부정할 필요가 있다는 것을 본능적으로 느낀다.[22]

분단체제를 거슬러온 탈북민은 한국사회에 정착하는 과정에서 타 이주민과 달리 자아인식과 사회구성원으로서 정체성에 상당한 혼란을 겪고 있다. 이들의 통합과 관련, 탈북민의 생애사 분석을 통해 '정체성'과 '인정투쟁'의 문제를 제기한 연구가 이루어졌다. 정체성(identity) 개념이 초기 본질론적이고 고정된 실체로 이해됐으나 이는 이주민에 대한 사회적 차별과 배제의 근거가 된다고 비판한다. 초국적 이주가 전면화 된 현대사회에서 개인 정체성은 생애의 특정시기에 완성돼 고정되는 것이 아니라 생애 전 과정을 통해 구성되는 것이다. 탈북자는 스스로 자신들에게 덧씌워진 '이방성'과 '경계'를 넘으려는 시도를 한다. 또한, 탈북민은 끊임없이 자신과 사회와의 상호작용에서 정체성을 변화시켜 가는 '인정투쟁'을 해나간다. 개인의 정체성은 직·간접적으로 상호작용을 하는 타자와의 인정투쟁의 과정을 통해 구성되며, 상호작용의 내용에 따라 끊임없이 변화하는 특성을 갖는다. 특히 탈북민이 정착과정에서 무시와 굴욕, 학대나 폭력, 차별과 배제 등의 경험은 개인의 정체성 구성에 영향을 미친다. 이러한 정체성을 침해당하는 갈등과 충돌은 이들의 사회적 인정투쟁의 동력으로 작동할 수 있다.[23] 이러한 논의는 탈북민을 한국사회의 문화에 일방적으로 적응해야 하는 대상이 아니라 한국사람들과 상호작용의 관점에서 이해할 수 있도록 한다. 또한, 탈북민이 만들어가는 사회정치적 정체성, 즉 인정투쟁의 관점에서 성찰할 수 있도록 한다.

한국의 정부와 시민사회는 연계된 거버넌스 속에서 탈북민을 한국사회에 정착시키고 재사회화하는 노력을 해왔다. 이러한 한국사회의 구조에서 탈북민은 자신들의 정체성을 일방적으로 순응하는 것이 아니라 다양한 방식으로 분화시켜 왔으며 이는 동화형, 통합형, 혼돈형, 저항형의 네 가지 범주로 유형화할 수 있다. 다시 말하면, 탈북민의 정체성은 북한의 정체성을 부정하고 한국 시민이 되기 위해 적극적으로 동화하려는 동화형이 있고, 통합형은 남과 북의 정체성을 유지하고 통합하려는 형태로 가장 바람직한 유형에 속한다. 혼돈형은 남과 북의 정체성 사이에서 분열하고 혼돈된 정체성을 갖는 형태이며, 저항형은 한국사회의 거버넌스에 저항하거나 이탈하는 형태이다.[24] 한편 베리이론에 따라, 한국사회의 적응 유무를 기준으로 통합, 동화, 분리, 주변화 등으로 정체성을 분류하고 유형화하는 것을 비판하는 관점도 제시되고 있다.[25] 탈북민의 정체성은 여러 유형이 혼합된 복합적 성격을 가지는 경우도 있을 뿐만 아니라 민족적 유대의 욕망을 제대로 드러내지 못하고 있다고 비판한다. 탈북민이 한국사회에서 겪는 차별과 무시의 경험은 북한에서 습득한 문화적 차이로 인한 오해나 자격지심이 원인인 경우도 많겠지만, 구조적 차원에서 분단체제와 신자유주의의 영향과도 연관되어 있다고 밝힌다.

탈북민의 정체성은 시민권 차원에서도 다뤄지고 있다. 탈북민은 한국사회 시민인가? 법률적으로 이들의 정치적 소속은 대한민국 국민이다. 탈북민은 다른 이주민에 비해 뚜렷하게 환영받는 집단이다. 도착과 동시에 바로 시민권을 부여받고 정착금과 거주 시설, 정착 교육 및 취업 지원 등 다양한 정부의 지원을 받는다. 법적·정치적 시민권을 부여받는다. 그러나 실제로 이들의 시민권은 '상황적 시민권'의 성격을 갖는다. 입국한 시기의 정치적 상황과 경제적 조건에 따라 이들의 시민권이 영향을 받았다. 냉전적 대립이 강화된 시기에는 국가적 차원에서 영웅 및 희생자로 주목받기도 하고, 대량으로 들어온 시기는 이주민으로서 보호의 대상이 되기도 했다. 한국사회의 위계적 국가관은 영어권 선진국의 영주권과 시민권에 대해 특별한 상징적 가치를 부여한다. 반면 경제적으로 가난하거나 사회주의권에서 온 한국 이주민은 낮게 여기는 국가관을 가지고 있다. 따라서 출신 국가의 경제력을 중시하는 한국사회의 위계적 국가 서열 개념에 따라 탈북민은 빈곤국인 북한출신 이주민으로서 동정과 경계의 대상이 됐다.[26]

한국과 북한의 정치적 관계는 탈북민을 문화적으로 대한

민국의 완전한 시민으로 받아들이는 데 부정적인 영향을 미친다. '문화적 시민권'이라는 개념으로서 법적 시민권은 있어도 온전한 시민적 지위와 권리를 누리지 못하는 이주민, 소수자들의 문제가 논의되고 있다. 문화적 시민권이란 법적·정치적 시민권의 경계를 벗어나 보다 폭 넓은 사회문화적 맥락에서 주류사회에서 배제된 사회집단 성원들이 사회문화적 삶을 향유할 수 있는 시민으로서의 권리를 의미한다.[27] 현재 탈북민이 한국사회 민주시민으로 정착하도록 법적 시민권을 넘어서는 사회적·문화적 시민권의 문제가 다문화 한국사회의 핵심적 문제로 부각되고 있다.

이와 관련해 '인정투쟁'의 문제가 다시 소환되고 있다. 탈북민은 한국 국민이라는 법적인 소속을 넘어서 정치적·사회문화적 시민으로서 소속되고 인정받기를 원한다. 한국사회는 분단의 시선으로 탈북민을 반북이냐 친북이냐의 흑백논리로, 또는 적응했느냐 동화했느냐라는 통합의 관점에서만 바라보는 경향이 있다. 한편 탈북민의 정체성을 서로 다른 생애체험을 배경으로 한국사회에서의 다양한 상호작용의 결과로 재구성되는 인정투쟁으로 보는 시각도 제기되고 있다. 탈북민은 한국사회에서 일반화된 타자의 위계적인 가치체계와 상호작용하며 다양한 형태의 배제와 차별을 경험하고 있다. 탈북 과정 및 한국사회 정착과정에서 이미 북한사회에 대한 가치공동체로서의 연대감을 상실한 채, 이들의 고유한 문화와 가치가 열등한 것으로 평가되며 도덕적 모멸감이나 자존감이 훼손되는 사회적 차별 경험을 하게 된다. 이러한 '인정 철회' 경험에도 불구하고 탈북민은 헌신, 동화, 우월, 비판 등의 행위지향을 통해 인정투쟁을 하며 자신의 정체성을 형성해 나가고 있다.

구체적으로 헌신의 행위지향은 한국사회가 탈북민을 받아들였고 세금으로 먹고 살게 해주니 당연히 헌신해야 한다고 인식한다. 동화의 행위지향은 이들은 체제와 이념이 다른 북에서 남으로 왔으니 동화하고 적응해야 한다고 생각한다. 이와 같이 헌신하거나 동화하고 적응한 사람들에 대해서 한국사회는 그들의 정착을 인정해 주고 잘 정착했다고 평가한다. 세 번째, 우월의 행위지향은 특히 경제적 측면에서 잘 정착한 경우에 우월한 의식을 가지기도 하지만 사회적 인정과 관련해 비판적 경험에 직면하기도 한다. 네 번째로 비판의 행위지향은 한국사회 정착과정에서 비판적 의식을 형성하게 되는 데 성찰적 지식인 역할을 담당하기도 하지만, 간혹 좌절하거나 도피하거나 탈남과 재입국으로 나타나기도 한다.[28] 우리사회는 우월이나 비판의 행위지향의 정체성에 대해서 그렇게 관대하지는 않다. 그럼에도 불구하고 인정투쟁에 기초한 탈북민의 정체성 형성은 고난과 정착의 어려움에도 불구하고 주체적 삶을 살아가고자 하는 이들의 노력과 가능성을 이해하도록 해준다. 이들은 경계넘기와 이주 과정에서 남과 북에 대한 경험뿐만 아니라 다양한 나라와 경험을 거쳤다. 북한은 그들에게 고향이자 떠나올 수밖에 없었던 국가이지만 그 체제를 벗어남으로 인해 북한체제를 비판적으로 성찰하고 분단을 넘어설 수 있는 힘과 가능성이 이들에게 있다. 따라서 우리는 한국사회에서 시민적 권리를 확보하기 위해 부단히 노력하는 이들의 노력과 정체성 형성 과정을 다양한 눈으로 바라보고 이해해야 할 것이다.

동정과 관용, 공감과 환대

한국 국민들은 북한을 탈출해 한국에 온 탈북자를 '먼저 온 통일'로서 따뜻하게 환영하고 잘 정착하기를 바란다. 이러한 한국인들의 감정이나 생각과는 달리, 현실에서는 탈북민에 대한 편견과 차별이 엄존한다. 이 절에서는 한국인들이 탈북민을 대하는 편견과 차별, 동정과 관용에서 한 걸음 나아가 공감과 환대로 나아가야 함을 살펴보고자 한다. 한국사람들이 의도하지 않는 차별이 존재하는 배경은 무엇인가? 이는 한국사회의 구조적 요인인 분단체제하의 분단의식과 한국사회의 생존주의가 복합적으로 나타난 결과이다. 고질적인 분단체제에서 남북한 간 적대의식은 탈북민으로 하여금 북한사람과 한국사람의 정체성을 끊임없이 고민케 한다. 여기에 한국사회의 무한경쟁에서 살아남아야 한다는 '생존주의'와 '소수자에 대한 타자화' 문제가 이를 증폭시킨다.

한국사람들의 미래에 대한 불안과 생존에 대한 부담 등이 탈북민을 나와 동등한 개별적 주체로 인식하기보다는 나와 다른 타자로 인식하는 경향을 보인다. 이는 탈북민을 온전히 공감하고 환대하지 못하며, 동정과 관용의 대상으로 바라보게 하는 것이다. 그렇다면 이러한 문제는 어떻게 나타나는가. 이는 남북한 사람들 사이에 소통방식의 문제로 내재되어 있다. 남북 주민 간 상호작용에 있어서 갈등지점은 탈북민에 대한 차별과 무시 및 동정과 관용의 태도다. 이러한 소통의 장애에는 한국사회에 만연된 생존주의와 경쟁주의가 일조하고 있다. 한국사람은 탈북민들이 정착과정에서 보이는 문화와 생활양식, 언어적 차이 등을 차이로 인식하고 열등한 것으로 평가절하 한다. 이러한 비대칭적 위계는 적대적인 관계에서는 차별과 무시로, 호의적인 관계에서는 동정과 관용의 형태로 나타날 수 있다. 한국사람들은 '잘 살아야 한다', '취직해야 한다', '노력해야 한다'는 식으로 탈북민들을 가르치려 하거나 동정적으로 대하는 태도를 가진다. 탈북민과의 '차이'를 인식하고 한국인과 다른 것으로 부류화하거나 용인 또는 관용의 태도를 취하기도 한다.

그런데 동정과 관용의 태도는 탈북민과 물리적 공존은 가능하지만 공감과 마음의 연대를 가질 수는 없다. 사람들과 마음의 연대를 위해서는 소수자를 동등한 인격체로 마주하며 '공감'할 때 진정한 환대가 가능하다. 남북주민 공감과 연대의 실천방법으로서 지금-여기에 현존하는 알아차림의 자세, 예의바른 무관심, 치유적 공감을 제시한다. 공감과 연대의 실천방법으로 우선, 주체의 존재가 과거와 미래에 머물지 않고 '지금-여기'에 현존하며 타자를 온전히 인식하는 알아차림의 마음자세가 필요하다. 그리고 남북주민 간비대칭적 구조가 생성되어 선입견과 동정의 태도와 같은 부류적 사고가 형성된 경우에는 '예의바른 무관심'이 오히려위로하고 인정하는 공감적 태도로 받아들여질 수 있다. 타자와의 깊은 애정과 헌신을 통한 '치유적 공감'의 순간에 주체와 타자의 경계가 무너지고 동일자적 경험에 의해 진정한관계맺기가 가능하다.[29)]

기존 연구가 탈북민을 타자화 하는 것을 비판했다면 더나아가 '개별적 타자성의 환대'의 필요성을 제시하고 있다. 남북한 사람들이 함께 살아가기 위해서는 한국 중심적인 기준을 넘어 탈북민 개개인의 타자성을 환대하는 관점이 필요하다. 분단적 사고방식으로는 탈북민의 삶과 사고방식을 이해하는 데 한계가 있다. 한국적 시각을 탈피해 개별적 욕구를 지닌 존재로서 탈북민의 존재를 있는 그대로 직시해야한다. "탈북민을 북한정권에서 탈북한 같은 동포, 한국사회의 새로운 민주시민이라는 고정적 범주와 관점으로는 탈북민의 특성을 포착할 수 없다. 탈북민의 개별적·이질적 삶의모습은 타자의 얼굴을 있는 그대로 대면하고 환대하는 것이 필요하다." 이는 탈북민을 대하는 새로운 윤리적 가치이자 정치적 실천으로서 '환대'의 개념을 제시한다. 이주민을 대하는 기존의 패러다임을 비판하며, 배제, 차별, 동화, 관용과 인정을 넘어서 환대를 제시한다. '환대'는 나의 긍정적 자기실현을 위해 낯선 이주민을 기꺼이 맞이하는 개방적 태도이며, 나의 기준에서 이주민을 대하는 것이 아니라 이주민의 입장에서 그들의 목소리를 듣고 경청하고 그들을 기꺼이 맞이하려는 것을 목표로 한다.[30]

한국사회는 탈북민을 역사와 언어와 정서를 공유한 같은 민족이니까 함께 통일을 준비해야 한다고 생각한다. 탈북민은 체제와 이념이 전혀 다른 북한에서 왔기 때문에 한국사회의 민주시민으로 또는 사회경제적으로 지원해야할 대상으로 해석한다. 탈북민의 삶을 민족적 공감, 민주시민 교육, 사회경제적 지원의 대상으로 해석하기보다는 다른 삶의 방식 속에 뛰어든 다양한 정체성을 지닌 개인들로 바라보고 맞이해야 한다. 탈북민에 대한 편견과 이에 따른 사회적 갈등은 단순히 민주적 역량 강화나 새로운 복지 모델의 제시만으로 극복될 수 있는 것이 아니다. 북한과 제3국 등 여러 경계들을 경험한 탈북민이 지닌 중층적 타자성은 한국사회에 동질화될수록 쉽게 통합을 이루기보다는 저항과 갈등에 직면할 수도 있다. 따라서 한국인들은 탈북민의 개별적 타자성, 즉 개별적 욕망과 존재방식을 직시해야 한다.

이러한 연구의 시사점은 탈북민에 대한 환대와 타자중심적 사유가 남북한 주민 상호적 관점을 지향하고 있다는 점이다. 타자중심적 사유에 기초한 남북한 주민은 사회문화적 관계와 소통방식을 고민토록 유도한다. 남북한 주민이 일상의 삶 속에서 상호 간 대면할 기회를 통해 각자의 차이를 실제로 경험할 수 있어야 한다. 이 가운데서 한국사람들이 탈북민을 동화시키기보다는 상호적 관점에서 탈북민에 대한 타자화와 이방인성에 대해 질문할 수 있어야 한다. 일방적 통합을 추구하는 것이 아니라 다양한 일상의 공간과 매일의 삶 속에서 서로의 다름과 개별성을 자연스럽게 대면해야 한다.

최근 남북한 사람들이 함께 살아가는 사회를 만들기 위한 성찰적 연구가 이뤄지고 있다. 기존의 정책이나 담론을 비판하면서 윤리적 성찰과 관점의 전환을 요구하는 연구이다. 남북한 주민통합은 한국사회의 교환에 기초한 사회적 관계를 호혜적 관계로 전환하는 윤리적 성찰과 실천으로 가능함을 제시하고 있다. "탈북민과 함께 공정한 사회를 만든다는 것은 탈북민을 한국사회의 구성원으로 '환대'하는 '호혜적 관계'의 복원으로 가능하다." 탈북민 정착지원체계는 경제적 분배를 중요시하는 교환의 가치에 초점을 둔 사회적 관계로 이루어져 있다. 그러나 이것만으로는 진정한 통합을 이루기 어렵다. 현행 정착지원제도는 탈북민이 한국사회로 전향한 대가로 정착금이라는 경제적 지원이 보장되고, 노력한 사람에게 노동의 대가로 경제적 인센티브가 보장되는 방식, 즉 교환과 계약 관계로 구축돼 있다. 이는 탈북민이 한국사회에서 전적으로 환영받는다는 호혜성의 원칙과는 배치된다. 한국사회의 동등한 시민으로서 환대하고 자리를 인정해 주어야 한다. 남북한 사람들 사이에 사회적 연대와 감정적 유대를 형성할 수 있도록 사회구조를 변화시켜야 한다. 한국사회의 사회적 관계에 대한 근본적인 성찰 및 이를 바탕으로 탈북민을 사회 구성원의 일원으로 환대하려는 윤리적 전환이 요구된다.[31]

마지막으로 남북한 사람들 간 만남에서 자신에 대한 성찰, 상호 이해, 상호 존중, 공감 등 상호의존과 상호환대의 관계경험을 가질 수 있는 여건이 조성돼야 한다. 남북분단이 장기화되면서 동질성뿐만 아니라 이질성도 증가했다. 실제로 남북한 사람들 간 접촉과정에서 오해와 편견, 갈등이 일어나고 있다. 상호의존과 상호환대의 경험은 저절로 이루어지지 않는다. 지역사회에서 남북한 주민들이 학생, 학부모, 직장인, 지원대상 등의 신분으로 만나지만, 환대로 만나기는 어려운 현실이다. 현대사회의 불안정성과 생존주의로 인해 마주한 타자를 진정성 있게 인식하지 못한다. 호의적 태도 이면에는 묘한 경계짓기가 도사리고 있다. 탈북민을 동정과 관용의 대상으로 국한시킨다. 탈북민이 감사하기는커녕 당연시하거나 더 요구적인 경우에 실망과 당혹스

러움을 감추지 못한다. 따라서 남북주민 모두가 상호의존과 상호환대가 무엇인지에 대한 인식을 가져야 한다. 남북한 주민이 각자 그리고 서로를 성찰하고 판단이 없는 상태의 호기심으로 서로에게 다가가야 한다. 그리고 공감과 환대의 마음으로 나가야 한다. 공감과 환대는 타인과의 갈등을 해소하고 인간관계를 순화시키며, 상호 간 관계를 조화롭고 의미 있게 만드는 역할을 한다. 공감과 환대는 현대사회를 살아가는 한국인 모두가 지녀야 할 미덕이다.

남북주민 통합교육의 방향

남북한 주민 간 갈등에 있어서 차별 지각에 대한 탈북민의 시각과 한국사람의 시각의 차이와 이의 극복을 위한 대안이 모색돼야 한다. 현장에서는 남북한 사람들의 차별과 편견 등에서 의견의 차이가 존재한다. 탈북민은 직장 내에서 한국인들의 편견과 부당한 대우 때문에 구조적·문화적·일상적 차별에 직면해 있다고 인식한다. 반면 한국인들은 탈북민에 대한 차별의식을 갖지 않는데 오히려 탈북민의 한국사회에 대한 편견이 오해와 갈등을 낳는다는 것이다. 한편 많은 한국사람들은 탈북민을 무시하거나 차별하지 않았다고 생각한다. 탈북민이 차별당했다는 느낌은 한국사람에 대한 잘못된 선입견이나 일종의 '자격지심'의 발로라고 보기도 한다. 남북한 사람들에게 상호 간 편견과 차별, 오해와 갈등을 감소시키는 소통 과정이나 교육이 필요함을 알 수 있다.

남북한 주민의 갈등과 상호작용에 관한 통합교육이 나갈 방향은 다음과 같다.[32]

첫째로, 남북한 주민 통합교육은 상호문화 이해교육을 기반으로 해야 할 것이다. 남북한 주민의 상호이해 증진을 목적으로 다양한 사회통합사업을 운영하고 있다. 대표적으로 인식개선을 위한 영상, 홍보 등을 들 수 있고, 접촉을 늘이기 위한 프로그램으로 멘토링 사업, 캠프·소모임·여행 등 다양한 집단의 소통 프로그램, 자원봉사 활동 등을 들 수 있다. 이러한 통합 프로그램은 남북한 주민의 접촉 경험을 통해 상호이해를 증진하는 효과가 있다. 그런데 남북한 주민의 인식과 태도에 있어서 준비되지 않은 통합 프로그램은 오히려 역효과를 가져올 수 있다. 탈북민의 심리적·집단적 특성을 강조하는 정책이나 프로그램이 오히려 북한과 탈북민에 대한 선입견과 편견으로 이어지면서 갈등을 강화하고 고착을 초래할 수 있다. 편견과 차별이 고착화되지 않도록 간섭하는 갈등 이해와 상호문화 이해가 병행돼야 한다. 문화 차이를 인정하면서도 서로 이해하고 다가갈 수 있도록 교육하는 프로그램과 콘텐츠가 개발돼야 한다. 교육 프로그램에서는 다양한 갈등의 사례를 제시하고, 문제의 원인에 대해 토론하고 다양한 소통방식과 태도를 훈련하며 대안적인 해결방안을 모색할 수 있어야 할 것이다.

둘째로, 평화교육의 갈등전환 관점이 남북한 주민 통합교육에 적극 활용되고 역량개발 교육에 반영돼야 할 것이다. 남북한 주민의 갈등분석은 개인 또는 집단 차원에서 미시적 접근이 이루어졌다. 이와 관련, 남북주민 간 접촉과 갈등의 지점에 개입하고 관계개선을 유도할 수 있는 갈등전환 프로그램이 필요하다. 실제로 갈등 현장에서는 소수집단이자 사회적 약자 계층으로 탈북민이 경험하는 심리·사회적 위기 및 문제들에 개입할 상황이 발생하고 있다. 갈등의 근원 및 구조에 대한 이해와 함께 당장의 상황에 대한 이해와 관계개선이 필요하다. 한국사람들이 탈북민에 대한 편견과 포기로 이어지지 않도록, 반대로 탈북민이 한국사람에 대한 편견과 비난으로 이어지지 않도록, 그들의 경험을 함께 해석해 낼 수 있어야 한다. 이를 위해서는 다양한 갈등 요인에 대한 축적된 데이터가 있어야 한다. 탈북민 간 및 탈북민과 한국주민 간 다양한 상황에서 갈등전문가들이 갈등상황을 분석하고 효율적으로 개입하는 방법을 제시해 줄 교육 프로그램과 연구가 필요하다.

셋째로, 남북한 주민 통합교육은 심리정서적 화합의 문제를 고려해야 하며, 이를 위한 콘텐츠와 교육 프로그램이 개발되고 실시돼야 한다. 지금까지의 통일 논의는 이념과 정치체제의 문제 중심으로 이뤄졌고, 심리적인 화합의 문제는 부차적이거나 시간이 흐르면 저절로 해결되는 것으로 여겼다. 심리정서적 화합이 쉽지 않음은 한국사회의 환경을 통해서 유추할 수 있다. 고질갈등론에 기초한 평화교육에 따르면, 한국사회에 깊게 뿌리내린 적대적 감정과 정체성 및 문화와 구조 등을 변화시키고 과거의 상처를 치유하는 과정이 무엇보다 중요하다. 탈북민과 한국주민 간 상호 인식 및 심리정서적 이해와 치유과정이 병행돼야 한다. 적대감, 비난, 증오 등을 치유하고 인정, 관용, 공감, 환대 등 심리적 화합의 소통능력을 함양해야 한다. 통합교육은 구조적 접근과 함께 남북한 주민의 트라우마를 다루고 갈등을 전환할 수 있는 역량교육으로 가능하다.

넷째로, 한반도 평화교육의 핵심주제로 남북한 주민의 상호이해와 통합교육이 다뤄져야 할 것이다. 통일교육 현장은 정권의 대북정책, 통일정책, 남북관계의 기조에 크게 좌우되지 않는 일관성 있는 통일교육을 요구한다. 남북분단으로 인한 갈등 극복 및 한국사회 내 다양한 갈등 해결을 위해 평화의식 함양 및 민주시민의식 고양 등을 포괄한 '통합' 교육의 필요성이 높아졌다. 이렇게 볼 때 남북한 주민의 상호이해와 통합교육은 통일교육의 핵심 내용으로 다뤄져야 한다. 정부 및 민·관 협력으로 남북이 소통하고 국민이 함께 하는 평화교육, 국민이 체감하는 통일교육을 위해 남북한 주민 상호 간 이해교육에 기반한 통합교육 추진체계를 확립해야 할 것이다. 이를 위해 탈북민의 사회적 인식개선을 위한 실태조사, 남북한 주민 상호이해교육, 전문강사 양성과 교육 프로그램의 개발과 보급이 이뤄져야 할 것이다. 남북한 주민의 갈등과 어려움을 최소화하기 위해 인식 변화와 환경을 조성하는 것은 이 자체가 한반도의 통일역량을 갖추는 것이 될 것이다.

정착, 통합, 한반도 통일

이 장에서는 한반도 통일과 민족통합에 있어서 탈북민의 역할과 가능성을 살펴본다. 한반도 통일과 민족통합의 관점에서 볼 때, 탈북민은 분단과 통일이라는 역사적·지리적 관점에서 다차원적 이해가 요구된다. 분단 상황에서 '북한주민', '탈북자', '북한이탈주민'의 속성을 지님과 동시에 통일한반도에서 '통일민족'의 속성을 지닌다. 이런 관점에 따라 대북·통일정책에 있어서 탈북민의 성격, 새로운 이산가족으로서 탈북민 정책의 필요성을 살펴본다. 또한, 한반도 민족공동체와 다문화주의·상호문화주의 논의, 탈북민의 민족유대감의 좌절과 회복 방안을 살펴본다. 2,500만 북한주민들의 '작은 거울'이라 할 수 있는 탈북민에 대한 정책은 이주민 정착지원의 차원을 넘어서 '통일시대에 대비한 통합작업'이라는 의미를 지닌다. 따라서 통일사회 만들기에 있어서 탈북민의 역할과 가능성을 한국사람들과 북한사람들의 가교, 갈등해소 중재자이자 내적 통합의 역할, 통일을 일깨우고 견인하는 사람들, 경계적 존재로서의 탈북민의 통일 상상력 등을 살펴보고자 한다.

I. 대북·통일정책과 탈북민

대북·통일정책에 있어서의 탈북민

탈북민의 존재는 한국정부의 대북한 정책과 불가분의 관계다. 탈북민과 관련한 대북정책은 한국정부의 탈북민 정착지원정책, 해외체류 탈북민 문제, 국제인권기구의 북한인권 침해 논의에 있어서 한국정부의 참여 등으로 이루어진다. 이 절에서는 대북 정책, 통일정책과 관련하여 탈북민에 대한 인식과 지원정책의 방향이 어떻게 연계되는지 살펴본다.

탈북민에 대한 인식이나 탈북민 지원정책에 대한 방향이 남북한의 관계변화에 따라 가변적일 수 있다. 탈북민에 대해 남북관계가 좋을 때는 긍정적 인식이 증가하지만 남북관계가 경색 국면일 때는 부정적 인식이 늘어난다. 탈북민 지원에 대한 정책이 정권의 정치적 필요성, 입국 규모에 대한 대응, 통일대비 차원 등 한국정부의 정책방향에 따라 좌우되

는 경향이 있었다. 탈북민의 존재감은 한국사회에서 정치·
사회적 환경에 의해 규정되고 영향을 받아 왔다. 1990년대
이전에 한국체제의 우월성을 선전하는 정치적 의미로서 월
남귀순용사는 국가유공자에 준하는 지원을 받을 수 있었다.
1990년대 이후에는 탈북민은 북한 경제난과 식량부족으로
입국 규모가 증가하면서 생활보호대상자 및 자립자활을 지
원해주는 사회적응정책의 대상자로 전환했다. 1997년 7월
북한이탈주민법이 제정되고, 1999년 7월 북한이탈주민정착
지원사무소가 개소되면서 현재의 정착지원체계가 마련됐다.

탈북민 정책과 관련, 지속적으로 제기되는 문제는 탈북민
주무부처와 정착지원체계에 대한 논의이다. 현재 탈북민은
통일에 대비한 특별 보호대상으로 인식되고 있으나, 이젠 일
반국민으로서 사회안전망 보호대상자로 전환되는 것이 필
요하다는 의견이다. 통일부는 대북 및 통일정책에 전념하고
탈북민 정착지원 업무는 행정안전부로 이관하자는 논의다.
행정안전부는 탈북민의 지역정착을 총괄할 수 있는 지역시
스템을 갖추고 있고, 통일부는 남북관계와 대북정책을 총괄
하는 부처로서 탈북민 업무가 대북 협상 때 걸림돌이 될 개
연성이 있다. 한편으로는 탈북민 특성을 고려할 때 통일부
에서 행정안전부로의 부처 이관은 신중을 기할 필요가 있음
도 지속적으로 제기되고 있다. 탈북민은 '통일의 전위세력으
로서의 의식', '탈북사실에 대한 높은 자긍심', '강한 자아의

식', '정부의 보호와 지원에 대한 높은 기대감', '규범과 질서에 대한 이해 부족', '자아정체성에 대한 혼란', '자신감 상실 우려' 등의 특수성을 지니고 있다.[1] 이들은 북한체제를 탈출해 한국에 입국함으로써 통일에 기여하고 있다는 의식을 강하게 갖고 있다. 아울러 한국사회의 다른 이주민 및 사회복지 대상과는 다르다는 의식도 가지고 있다. 이러한 점은 정착지원업무가 통일부가 아닌 다른 부처로 이관될 경우에 탈북민에게 적지 않은 상실감을 줄 수 있다는 견해도 지속적으로 제기되어 왔다.

1993년 2월 출범한 김영삼 정부는 탈북민과 관련해 전원수용, 유인억제, 민주시민으로 양성, 자활능력 배양 등 4대 기본원칙을 정립했다. 포용하되 유인하지 않는다는 원칙은 대북정책의 기조가 북한의 변화를 유도함으로써 남북관계를 개선하는 데 있다. 북한이탈을 조장하는 것은 남북관계를 개선하는 데 악영향을 미칠 수 있으며 한반도의 평화와 안정, 나아가 통일에도 바람직하지 않다는 판단 때문이었다.[2] 이와 같은 원칙과 입장은 현재까지 계속되고 있다.

해외체류 탈북민에 대한 보호지원 문제는 국내외적으로 처리하기 어려운 과제임에도 불구하고 체류국과의 외교적 협상과 상호이해를 통해 해결해가고 있으며, 유엔난민기구와 국제적십자위원회와도 긴밀하게 협조하고 있다. 한국정부는 유엔총회와 유엔인권이사회의 북한인권 결의에 참여하고 있으며, 국내에서 탈북민 조사에 협조함으로써 북한 내 뿐만 아니라 강제송환된 탈북민의 인권개선에 기여하고 있다. 2016년 3월 제정되어 시행 중인 북한인권법은 북한주민의 인권보호 및 증진을 목적으로 삼는다. 북한인권 침해에 대한 실태조사를 탈북민을 대상으로 진행하고 있고 그 결과를 기록으로 남기고 있다. 한국정부는 북한에서 발생하는 인권침해를 포함해 강제송환된 탈북자의 인권이 침해되지 않도록 북한과 협의하고 국제사회와 공조해야 할 것이다.

한국정부 차원에서는 탈북민과 관련해 4대 기본원칙을 유지하면서 제3국 체류 탈북자의 북한으로의 강제송환을 차단하고 국내 입국을 확대해가야 할 것이다. 한국정부는 강제송환 탈북자에 대해서는 인권보호 차원의 대북 정책을 실시하고 있다. 중국에 체류하는 북한주민 중 탈북과정에 있거나 중국내 불법으로 거주하는 자에 대해서는 한국정부가 국내 입국에 도움을 주거나 중국생활이 보다 안정적으로 유지될 수 있도록 지원해야 할 것이다. 중국 등 제3국에서 북한으로 강제송환되는 탈북자들은 대부분 수감생활을 하게 된다. 최근에 북한의 수감시설이 개선되고는 있으나, 여전히 수감자에 대한 가혹행위 및 강제노동이 발생하고 있다. 한국정부는 북한주민에 대한 인권보호 차원에서도 해외 탈북자 및 강제송환자의 인권보호를 위해 적극적인 노력을 기울여야 할 것이다.

새로운 이산가족으로서 탈북민

1990년대 이후 북한주민의 대규모 탈북과 한국 입국이 이루어지면서 남과 북에는 새로운 탈북민의 이산가족이 생겨났다. 이제 새로운 이산가족으로서의 탈북민 정책이 정립돼야 할 시점이다. 다수의 탈북민이 북한에 부모, 자녀 등 직계가족을 두고 있다. 그들은 북한에 두고 온 가족에 대한 그리움과 미안함을 느끼면서 중국 핸드폰을 이용해 통화하거나 일정금액을 송금하고 있다. 탈북민의 초국적 연결은 송금, 교신, 사회·문화 자본 등을 통해 이루어지고 있다. 2015년부터 유엔은 매해 6월 16일을 '국제가족 송금의 날'로 기념하고 있는데 국제평균 송금수수료는 7% 정도이다. 그런데 탈북자들의 재북가족 송금 수수료는 약 30% 안팎으로 세계에서 가장 높다. 탈북민들이 재북 가족에게 송금하는 것은 한반도 분단상황을 우회할 수 있는 초국적 연결망으로서, 남북한을 연결하는 틈새를 만들어 내는 새로운 정치적 의미를 가진다.[3]

이러한 연결망은 탈북민과 재북 가족을 연결하는 데 머물지 않고, 세계에서 가장 고립된 북한이 한국과 세계를 향해 열어놓은 중요한 창문이기도 하다. 북한 가족에게 보내는 송금액은 단순히 북한에 있는 가족의 생계를 돕는 것에서 그치는 것이 아니라 장마당을 비롯한 폐쇄적인 북한에 자본주의적 생활방식을 확산하는 데 일조할 수 있다. 게다가 탈북민의 대북 송금은 탈북자, 중국동포, 북한화교, 북한주민 등으로 연결되는 초국적 연결망이 국경이라는 경계를 넘어서는 접촉과 교류의 접경 역할을 하고 있다. 즉 탈북민이 구축하고 있는 초국적 연결망은 북한사회가 한국 및 세계와 접촉하고 교류하는 접경이자 중요한 자원이다.[4]

　분단체제하에서 냉전체제를 와해시키는 탈북민의 송금, 교신, 연쇄 이주 등은 불법적인 것으로 비판받을 수 있다. 그러나 인권이 중시되는 현대사회에서 보편적 인권차원에서 접근하는 자세도 필요하다. 이동의 자유와 가족 재결합은 부정할 수 없는 보편적 인권이지만, 분단체제의 냉전 정치에서는 오랫동안 무시돼 왔다. 한국전쟁으로 헤어진 남북한 이산가족이 얼마 남지 않은 상황에서 제2의 이산가족인 탈북민 이산가족이 갈수록 늘고 있다. 한국에만 3만 4,000여 명의 탈북민이 살고 있고, 북한과 중국에 남아있는 가족까지 합하면 적지 않는 숫자이다. 이동의 자유와 가족 재결합이라는 보편적 인권 차원에서 제2의 이산가족 탈북민 대책을 준비해야 할 것이다. 한국정부는 당사자들에 대한 인도적 측면을 고려해 이들의 자유로운 교류가 보장되도록 북한측과 조율해야 할 것이다.

　입국 후 한국사회에 적응하지 못하거나, 북한의 회유·협박에 의해 재입북한 탈북민이 지속적으로 발생하고 있다. 이러한 북한의 행위에 대해서는 인권적 차원에서 한국정부의 문제제기가 필요하다. 한편 탈북민이 공개적이고 공식적인 방식으로 재입북을 요구하는 사례까지 발생하고 있다. 한국에 입국한 탈북민이 다시 북한으로 돌려 보내달라고 하면서 주한 베트남대사관을 찾아가 망명신청을 했고, 대한적십자사에도 북한 귀환 문제를 협의해 달라고 요청한 사건이 있었다. 탈북민 김련희 씨이다.[5] 이 문제도 개인의 기본인권 측면에서 고려해 보아야 할 것이다. 세계인권선언 제13조는 "모든 사람은 자국 내에서 이동과 거주의 자유가 있고, 자국을 포함한 어떤 국가에서도 떠날 권리와 또한 자국으로 돌아올 권리를 가진다"고 규정하고 있다. 시민적 및 정치적 권리에 관한 국제규약 제12조 제2항도 동일한 규정을 두고 있다. 국제인권법적 근거와 인권중심의 사고로는 개인의 이주자유는 보장돼야 한다는 견해가 제기된다. 김련희씨 사안은 정책 실패나 안보차원이 아니라 현행 실정법과 조화를 이루면서 이를 해결하기 위한 새로운 입법 내지 정책 마련이 요구된다.[6] 국제인권 측면에서 장기적으로 한국정부는 귀향 희망자에 대한 대북 정책도 준비해야 할 것이다.

마지막으로 탈북민을 포함한 남북주민의 자유로운 왕래를 보장해야 할 것이다. 가족 재결합 차원에서 가족이 만날 수 있고 원하는 곳에서 살 수 있도록 해야 한다. 탈북의 배경과 성격도 변하고 있다. 냉전시기에 탈북민은 극소수였고 남북한 간 체제경쟁에서 정치적 난민의 성격이 강했다. 반면

1990년대 북한의 경제난이 극심해지자 굶주림을 피해 탈북하는 사람이 크게 늘었다. 2010년대부터는 더 살기 좋은 사회에서 살려는 이민형 탈북민이 늘어나는 추세다. 한국에서 기대한 삶을 누리지 못하고 다른 나라로 탈남을 선택하는 사례가 적지 않게 발생하였다. 남북한 주민은 자유로운 왕래가 보장돼야 하고 누구나 자신이 원하는 곳에서 살 수 있어야 한다. 이런 점에서 탈북민과 재북 가족의 자유로운 왕래와 자유의사에 따라 정착할 수 있는 대북 정책이 강구돼야 할 것이다. 남북한 당국이 이들의 신변안전과 왕래를 보장하는 합의서 등을 채택하도록 준비해 나갈 필요가 있다.

2. 한반도 통일과 민족통일

북한주민, 탈북자, 통일민족[7]

이 절에서는 탈북민은 분단과 통일이라는 역사적·지리적 관점에서 다차원적 이해가 요구되며, 분단민족에서 한국국민이 되기까지 '북한주민', '탈북자', '북한이탈주민'의 속성을 가지며 통일한국에서는 '통일민족'으로서의 속성을 가짐을 살펴보고자 한다. 이런 관점에서 볼 때 한반도 통일에 있어서 탈북민의 역할과 가능성을 가늠해 볼 수 있을 것이다.

　탈북민은 이주민, 난민, 대한민국 국민, 소수자, 통일의 가교, 통일미래 등 다양한 명칭으로 호명되고 있다. 탈북민을 이해하기 위해서는 분단과 통일이라는 역사적 맥락, 그리고 북한-제3국-한국으로의 이동과 정착이라는 지리적 맥락을 함께 고려해야 한다. 탈북민은 1차적으로 분단민족으로서의 역사적 조건에 규정받는 존재다. 이런 점에서 이들의 삶의 근거지였던 북한이라는 국가의 특성, 남북의 역사적 발전과정, 탈북과 이주의 특수성, 정착 실태 등에 대한 다차원적 이해가 필요하다. 분단민족에서 한국국민이 되기까지 '북한주민', '탈북자', '북한이탈주민'의 속성을 역사적 맥락과 지리적 이주 측면에서 동시에 바라봐야 한다.

  역사적으로 탈북민은 같은 민족이었지만 1945년에 분단됨에 따라 분단민족으로서 '북한주민'의 속성을 가지게 됐다. 분단으로 이질화된 '북한주민'의 속성으로는 주체사상의 내면화, 집단주의적 통제의 경험, 권력에 대한 의존성 증가, 시민적 권리의무 의식의 저하, 공산주의 계획경제의 경험, 노동인센티브 경험의 부재 등으로 나타났다. 경제난 이후에 북한주민들은 물질주의, 소유주의 및 배금주의 등에 기초한 개인주의적 가치를 중시하고 있다. 탈북 이후에 북한주민은 '탈북자'로서의 다양한 속성을 가질 수 있다. 북한의 경제위기나 정치 억압과 같은 사회구조적 요인에 의해 탈북했거나 보다 나은 삶을 위한 경제적 동기로 이탈한 탈북민은 이주의 대가로 보상심리에 의한 외형적 성과를 추구하는 의식이 형성될 수 있다. 또한, 탈북 이후 불법체류 과정에서 인신매매나 노동력 착취, 강제 본국 송환 등 심각한 인권유린의 위험 속에서 신체적 고통과 정신적 스트레스를 경험한 탈북민들은 외상후 스트레스 장애나 부적응의 요인을 가질 수 있다. 더 나아가 가족 및 주변인들이 겪을 수 있는 고통에 대한 죄의식을 형성할 수도 있다. 하지만 이러한 속성은 탈북민의 개인적 경험의 차이와 성향에 따라 달라질 수 있음도 감안해야 한다.

한국 입국 이후 '탈북민' 속성은 보다 다양한 형태로 나타난다. 우선 한국사회에 이주한 탈북민은 대한민국의 국민으로서 '같은 민족', '한민족'으로서 국가정체성, 공동체 소속감을 가지고자 한다. 그러나 '소수집단'을 형성한 탈북민은 한국사회의 국민정체성 인식의 장벽에 부딪쳐 의식적·무의식적 차별을 경험한다. 그 결과, 사회적 통합의 장벽 인식 및 다원주의적 관용성 저하 등의 속성을 가질 수 있다. 탈북민은 정착과정에서 한국국민에 비해 신체적·정신적·경제적·사회적 영역에서 역량의 차이를 보일 수 있다. 재북 및 탈북과정에서 배태된 속성으로 자유주의 경쟁사회에 적응하는 데 어려움을 겪을 수밖에 없다. 이와 함께 탈북민은 한국과 북한을 모두 경험한 입장에서 통일의 가교 역할을 요구받고 있다.

분단민족이면서 동시에 통일민족이 되는 탈북민의 중층

적 속성은 도표 7.1로 도식화된다.

한국에 거주하는 탈북민은 다음과 같은 세 가지의 다층적이면서도 복합적인 속성을 지님을 확인할 수 있다. 첫째, 역사적인 맥락에서, 탈북민은 적대적 분단국가인 '북한주민'으로서의 경험에 기인하는 이질성을 가지면서도 '한국민'으로서의 문화적 동질성을 공유하는 집단이다. 탈북민은 같은 언어, 문화, 역사를 공유하는 같은 민족으로서 문화적 동질성을 가진다. 그러나 분단체제가 장기화되면서 남북한은 체제, 이념, 경제생활과 문화생활 등에 이르기까지 이질

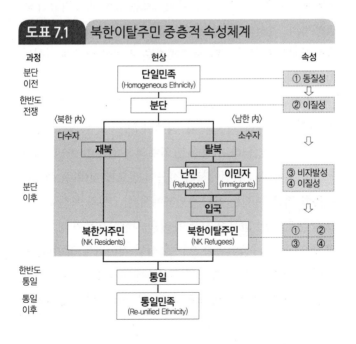

도표 7.1 북한이탈주민 중층적 속성체계

과정	현상	속성

분단 이전 — 단일민족 (Homogeneous Ethnicity) — ① 동질성

한반도 전쟁 — 분단 — ② 이질성

〈북한 內〉 / 〈남한 內〉

다수자 — 재북 / 소수자 — 탈북

난민 (Refugees) 이민자 (immigrants) — ③ 비자발성 ④ 이질성

입국

분단 이후 — 북한거주민 (NK Residents) — 북한이탈주민 (NK Refugees) — ① ② ③ ④

한반도 통일 — 통일

통일 이후 — 통일민족 (Re-unified Ethnicity)

화를 경험하고 있다. 둘째, 이주라는 공간적 측면에서, 탈북민은 북한의 폭압적 정치체제로부터 탈출한 이주의 '비자발적 속성'과, 한국에서 보다 나은 삶을 추구하고자 하는 이주의 '자발적 속성'이 병존하는 양면적 속성을 가진다. 이주의 자발적 속성을 강조할 때는 '이민자'로 분류되지만 이주의 비자발적 속성이 강조될 때는 '난민'으로 분류되는 특성을 가진다. 셋째, 한국사회에서 탈북민은 헌법에 명시된 대한민국 국민으로서 시민권이 부여되지만, 여전히 남북한 대치상황에서의 잠재적 위협, 또는 사회적 소수자 및 경제적 취약자로서 인지된다. 다른 한편으로는 통일 미래지향적 측면에서의 '먼저 온 통일'이나 '통일 역군'으로 불리는 등 한국사회에서 탈북민 집단 전체에 대한 속성이 새롭게 형성되기도 한다.

이러한 측면에서 탈북민과 이들의 정착 관련 논의는 기존의 정책 프레임인 '다문화'나 '경제이주민', 또는 '난민'의 일면적 범주로 접근하는 정책 편의주의적 접근이 아닌, 다층적이고 복합적인 관점에서의 접근이 필요할 것이다. 여기서 주목할 점은 현재는 분단체제하에서 한국민과 북한주민으로 구분되지만, 남북한 모두 통일을 지향함으로써 장기적으로 통일한국의 '통일민족'으로 포섭될 것이라는 점이다. 탈북민 또한 여러 가지 속성 중 '이주'에 초점을 맞추어 '난민' 또는 '이민자'로 분류되기도 하고, 이들에 대한 지원정책이나 인식에 중점을 두어 '한민족', '다문화', '소수자' 등으로 분류되기도 한다. 하지만 한반도의 지정학적 특수성과 역사적 지향점을 고려할 때 탈북민은 통일을 함께 이루는 '통일민족'이라는 점을 인식해야 한다. 실제로 탈북민은 자신들이 남북한 통일에 있어 '통일미래', '통일의 가교', '통일의 역군' 등의 표현에 어려움을 나타내면서도 자신들의 삶의 원동력으로 삼기도 한다. 한국사회에 정착하는 과정에서 먹고 사는 문제로 힘겨워하고 가족이나 주변 사람들과의 관계에서 어려움을 겪음에도 불구하고, 자신들은 해야 할 일이 있고 이 사회에서 의미있는 일이 있다고 느낄 때 살아갈 긍정적 에너지를 받는다. 탈북민은 통일한국의 통일민족으로서 그 역할과 가능성을 바라보며 나가야 할 것이다.

탈북민, 민족 유대감의 좌절과 회복

탈북민은 자신들을 '같은 민족'이라기보다 '다문화 이민'의 틀 속에서 다뤄지고 인식되는 것에 강한 거부감과 실망감을 표출한다. 탈북민이면서 기자인 강철환은 다문화의 틀 속에서 탈북민 문제가 다뤄지는 것을 강하게 비판한다.

"다문화와 탈북자 문제는 한데 묶어 풀 수 있는 문제가 아니다. 우선 오랜 역사 속에서 같은 역사와 문화를 형성하고 살아온 한민족을 다문화로 분류하는 것 자체가 논리에 맞지 않다. 전라도와 경상도 출신을 다문화 가정으로 분류할 수 없듯이 함경도, 평안도 출신도 다문화 대상이 될 수는 없다. … 탈북자를 다문화로 분류하는 것은 북한 주민의 정체성을 무시하고 또 다른 남북 갈등을 유발할 수 있다. 지금은 2만 5,000명의 탈북자를 억지로 다문화에 끼워 넣을 수 있을지 모르지만, 통일이 되면 2,300만 명의 북한 동포들까지 다문화에 넣을 수는 없다."[8]

한국사회에서 탈북민 가정과 다문화 가정을 동일한 지원 대상으로 보는 것이 자연스럽게 받아들여지고 있다. 다문화 가정과 취약 계층의 인식 개선 차원에서 이러한 모습이 언론을 통해 자주 비춰진다. 현실적으로 북한 음식이 다문화 음식축제에 포함되는 것을 자주 볼 수 있다. 다문화 청소년 지원에 중국 출생 및 북한 출생을 포함해 이들에 대한 학습이나 진학진로 지도가 이뤄지고 캠프 활동이 전개되기도 한다. 다문화 가정이든 탈북민 가정이든 모두 한국사회의 복지대상 취약계층이기 때문이다. 그러나 다문화 지원 속에 탈북민이 포함되는 것에 대해 탈북민 당사자들은 심한 거부 반응을 보인다. 대다수 탈북민은 북한체제를 반대해 목숨을 걸고 탈출한 자신들과 이민 절차를 거쳐 한국에 살게 된 이주민을 같은 범주로 묶는 것은 탈북민에 대한 '모독'이라고 여긴다.

탈북민은 한국사회에 정착하면서 여러 가지 어려움을 겪는다. 이러한 어려움 중에서도 한국사람들과의 관계 속에서 겪는 편견과 차별은 좌절로 이어질 수 있다. 이들이 느끼는 좌절감은 같은 민족으로 대우하지 않는 데서 오는 불만이다. 이들의 불만은 사회문화적으로 배제되는 소수자 차별의 맥락이 아니라 같은 민족임에도 무시당한다는 민족 차별의 맥락에서 이해되어야 한다. 그것은 외국인 이주노동자들이 경험하는 사회적 차별에 대한 불만과 같은 성격의 것이 아니라, 같은 민족으로 대우하지 않는 데서 오는 불만이다.

　탈북민은 북한에서 평생동안 민족적 소속감과 자긍심에 대한 교육을 받는다. '우리민족 제일주의', '사회주의 민족문화' 등의 구호와 학습을 통해서도 드러난다. 내용은 사회주의적인 것이지만 형식은 민족주의, 조국, 민족애 등을 강조해 왔다. 한국의 민족·민족주의와는 내용과 형태는 다르지만, 그 심리정서적 뿌리에 있어서는 민족적 소속감과 자긍심을 강화하도록 학습 받았다. 따라서 탈북민들은 북한체제를 버리고 한국에 오면서 '한국사람들이 자신들을 같은 민족으로 받아들이고 함께 통일을 간절히 바랄 것'이라고 생각했다. 그러나 한국사회의 현실은 같은 민족이라면서 차별하거나 적대적이고, 통일을 외치면서 통일에 무관심하다는 것이다. '같은 민족이 아니라 조선족 취급한다', '북한에서 왔다고 하면 당장 얼굴빛이 바뀐다', '한국은 통일이란 생각도 없다', '통일에 전혀 관심 없다' 등등 실망감을 표시한다.

같은 민족이라는 의식의 차이에 대해 탈북민들이 느끼는 생각은 다음과 같다. 탈북민은 동포애가 결여된 한국사람들의 이기적 삶을 목도하고, 같은 민족을 적대시하거나 차별하면서 통일에 대해 무관심한 한국사람들을 접할 때에는 섭섭함이나 배신감을 느낀다. 탈북민의 차별경험은 같은 민족을 차별하는 민족적 유대의 훼손, 즉 민족동질성 욕망의 좌절과 근본적으로 관련돼 있다. 탈북민은 입국 초기에 한국에 대한 환상, 그리고 민족공동체라는 상상에 근거한 가치와 정서를 바탕으로 한국사회 적응을 시도하지만 곧 깨져버리는 경험을 하게 된다.[9]

한국사람들은 같은 민족이라는 생각을 배제하고 자본의 논리와 한국 문화중심주의에 의해 탈북민을 평가하고 '게으르고 나태한 이등국민'으로 취급하기도 한다. 탈북민은 한국사람들의 "없이 살아 왔으면 좀 아껴 써야하는데 정부에서 지원 해주는 게 많다보니 부담 없이 막 쓴다", "내가 낸 세금으로 탈북민들 그냥 밥도 주고 집도 준다"라는 말에 좌절하고 분노한다. 탈북민은 한국사람들과의 관계에서 같은 민족이라는 환상이 깨질 때 심한 갈등을 겪으며, 이는 한국사람과 가치·정서적 유대로 이어지지 못하고 반대로 증오의 감정이 생성될 수 있음을 지적하고 있다.[10] 중국에서 체류하다 한국에 온 탈북민은 중국에서 인권유린이나 차별

을 받은 것에 대해서는 '같은 민족이 아니니까'하고 견딜 수
있었지만 한국에서 차별과 무시를 받는 경험은 '같은 민족
으로서 배신감을 느꼈다'고 말한다. 동일한 차별이더라도
같은 민족에게 당하는 차별이 더욱 섭섭하고 배신감으로 느
껴질 수 있기 때문이다. 이러한 탈북민의 차별경험은 같은
민족을 차별하는 민족적 유대가 훼손되는 경험이며, 민족동
질성의 욕망이 좌절되는 경험과 깊이 관련돼 있음을 이해할
수 있다.

민족공동체와 다문화주의·상호문화주의

지금까지 탈북민이 한국사회에서 같은 민족에 대해 어떻게
인식하고 어떤 경험을 했는지를 살펴보았다. 이와 관련 오
늘날 한국사회의 통일과 민족공동체에 대한 문제를 다문화
주의, 상호문화주의와 관련지어 살펴보고자 한다. 21세기
한국은 분단 한반도의 특수상황에서 통일과 통합의 과제뿐
만 아니라 이주민의 증가와 다양한 사회갈등 속에서 사회통
합의 과제를 해결해야 한다. 한국에는 결혼이주자와 외국인
노동자 등 이주한 사회구성원이 급격히 늘고 있다. 이와 관
련 통일교육에서 민족주의와 다문화주의의 관계설정 문제
가 관심의 대상이 되고 있다.

　통일교육의 방향 설정과 관련, 민족공동체 의식이 지속적
으로 강조되고 있다. 「통일교육지침서」 제2조에 따르면, 통

일교육은 "자유민주주의에 대한 신념과 민족공동체의식 및 건전한 안보관을 바탕으로 통일을 이룩하는 데 필요한 가치관과 태도를 기르도록 하기 위한 교육"으로 명시돼 있다. 한국정부의 통일교육은 '자유민주주의적 가치'와 '민족공동체 의식'을 함양하는 것이 관건이다. 그런데 민족공동체 의식과 관련해 탈북민은 한국사회 정착과 사회통합에 있어서 혼란을 겪는다. 정책적으로 어떤 경우에는 같은 민족으로서, 또 다른 경우에는 '다문화'로서 다뤄지는 경우가 있기 때문이다.

이러한 혼선을 막기 위해 통일부는 탈북민 정착지원 실무편람에서 탈북민은 '다문화가족'이 아님을 명시하고 있다. 탈북민은 「헌법」에 따라 민족공동체 일원이자 대한민국 국민이며, 「재한외국인 처우 기본법」에 따라 지원을 받는 결혼이민자와 귀환자 등 다문화가족과는 근본적으로 다르다. 탈북민이 상이한 문화와 체제하에서 생활했다는 점에서 다문화적 성격을 일부 가지고 있지만, 남북한 통합이라는 관점에서는 다문화가족과는 본질적으로 다름을 명시하고 있다.[11]

한국에 다문화 상황이 전개되고 다양한 사회갈등이 늘어나면서 다문화와 사회통합이 주요 아젠다로 부각되고 있다. 그런데 최근 국가 정책을 집행하는 데 있어서 통일정책과 다문화 정책이 충돌하고 있다. 구체적으로 다문화교육이 학교교육과정이나 통일교육에 적용되는 과정에서 불협

화음을 야기한다. 탈북민이나 재외동포 자녀 교육을 다문화 교육에 포함시키는 것은 바람직하지 않는 것으로 지적된다. 이들에게는 이주집단의 차이를 인정함에 따른 사회통합도 중요하지만, 분단극복과 통일을 위한 '민족정체성'의 확립도 중요한 교육적 가치이다.[12] 통일부에서는 남북한 통일과 주민 통합을 위해서 열린민족주의가 제시되고 있고, 이를 통한 민족정체성이 강조됐다. 이와 함께 일부 부처와 민간단체에서는 이주집단의 문화적 차이를 인정하고 주민 통합을 위해서 다문화주의에 입각한 지원과 활동이 이루어지고 있다.

한국사회에서 다문화주의는 학술적 논의와 정책적 운영이 혼재되고 변용돼 다르게 나타남으로써 문제의 복잡성을 수반한다. 학술적으로 다문화주의는 문화의 우열을 가리지 않고 차이에 대한 상호 인정과 배려를 하는 점에서 긍정적이다. 그러나 차이를 뛰어넘는 보편적 공통가치로서 다양한 구성집단을 하나로 묶어주지 못한다는 한계를 지닌다. 정책적으로 다문화는 모든 이주민에 대한 정책을 의미하지만 2000년대 결혼이민자와 외국인 노동자들이 증가하면서 특히 제3세계 이주 소수집단을 주 대상으로 삼는다. 따라서 일반국민의 인식 속에 다문화는 말레이시아인, 필리핀인 등 협의의 종족 의미가 강하고 한국보다 못사는 나라에서 이주해 온 사람들에 대한 행정과 지원이라는 다소 부정적이고 편향적인 생각이 깔려있다. 그런데 '같은 민족'이라는 민족주의 인식이 강한 탈북민은 자신들을 '다문화 이주'의 틀에서 피부색이 다르고 언어가 다른 민족인 '다문화' 집단에 포함시켜 행정적 지원이나 활동들이 이뤄지는 것에 깊은 우려를 표명한다. 이것이 민족주의와 다문화정책 및 탈북민 사회통합과 관련 다양한 논의가 이뤄지는 배경이다.

세계화와 인구이동이 활발해지면서 다문화주의와 상호문화주의가 이론화·정책화되는 추세이다. 다문화주의는 이주민과 소수자 커뮤니티를 평등한 사회구성원으로 '포용'하는 것을 목표로 하는 철학·정치·정책·운동을 아우르는 용어다. 다문화주의는 이질적인 소수자 집단을 기존의 사회에 '동화' 또는 '차별과 배제'를 강요하는 대신에, '다름과 평등함'을 인정해 주는 것을 강조한다. 캐나다 다문화주의 대가인 테일러(Charles Taylor)는 다문화주의를 문화적 다수집단이 소수집단을 동등한 가치를 가진 집단으로 인정하는 '인정의 정치'(the politics of recognition)로 정의했다. 다문화주의자 트로퍼(Harold Troper)는 다문화주의의 정의로 첫째로 인종·민족·문화적으로 이원화된 인구학적 현상, 둘째로 사회문화적 다양성을 긍정적으로 인식하고 가치있게 여기고 존중하려는 사회적 이념, 셋째로 사회문화적 다양성을 보호하고 인종, 민족, 국적에 따른 차별과 배제없이 모든 개인이 형평한 기회에 접할 수 있도록 보장하는 정부의 정책과 프로그램으로 제시했다.[13] 이러한 철학에 기반한 다문화 교육은 자신의 문화적 틀을 상대화하면서 타문화의 다양성을 이해하고 같이 살아가는 삶의 자세와 태도를 함양하는 교육으로서 주목을 받았다.

분단체제의 해체를 위해서는 민족주의보다는 다문화주의적 시각을 좀 더 적극적으로 적용할 필요가 있다는 주장이 지속적으로 제기됐다. 한국의 민족주의는 종족적 민족주의에 가깝다. 종족적 민족주의는 한반도의 해방과 분단 이후 냉전체제를 정당화하며 적대적인 쌍방의 정체를 부정하는 이데올로기로 변질됐다고 비판한다. 남북한의 분단정치는 한민족의 순수성과 통합을 주장하면서 상대 국가와 정권을 공격하는 종족적 민족주의를 자신의 정치적 정당성의 기제로 삼았다. 종족적 민족주의는 민족의 통합보다는 남북한 간 대립과 남남 갈등을 조장하는 역할을 했음이 제시되고 있다.

민족주의를 강조하는 것이 탈북민 정착에도 부정적인 영향을 미쳤다. 종족적 민족주의에서는 혈통주의에 기반해 국민들을 범주화 시키고 이주난민 집단이 주류사회에 의해 배제되는 결과를 가져올 수 있다. 따라서 적대적인 분단교육은 탈북민, 이주 한인, 외국인 등 다문화 소수자 집단의 사회적 시민권 확장을 모색하는 다문화 통일교육을 지향해야한다. 탈북자 집단과 이주외국인 집단이 한국사회의 동등한 구성원으로 포용될 수 있어야 하며 한국의 국가 정체성과 민족 혈통주의가 편견과 차별로 변질되는 것을 경계해야 한다. 소수자 집단과 주류사회가 함께 사는 다중사회를 지향하면서 차이와 편견을 극복하고 통합된 사회 정체성을 모색해야 한다.[14]

또한, 민족주의 담론과 분단의식에 기초한 탈북민의 타자화를 다문화적 시각에서 해체할 것을 주장하고 있다. 민족의 동질성을 강조하는 민족 담론이 분단 이데올로기와 폭력적으로 결합해 탈북민을 타자로 구분해 왔다. 이러한 현실을 다문화적 시각으로 해체하고, 민족담론에서 벗어나 민족 구성원들 간 차이와 다름에 주목하고, 탈북자에 내재화된 문화적·이념적·정치적 차이를 그 자체로 인정하는 관점이 필요하다. 분단 이데올로기에서 비롯된 남과 북의 차이는 단순하게 통합될 수 없음을 인정하고, 다름을 바탕으로 공존을 고민하려는 시도가 바로 한국적 맥락에서 다문화주의가 가장 주목해야 할 부분이다. 이것이 바로 다문화적 질문으로 분단체제를 흔들 수 있는 방안이고, 일상의 수준에서 탈북민과 공존할 수 있는 출발점임을 나타내고 있다.[15]

한편 한반도의 분단과 갈등상황에서 다문화주의의 한계를 지적하며 상호문화주의에 기초한 정책과 교육의 필요성이 제시됐다.[16] 세계화와 인구이동의 다문화 시대에 통일과 사회통합을 관통할 수 있는 개념으로서 상호문화주의를 제시했다. 단일민족주의와 다문화주의를 넘어서는 상호문화주의 사회통합정책을 거쳐 집단간 상호 이해·작용·관계의 활성화를 통해 공공의 국가정체성을 형성해 나갈 것을 제시했다. 상호문화주의는 다문화주의의 다양성을 인정하고 민족주의의 통일성을 수렴함으로써 '다양성 속에 통일성'을 창출하는 국가정책의 아젠다로서 그 가치가 높다. 한반도와 같이 분단을 극복하고 통일이라는 국가과제를 해결해야 하는 경우에 다문화주의는 차이를 인정하고 존중하는 데 초점을 두어 오히려 남북한 간 차이를 고착화 시킬 수 있다. 분단체제에서 남북갈등, 남남갈등, 다양한 사회갈등이 서로의 차이를 인정하는 데 집중함으로써 합리적으로 소통되거나 해소되지 않은 채 갈등을 증폭시키고 사회통합의 구심력을 어렵게 할 수 있다. 그런데 상호문화주의에 기초한 정책과 교육은 '다양성 속에 통일성'을 중시하므로 상이한 집단의 상호관계와 일상의 소통을 중시한다. 이는 서로 다른 남북한 사람들의 만남과 접촉을 통해 상호의존과 침투, 그리고 소통을 활성화 할 수 있다. 통합은 다양성이 인정되면서 민족주의의 보편적 통일성을 수렴하는 방향이 되어야 할 것이다.

민족주의와 다문화주의에 관한 논의는 한쪽 입장을 취하기도 하지만, 연구자의 특성에 따라 양자를 함께 고려하거나 어느 한 입장을 보다 강조하는 방식으로도 논의되고 있다. 한국사회는 일제 식민지 통치, 세계 열강에 의한 한반도 분단, 냉전체제하 미소 대리전 양상의 한국전쟁 등을 경험하면서 외부 패권 국가의 침탈에 저항해 민족주의를 강하게 지키려는 경향을 유지했다. 그러나 국가 간 경계가 허물어지고 지구촌이 개방화된 사회로 전환하면서 한국의 민족주의 담론도 개방적인 '열린 민족주의' 형태로 전개됐다. 이는 담론 수준이 아닌 구체적인 실천으로서 열린 민족주의, 사회 내부의 민주주의 확장이 논의되고 있다. 한국사회의 다양한 외국인 이민자와 소수자들에 대해 능동적인 인적 자원으로 포용할 수 있는 법적·제도적 절차를 마련하고자 한다. 단일민족 신화에 의거한 혈통적·종족적 민족주의가 아니라 정체성에 기반을 둔 시민적 민족주의로 전환해야 함을 제시하고 있다. 특히 민족주의를 비판적으로 성찰하면서 남북통일에 있어 민족주의의 중요성을 언급한다. 남북한이 분단된 상황에서 민족주의는 이념적 대립을 초월해 남북한 주민들을 하나로 통합할 수 있는 강한 흡입력을 갖기 때문에 쉽게 포기할 수 없는 정신적 자산이다. 따라서 민족주의의 부정적 측면을 해소하면서 '통일 민족주의', '열린 민족주의' 등 21세기에 적합한 형태의 새로운 민족주의를 실현하도록 노력해야 한다.[17]

다문화 시대의 통일교육에서 민족주의와 다문화주의는 양자택일의 가치가 아니라 '통일 민족주의'로 발전되어야 함을 제시하고 있다. 분단의 현실과 다문화 추세가 복합적으로 나타나는 한국사회에서 두 가치의 조화가 필요하다. 다문화 시대의 통일이념으로서 민족주의는 다양한 민족과 문화의 관점을 수용하는 '통일 민족주의'로 재구성돼야 한다. 통일 민족주의는 새로운 민족 구성원의 기본권과 정치권 존중, 자발적 시민공동체의 발전, 이질성과 다양성에 대한 관용과 조화, 포괄과 배제의 조화, 타민족과의 공존, 국제사회의 평화와 화해협력 등의 가치를 추구해야 한다. 즉 시민권적 민족주의, 민주주의적 민족주의, 국제주의적 민족주의의 세 영역에서 역할을 수행해야 한다. 다문화 시대의 통일교육의 방향으로는 한국인이면서 동시에 아시아인이자 세계인으로서 민족 정체성을 갖도록 교육할 것을 제시한다.[18]

한편 민족주의의 기조인 동화주의 정책에 근거해 한국 탈북민의 정착지원정책이 실시됐다. 향후 민족주의의 성찰을 바탕으로 정부의 적극적인 사회통합 정책이 실시돼야 함을 제시하고 있다. 서독은 동서독 분단의 이질화된 환경하에서도 같은 독일 핏줄이라는 동질성을 견지하면서 서독 위주의 동화주의적 입장에서 정책을 추진했고, 동독이탈주민의 이질성 심화에 대해서는 비교적 무관심했다. 독일정부의 소극성은 결국 동독이주민에 대한 수용사회의 관용과 포용보다는 오히려 차별, 편견, 선입견 등을 조장했다. 동독이탈주민의 통합의지를 촉발시키기보다는 수용사회의 차별 앞에 스스로의 정체성을 감추거나 동독인끼리 어울리는 식의 소극적 태도를 갖게 했다. 서독정부가 보다 적극적으로 사회통합을 주도하는 정책을 실시했어야 함을 강조하면서 탈북민 정책에 변화 필요성을 제시하고 있다.[19] 이러한 서독정부의 사례를 반면교사로 삼아 탈북민 사회통합 정책의 변화를 도모해야 한다. 지금까지 한국사회의 탈북민 정책은 서독사례처럼 같은 민족이기에 초기 생활기반만 마련되면 쉽게 동화될 것이라는 기대에 바탕을 둔 것이 아닌지 성찰해야 하며, 남북한 주민 간 선입견, 차별, 편견 등이 고착화되지 않도록 적극적인 변화를 모색해야 한다.

남북한 주민통합은 혈통주의, 동화주의에 기초한 일방의 변화와 적응에 초점을 두었다면, 이제는 쌍방의 변화와 공생에 초점을 두어야 한다. 적응과 동화에서 통합으로 정책의 방향을 전환해야 한다. 적응이란 이주민이 새로운 주변환경에 물리적·사회적으로 적응하는 것이다. 통합이란 탈북민들이 대한민국이라는 새로운 체제와 공동체 구성원으로서 원활히 적응하고, 타 사회의 구성원들과 공통의 가치를 공유하며 상호 신뢰와 협력을 이룬 상태이다. 국제 연구에서는 이주민의 정착과 관련해 '통합'이라는 표현을 사용하며, 유엔난민기구에서도 이주민 혹은 난민의 정착은 이주민의 정착지에 대한 동화가 아닌 선주민과 이주민 쌍방향에서의 과정 (two-way process)이라는 점을 강조한다. 통합은 일방적 적응과 동화가 아니라 다양한 문화권의 사람들 및 선주민과 이주민 간 상호적응과 변화여야 함이 강조되고 있다.[20]

그러나 현실에서는 남북한 주민 간 상호적응과 변화의 쌍방향적 소통이라기보다 탈북민이 북한 출신이라는 정체성을 드러내지 않고 한국사회에 일방적으로 적응하고 동화하는 방식이다. 한국사회의 구성원 각자가 적극적인 참여와 상호작용이 이루어질 때 '통합'이라 할 수 있다. 현재 사회통합과 관련, 민족주의와 다문화주의가 모두 비판적으로 논의되고 있다. 민족에 기초한 동화이론과 정책이 갈등과 분단을 고착화시킨다는 지적이 있다. 또한, 다문화주의 정책은 다양성 인정에 초점을 맞춰 남북의 차이를 고착화하고 사회통합의 구심력 부재에 대한 우려를 낳고 있다. 한반도는 분단을 극복하고 통일이라는 국가과제를 해결해야 한다. 동시에 한국사회의 남북갈등, 남남갈등, 다양한 사회갈등이 서로의 차이 인정과 소통을 통해 사회통합의 과제를 해결해야 한다. 이런 점에서 한반도 통일과 통합을 위해 민족주의와 다문화주의의 강점은 비판적 성찰을 통해 긍정적으로 활용돼야 할 것이다. 사회통합은 다양성이 인정되면서 민족주의의 보편적 통일성이 수렴되는 방향이어야 할 것이다.

3. 통일사회 만들기, 그 역할과 가능성

한국사람들과 북한사람들의 가교

탈북민에 대한 부정적 인식은 한국사회 정착에 방해 요인으로 작용하고 있다. 이는 한국주민과 탈북민, 더 나아가 한국주민과 북한주민 간 심리적·정서적 통합에도 심각한 장애요인으로 작용할 우려가 있다. 2,500만 북한주민들의 '작은 거울'이라 할 수 있는 탈북민에 대한 정책은 이주민 정착지원의 차원을 넘어서 통일시대에 대비한 통합작업이라는 의미를 지닌다. 탈북민이 한국사회에 안정적으로 정착하는 것은 북한주민들의 대남 인식 변화와 한국사회에 대한 긍정적 인식을 확산시키는 역할을 할 수 있다. 나아가 북한사람들에게 한국과의 통일에 대한 기대와 희망을 갖게 할 수 있다.

탈북민은 북한사람들에게 자신들의 한국생활에 대한 경험을 전달하는 자이다. 이들은 한반도 북쪽의 북한사람들에게 한국사람과 함께 살아볼 만하다는 기대와 호감을 전달하는 메신저 역할을 할 수 있다. 한국에 온 탈북민이 가장 걱정하고 염려하는 것은 북한에 남은 가족과 친척들의 신변 안전이다. 가족들이 안전한지, 먹고 사는 데 문제가 없는지 걱정을 하며 브로커를 통해 안부 전화를 하고 생활에 도움이 되도록 송금을 하기도 한다. 이 과정에서 북한에 남아있는 가족들에게 한국에 정착한 탈북민의 일상생활과 정보들이 북한으로 흘러 들어간다. 중국에 체류하고 있는 탈북민과 중국동포들에게도 한국의 일상생활과 정보들이 유입된다. 한국에 입국한 탈북민을 통해 주거, 정착금, 취업, 교육, 의료 등의 정착지원이 이뤄지는 소식이 전해진다. '한국에 가면 집을 준다', '정착금을 준다', '병원에 가서 치료를 받을 수 있다' 등의 정보들이다. 먹고 사는 문제가 삶과 죽음의 경계를 오가도록 하는 문제였던 북한주민들에게 한국에 가면 생계가 해결된다는 소식은 경제적 빈곤으로부터의 해방이라는 정보이기도 하다.

또한, '한국에서 대학교육을 받을 수 있다', '공부해서 간호사가 됐다', '직업훈련을 받았고 직장에 다니고 있다' 등등의 이야기는 자녀를 두었거나 진로를 고민하는 북한사람들에게 배움의 기회와 경제생활에 대한 기대를 갖게 한다. 북한에서는 출신성분으로 인해 대학에 갈 생각을 못했는데 한국에서 대학에 들어가 공부하게 된 경험을 전해 듣는다. 중년여성이 직업훈련을 거쳐 자격증을 취득한 후 간호조무사로 활동하고 뒤늦게 간호대학을 졸업한 후 간호사가 된 사실이 북한의 가족들에게 전해지고 있다.

또한, 탈북민은 북한에 남은 가족들이 안전에 위협을 받지 않고 먹고 사는 문제에 조금이나마 도움이 되도록 송금하는 경우가 적지 않다. 한국에서 보내준 돈이 북한 가족들의 삶에 도움을 주고 있다. 이렇게 한국에서 탈북민의 정착 과정이 북한의 친지들에게, 북한사람들에게 전해지고 있다. 이는 좋은 소식만 전해지는 것이 아니라 어려운 소식도 전해진다. 돈을 벌기 위해 치열하게 일해야 하는 현실도 전해진다. 정규 일자리를 얻지 못해 아르바이트만 전전하고 있거나 일하지 않고 국가에서 주는 기초생계비로 생활하고 있는 실상이 고스란히 전해진다. 따라서 한국 가족의 탈북 권유에 대해 "탈북과정도 위험하고 한국에서 새로 사람을 사귀고 직장을 새로 구하는게 쉽겠어" 라며 그냥 지금처럼 북한에서 살겠다는 경우도 있다. 그런 점에서 탈북민이 한국사회에 안정적으로 정착하는 것이 중요하다. 탈북민이 한국사회에 정착한 소식은 성공적인 내용뿐만 아니라 부적응과 어려움에 대한 소식도 그대로 북한사람들과 북한사회에 전달된다. 따라서 탈북민이 북한주민에게 한국에 대한 인식을 긍정적으로 변화시키는 역할을 수행할 수 있도록 이들의 한국사회 정착에 관심을 경주해야 할 것이다. 탈북민은 북한주민들에게 한국과 한국사람에 대한 기대와 호감을 전달해 통일 분위기를 조성하는 원동력의 역할을 담당하도록 여건을 조성해야 할 것이다.

또한, 탈북민은 한국사회의 여러 정보들을 북한사회 내에 유입시키는 창구이며 동시에 통일에 관한 정보들을 신속하게 북한주민에게 전달하는 메신저이다. 북한사람들은 한국에 대해 잘 모르고 있다. 북한 내부에 '한류'가 분다고 할 정도로 한국상품이 인기있고 영상물에 대한 관심이 급증하지만, 북한사람들은 실제로 한국을 그렇게 잘 알지는 못한다. 탈북민들의 대다수는 북한에서 살 때 '이남', '남조선'은 알아도 '대한민국', '한국'이란 용어는 인지하지 못했다고 한다. 탈북 후 중국에서 거주하면서 뒤늦게 대한민국이 남조선이었음을 인지했다고 한다. 이는 북한체제 유지를 위해 철저하게 외부정보를 차단했기 때문이다. 더욱이 북한사람들도 한국에 대한 이중성을 갖고 있다. 한국인들이 어린 시절에 일제 물건을 선호하면서도 반일 감정을 표출했던 상황과 비슷하다. 즉, 한국에 대한 우호적 감정을 가졌다가도 '남조선'을 때려 부수는 궐기대회에 앞장서기도 하는 양가적 감정을 표출한다.[21]

남북한의 통일과 통합은 앞으로도 지난한 과정을 예고한다. 동서독은 적대적인 체제경쟁을 했지만 동족상잔의 전쟁을 치르지 않았다. 남북한은 분단상태에서 6·25전쟁을 겪은 채, 80여 년의 세월을 보내면서 적대적 공존관계를 유지해 왔다. 남북한은 자신의 체제와 이념만이 정당하다고 주장하고 독자적인 정치경제체제를 유지해 했다. 각자의 체제와 안전을 지키기 위해 핵과 미사일 개발과 도발, 연합 군사훈련과 대응 등 군사안보적 대립관계를 지속하고 있다. 이러한 남북한 분단체제의 특성은 남북한 사람들의 사고와 감정체계까지 지배하고 있다. 각자의 정통성 창출에 상대방을 향한 적대적 감정을 활용해 왔기 때문에, 체제와 사회 구석 구석에 미움과 원한이 내재화돼 있다. 남북한의 통일은 남북한 주민들이 상호 교류하며 함께 살아가는 것이라면 서로의 적대적인 마음과 감정들을 누그러뜨리는 과정이 불가피하다. 남북한 주민들이 서로에게 긍정적인 인식과 생각을 갖게 하는 기회를 조성해야 한다.

이와 관련, 북한사람들의 '마음'을 만들어내고 그 '민심'을 한국 쪽으로 돌리는 노력이 필요하다. 통일과 통합이 진행되는 과정에서 북한사람들의 '민족자결권'(right of self-determination)을 중시하면서 한국사람들과 공감대를 형성하도록 사전에 준비해 나가야 한다. 한국을 거부하고 중국을 택하는 비극이 발생하지 않도록, 이제부터라도 북한사람들의 마음을 움직이는 의미있는 준비와 실천이 요구된다. 북한사람들의 마음을 읽고 그들이 한국사람을 좋아하고 선택할 수 있도록 꾸준히 노력해야 한다. 북한사람들이 한국인을 선택하고 통일을 이루겠다는 결심을 해주어야 통일은 비로소 이루어질 수 있다. 특히 이 과정에서 북한사회와 북한사람들의 인식과 마음의 변화에 있어서 탈북민의 역할이 적지 않음에 주목해야 할 것이다.[22]

통일이 가장 절실한 사람들

탈북민에게 있어 통일은 평생동안 기다리고 만들어야 하는 생존의 이유이기도 하다. 한반도 통일이 역사적으로 가치 있는 일이라면 그것은 통일을 가장 절실히 바라는 존재들을 통해 탄력을 받을 것이다. 가치있는 역사적 사건이 해도 되고 안 해도 그만이라는 정도의 마음가짐으로 이루어질 수 없다. 통일이 가장 절실한 존재는 바로 탈북민이다.[23] 탈북민은 남북한 통일운동을 견인할 수 있는 사람들이다. 한국사회에서 통일은 더 이상 모두의 소원이 아니다. 통일에 무관심한 사람들이 적지 않다. 한국사람들은 무한경쟁에서 살아남기 위해 치열하게 살아간다. 학생들과 청년들은 대학 입시와 각종 시험 준비로, 그리고 성인들은 가족부양을 위해 불철주야 노력해야 한다. 눈 앞에 닥친 생존경쟁의 삶 속에서 먼 미래의 일, 당장의 나의 삶과 직결되지 않는 통일문제에 관심을 둘 수 없다. 반면 탈북민에게 통일은 먼 미래의 일이 아니라 자신의 삶과 직결되는 오늘의 문제다. 탈북민은 생존을 위한 탈북, 자유를 찾아 목숨 걸고 선택했던 한국으로의 여정을 통해 한반도의 분단과 그 비극을 몸소 체험했다. 북한에 남겨진 가족과 친척들이 자신의 탈북으로 안전에 문제가 없는지 걱정과 염려를 안고 살아간다. 북한은 헤어진 친척들과 동료들을 다시 만날 수 있는 정든 고향이다. 통일이 하루 빨리 이루어져야 하는 그 당위성과 절박성을 느끼고 있는 산증인들이다.

탈북민의 존재 의미를 '고통의 나눔을 통해 통일을 일깨우는 자'로 제시하고 있다.

> "이들은 대다수가 과거의 상처와 현실의 어려움 속에서 힘겹게 살아가고 있지만, 죽지 않고 살아와 줬다는 사실 만으로도 고마운 존재이다. 왜냐하면 우리 민족의 아픔을 보듬을 기회를 주기 때문이다. 뒤늦게 탈북민의 고통에 공감하고 동참할 수 있는 기회를 주는 고마운 존재이다. 살아남은 이들과 그 아픔을 애써 무관심했던 이들과 아무 것도 못하고 지켜봐야 했던 이들의 마음에 남겨진 미안함과 부끄러움을 만회할 기회를 주기 때문이다."[24]

탈북민은 한국 현대사의 가장 비극적인 존재이면서 고통의 나눔을 통한 통일을 일깨우는 존재다. 탈북민의 존재 의미가 다양하게 제시되었지만 '고통'의 의미에 주목한 점이 돋보인다. 기존 탈북민에 대한 인식과 존재 의미는 '희생자'의 프레임에 초점이 맞춰졌다. 탈북민은 북한의 극심한 대량기근을 피해 고향과 친지를 떠나 중국 등 제3국에서 인신매매와 인권유린, 강제북송의 위협과 모진 고통을 겪었다. 이제까지 탈북민을 대하는 한국사회의 일반적인 시각은 이들이 북한의 식량난을 피해 탈북해 제3국을 떠돌다가 한국에 온 불쌍한 사람들이라는 데 집중됐다. 이러한 인식에 따라 탈북민은 북한의 열악한 인권실태를 고발하고 남북한 간

체제경쟁의 승리를 보증하는 살아있는 증인으로서 한국뿐만 아니라 미국과 서방세계에서 널리 활용되었다. 이들은 한국에 와서도 북한과 탈북과정에서 겪었던 신체적·정신적 상처로 힘들어 한다. 정착과정에서는 사회문화적 충격과 편견으로 고통받는 소수자이면서 사회경제적 약자로서 분류되고 있다. '희생자', '불쌍한 사람'이라는 인식은 이들에 대한 부정적 이미지가 증폭되고, 동등한 존재가 아닌 도와주어야 할 대상이 되는 것이다.

이러한 인식은 남북한 사람들 모두에게 도움이 되지 않는다. 한국사회에 들어온 탈북민은 그들의 숫자만큼 각기 다른 삶의 스토리텔링(storytelling)을 갖고 있다. 이들은 북한생활, 탈북과정, 중국체류과정, 한국생활 정착에 대한 이야기를 자신들의 삶의 경험과 생각으로 풀어내고 있다. 이들은 자신의 이야기를 통해 '통일'이라는 이슈를 한국사회와 전 세계에 알리는 역할을 하고 있다. 또한, 탈북민은 자신의 고난과 역경을 자신의 소명으로 연결 짓고자 한다. 자신과 같은 고난과 역경을 겪은 다른 탈북민과 자녀들, 그리고 북한주민들에게 도움이 되는 사람이 되고자 한다. "나는 못 먹고 못 살았지만 나의 자녀와 가족은 보다 나은 삶을 살 수 있도록 해줘야지", "나와 비슷한 상처와 아픔을 겪는 사람들에게 도움이 되는 일을 해야지", "통일이 되면 고향인 북한을 재건하는 사람, 북한주민들의 아픔을 치유하는 사람이 되자"고 날마다 주술처럼 되내인다.

혹자는 탈북민이 한국사회에 왔으면 정착이 가장 중요하지 통일의 역할을 부여하는 것은 과중한 부담을 지워주는 것이라고 한다. 물론 탈북민의 정착 현실에 초점을 맞추는 것도 의미 있지만, 이들의 고난과 고통의 의미는 과거와 현실과 미래가 연결될 때 더 힘을 발휘한다. "나의 고통과 시련에 의미가 있었구나", "나의 아픔을 반복하지 않도록 통일을 위해 나는 무언가를 할 수 있다"라는 자신의 삶에 대한 자존감과 통일미래에 대한 소명감이 탈북민의 삶을 지탱하는 힘이 될 수 있다. 탈북민은 통일을 간절히 소망하고 통일에 열광하는 사람들이다. 탈북민은 고난의 스토리텔링을 통해 '통일'이라는 거대담론을 한국사회와 전 세계에 전파하는 SNS시대의 적극적 전달자들이다. 고향을 떠나 중국과 제3국을 거쳐 한국으로 온 고난과 시련, 정착과 극복의 스토리텔링을 노래하는 탈북민들과 연대해 견고한 통일 팬덤을 이룰 수 있기를 기대한다.

통일 역량 기르기, 통일 상상력 확장하기

통일에 있어서 탈북민의 역할을 몇 가지로 요약해 볼 수 있다.

첫째로, 탈북민은 통일한국의 갈등해소 중재자로서 내적 통합의 역할을 담당할 수 있다. 통일은 지리적 통일과 제도적 통일로만 완성되지 않는다. 이를 넘어서 사람의 통일과 마음의 통일이 병행돼야 한다. 남북의 사람들이 함께 이 역할을 감당해야 하지만 그중에서도 특히 탈북민의 역할에 주목해야 한다. 탈북민은 한국사회 정착과정에서 언어와 문화생활, 직장생활과 경제생활, 다양한 일상생활의 공간에서 어려움을 겪고 있다. 이것을 '탈북민 자신이 적응 못해서'라는 개인적 수준으로만 인식하거나 폄하해서는 안 된다. 탈북민의 갈등은 개인의 갈등을 넘어 남북한 주민의 갈등이고, 북한의 사회문화적 자본과 한국의 사회문화적 자본간 충돌과 갈등일 수 있다. 이런 점에서 탈북민은 향후 북한주민과 남한주민의 접촉과 만남에서 갈등과 해결방안을 모색하고 준비하는 데 기여할 수 있을 것이다.

탈북민은 북한생활과 한국생활을 모두 경험하고 있다. 남북한의 체제적 특징을 이해하고 남북한 주민 간 격차를 조율해 연결시킬 수 있는 매개자로서 준비를 해야 할 것이다. 사회주의 관습에 익숙한 북한주민에 대해 몰이해와 편견을 갖지 않도록 한국주민을 대상으로 북한주민 이해교육이 필요하다. 한국사람들이 북한주민에 대한 선입견과 편협한 사고, 더나아가 적대적 감정에서 벗어날 수 있도록 이해시키고 긍정적 인식을 심어줄 수 있을 것이다. 탈북민은 정착과정에서 한국인들과의 이질성으로 인한 갈등을 체험한 먼저 온 통일이다. 때문에 남북한 주민들 간 유발될 수 있는 갈등을 예측하고 그에 대한 방안을 수립하는 데 중요한 역할을 감당할 수 있다.

둘째로, 탈북민은 내적 통합의 역할을 넘어서 통일 이후 북한지역의 재건이나 변화에 있어 중요한 동력이 될 수 있다. 남북한 경제체제를 동시에 경험하고, 한국 정착과정에서 전문가적 소양을 갖춘 탈북민이 적지 않다. 이들은 통일 후 북한지역에서 자신의 전문성을 발휘할 수 있기를 희망한다. 탈북민들은 통일 과정에서, 또는 통일 이후에 "법을 전공하고 있는데 통일법을 만드는 데 역할을 하고 싶다", "간호사로 복무하면서 북한사람들의 보건과 건강에 도움을 주고 싶다", "창업을 하고 있는데 북한 고향에서 지역개발에 기여하고 싶다" 등의 견해를 피력한다. 한국인들은 통일된 고향을 재건할 꿈을 안고 전문기술, 창업, 영농, 사회적 기업 등 통일 미래를 위한 다양한 진로를 준비하고 실천하고 있는 탈북민들과 함께 살고 있다.

셋째로, 탈북민이 지닌 고향으로서의 북한을 향한 애착심과 강한 민족적 유대감은 남북의 소통과 화해를 위한 매개일 수 있다. 최근 탈북민과 한국사람들과의 상호작용과 통합을 고민하는 연구자들 중에는 다문화사회에서 민족공동체에 대한 긍정적 의미와 가치를 일깨우고 있다. 한국사회는 다양한 사람들이 살아가는 다문화사회이다. 단일 민족의 신화가 깨졌고, 다민족 사회의 이양은 거스를 수 없는 대세다. 그렇지만 분단된 상황에서의 남북한 민족주의는 이념적 대립을 초월해 남북한 주민들을 하나로 통합할 수 있는 든든한 정신적 자산이다. "민족이란 가치가 근대에 생성된 상상된 공동체인 측면이 있지만, 분단된 한민족에게는 그 민족이란 가치가 현실의 공동체를 만드는 가장 든든한 정신적 토양이 되는 특수성이 존재" 하므로 탈북민들이 느끼는 심리정서적 민족의 개념까지 배제할 필요는 없다.[25] 민족은 혈통, 문화, 민족성과 같은 실체를 독점적으로 공유하는 배타적인 집단이라기보다 심리정서적인 유대감을 공유하려는 집단으로 바라볼 필요가 있다.

남북주민 간 갈등과정에서 탈북민이 민족공동체를 소환하고 있는데, 이것이 공존의 시작이 될 수 있다. "입국 초기 탈북민들이 지닌 한 민족이라는 상상된 공동체를 정치공동체로 강제할 필요는 없지만, 심리적·사회적·문화적 차원의 민족공동체로 유지할 필요는 있다." "탈북자가 지닌 강한 민족적 유대의 열망은 그들의 주체성 존중 차원에서도 인정되야 마땅하지만, 남북의 적대성을 극복하는 맥락에서도 중요한 의미를 지닌다."[26] 남북의 통합은 정치, 경제, 사회문화 등 다차원에서 이루어져야 하지만, 오랜 분단으로 심화된 이질성을 극복하는 것이 우선과제다. 남북한 주민의 접촉과 만남이 단절되면서 심리정서적인 통합은 더욱 어려워지고 있다. 이러한 상황에서 탈북민과 한국주민, 더 나아가 한국과 북한의 공존은 하나의 민족이라는 동일화의 환상을 보존하면서 그들의 다름과 차이를 인정하고 기다려주는 것이 필요하다. 아울러 통일될 한반도의 사회제도와 문화를 만들어가야 한다. 탈북 후 그들이 겪은 고난에도 불구하고 탈북자들은 남북의 체제와 문화를 비교 체험한 한반도의 유일한 존재이기 때문에, 남과 북의 상호 이해를 증진시키는 매개적 역할을 할 수 있다. '한국사람'이자 '북한사람'이라는 이중적 지위는 한국의 체제적 가치와 북한의 정서적·문화적 가치를 통합하거나, 또는 남북한의 화해를 위한 역할과 가능성이 이들에게 있음을 주목해야 할 것이다.

마지막으로, 탈북민의 경계적 존재는 남과 북을 통합하거나, 또는 남과 북을 뛰어넘을 수 있는 통일 상상력을 확장시킬 수 있다. 경계인으로서의 탈북민은 북한과 한국을 동시에 살아내면서 고통과 어려움을 겪지만 분단을 뛰어넘는 가능성, 남과 북의 통합의 가능성을 담보한 사람이다. 윤보영은 파크의 경계인이론(Marginal man theory)으로 탈북민이 겪는 어려움과 그 가능성을 제시하고 있다. 탈북민은 두 나라 사이에서 어느 사회에도 속하지 않는 소위 '경계인'의 특성을 가질 수 있다. 두 다른 공동체 사이에서 특히 적대적인 문화를 가진 사회에서 살도록 운명 지어진 사람이 경계인이다. 탈북민이 태어나서 자라고 생활한 공간은 북한이지만, 현재 한국 사회에 정착하는 과정에서 혼란을 겪는다는 점에서 경계인적 특성을 가진다. 남북한의 적대적 분단체제하에서 탈북민은 남과 북의 사이에서 정체성 고민을 겪을 수밖에 없다. "두 세계 속에서 동시에 살게 되는 운명을 타고난 사람은 그가 사는 사회에서 세계인과 이방인의 역할을 수행한다. … 문화충돌의 과정에서 희생을 경험하지만 결국 두 개의 소속집단보다 더 너머를 볼 수 있는 시각을 가지게 된다. 서로 다른 문화적 전통의 후손인 동시에 두 문화의 혼합인 것이다."[27]

탈북민은 경계인으로서 혼종 문화인, 두 문화를 넘어서는 시각을 가질 수 있다. 탈북민이 북한에서 배우고 습득한 경험들이 한국의 삶에서 생리적·심리적·사회문화적 측면에서 어려움을 경험토록 했지만 이것이 곧 자산이다. 탈북민은 불가피하게 자신의 다중적 경험을 통합해 견문이 더 넓은 사람, 지식이 더 높은 사람, 보다 객관적이고 합리적인 견해를 가진 사람으로 발전할 가능성이 있다. 예를 들자면, 난민이며, 소수자이며 비주류인 이들의 처지에서는 한국사회에서 익숙하게 살아온 사람들에게서는 결코 보이지 않는 한국사회의 모습들이 보일 수 있다. 한국사회가 다져온 장점도 발견하겠지만, 대부분은 구조적 모순에 대한 본능적 통찰을 하게 되는 경우도 있다.

탈북민은 북한과 남한을 함께 경험한 경계인으로서 분단의 이념적 스펙트럼을 넘어서고 깨뜨릴 수 있는 통합의 가능성을 포지한다. 경계넘기와 이주 과정에서 남과 북에 대한 경험뿐만 아니라 다양한 나라와 경험을 했다. 그렇기 때문에 이들은 이념적 적대국가인 북한이냐 혹은 한국이냐 라는 양자택일의 상식적인 틀을 벗어날 수 있다. 북한은 그들에게 고향이자 떠나올 수밖에 없었던 국가이다. 그들이 공산주의 국가라는 이념적 지향으로서의 북한으로 갇혀 있을 수도 있지만 그 체제를 벗어남으로 인해 벗어날 수도 있다. 분단을 넘어설 수 있고 깨뜨릴 수 있는 힘과 가능성이 이들에게 있다.[28]

또한, 탈북민은 경계인으로서 주체적으로 경계를 확장해 왔기 때문에 새로운 접촉과 소통의 가능성을 제시할 수 있다. 탈북후 제3국을 거쳐 한국으로 이동하는 과정에서 주체적으로 초국적 민족공간의 경계를 확장하고 수많은 경계를 넘은 경험을 갖고 있다. 이들은 북중 경계지역, 중국내 이동의 과정, 비공식적인 초국가적 연결망의 활용 경험을 가졌다. 이들이 접촉과 소통을 위해 새로운 공간을 구축할 수 있는 가능성과 다양한 통일의 상상력을 넓혀갈 수 있음을 이해해야 할 것이다. 이런 점에서 경계인적 특성을 지닌 탈북민의 시각을 통해 한국사회의 모순들을 발견하고, 그들의 입장과 의견을 정책에 반영할 수 있을 것이다. 이들의 시각을 통해 한국과 북한 사회 모두의 모순들을 발견하고 두 사회의 통섭과 융합을 이끌어낼 수 있는 통합의 상상력을 기대할 수 있을 것이다.

결론

이 책은 탈북민들의 탈북 동기와 과정, 한국에서의 정착과정, 남북한 주민의 통합의 과제를 다루고 있다. 결론을 각 장별로 정리하면 다음과 같다. 2장에서는 탈북의 의미와 동기에 대해 살펴보았다. 고난의 행군 시기에 극심한 기아 사태를 겪으면서 수많은 탈북자들이 중국으로 유입되었으며 이 중 일부는 여러 나라를 거쳐 한국으로 입국했다. 탈북의 동기로는 일차적으로 식량난이라는 경제적 위기에서 시작되어 북한체제에 대한 환멸과 불만이라는 정치적 요인으로 나타났다. 이러한 탈북의 정치적 요인은 북한체제와 사상에 대한 공개적인 저항이나 반대라기보다는 먹고 살기 위해 한 경제적 활동이 북한사회의 비법적인 행동으로 발각되거나 고발되면서 정치적 탈북 동기가 되었다. 북한사회에서 체제

외적 소외계층인 적대계층의 자녀이거나 노동자, 농민 계층으로서 개인의 미래를 고민하는 과정에서 탈북을 결심하게 되었음도 짚어 보았다.

이들의 탈북 동기는 북한 독재정권의 탄압이나 정치범으로 생명의 위협을 받는다는 점에서 난민적 속성을 지니고 있다. 동시에 식량을 구하거나 돈을 벌기 위해 중국에 체류하는 등 경제적 난민이라는 이주적 속성도 지닌다. 이런 점에서 북한을 이탈한 탈북자들은 난민이자 이주민으로서의 속성을 가지고 있고, 이러한 점을 고려할 때 다면적 이해가 가능하다. 최근에는 탈북자의 삶을 '탈북 행위'라는 좁은 시야를 넘어서 '초국적 이주' 과정으로 분석하는 시도가 이루어지고 있다. 이러한 관점에서 바라볼 때 이들이 초국적 경계 경험을 통해 한국으로 이주한 후 자신의 정체성을 능동적으로 재구성해가는 과정을 이해할 수 있게 된다. 탈북자의 탈북 동기를 구조적 또는 개인적 차원에서만 바라보는 것이 아니라 경계넘기, 초국적 이주 등 다양한 이주 관점에서 살펴봄으로써 탈북자에 대한 중층적이고 다면적인 이해와 해석이 가능해진다.

탈북자의 한국 입국이 증가하면서 탈북자 구성의 변화와 함께 탈북 및 한국 입국 동기의 변화가 나타나고 있다. 초창기의 탈북 동기는 정치형과 생계형이 주를 이루었다면, 최근에는 정치형, 생계형, 이주형 등으로 다양화되고 있다. 국

내 입국 탈북자의 인구학적 배경 및 탈북 동기의 다변화는 이들에 대한 정부 지원정책의 성격 규정의 변화를 야기하고 있다. 정부의 지원정책은 난민, 정치적 박해자 등과 같이 정치적 사유로 인한 탈북 상황을 전제로 정착지원의 수준과 범위를 결정한 측면이 강하다. 최근 탈북 동기는 자녀에게 더 나은 교육기회를 제공하기 위해서, 돈을 벌기 위해서 등 경제적 이주자의 성격이 부각되고 있다. 앞으로는 경제적 이주와 자기실현의 내적 동기의 측면을 더욱 강화하는 차원에서 정착지원정책이 보완될 필요가 있음을 시사한다.

3장에서는 북한을 이탈하여 해외 유입과 유랑을 거쳐 한국 입국까지의 탈북 과정을 고찰하였다. 일반적으로 알려진 탈북 유형으로는 중국 및 제3국을 통한 탈북, 해외 거주 시 탈북, 휴전선이나 해상 경로를 통한 탈북이다. 탈북 유형에서 특히 중국을 경유한 탈북과정은 국제사회의 인권문제로 제기되고 있다. 탈북 후 탈북자는 여러 나라를 경유하는 과정에서 곧바로 난민의 지위를 인정받기 어려운 상황이다. 탈북자를 둘러싼 북한 및 주변 국가들의 입장과 처리방식은 다양하다. 북한은 당연히 자국 공민이라고 주장하고 있다. 우리나라와 UN을 비롯한 국제사회에서는 탈북자를 난민으로 인정해야 한다고 본다. 반면 북한과 국경을 접하고 있는 중국은 탈북자를 난민으로 인정하지 않고 경제적 사유로 국경을 넘은 불법월경자로 규정하고 있다. 중국을 제외한 주변 국가들은 탈북자를 난민으로 인정하고 있지만 그 보호와 대응은 최소한의 수준으로 이루어진다. 탈북자가 일부 체류하는 러시아, 또는 경유지로 이용되는 몽골, 라오스, 미얀마, 베트남 등은 북한과의 외교관계를 고려해 탈북자를 적극적으로 난민으로 인정하고 보호하기 보다는 이들의 한국행을 묵인하는 수준으로 소극적으로 대응하고 있다.

탈북자의 인권보호를 위해서는 법적·당위적 차원의 접근과 함께 국제인권 측면의 체류국 정부 입장에서 탈북자 인권을 접근토록 강조할 필요가 있다. 탈북자가 가장 많이 체류하고 있는 중국에 대해 국제법을 준수하도록 촉구하는 외교적 노력을 지속해야 할 것이다. 국제사회의 일원으로서 중국이 탈북자에 대한 일괄 강제송환 정책을 하루 빨리 포기하도록 해야 한다. 무엇보다 탈북자 인권의 근본적 해결방안은 북한인권의 개선에 있다. 북한인권 문제에 대한 국제적 여론을 조성해야 한다. 북한주민과 탈북자의 인권문제를 국제적으로 지속적으로 공론화하고 국제여론을 형성함으로써 북한이 가입하고 있는 국제인권조약과 관련규범을 준수토록 유도해야 할 것이다. 이와 함께 북한인권의 당사자인 북한주민, 탈북자의 인권에 주목해야 한다. 탈출과정에서 경험하는 외상적 경험은 그 당시의 일시적 현상으로 그치는 것이 아니라 이후의 삶에 지속적으로 영향을 미치는 인간 존엄성 문제이다. 이들의 실질적 인권 향상을 이끌어

낼 수 있는 국제적이고 국내적인 전략이 필요하다.

4장에서는 탈북민이 한국사회에 정착하는 과정을 정부의 정착지원제도와 탈북민의 자립이라는 관점에서 고찰하였다. 하나원의 사회적응교육을 포함해 통일부가 중심이 된 정착지원체계의 기능과 역할을 분석하고 향후 발전과제를 제시했다. 첫째, 통일부가 탈북민 정착의 실질적인 컨트롤타워로서의 역할을 수행할 수 있도록 기능과 역할을 강화하거나 조정해야 할 것이다. 탈북민 업무는 한국사회에서 보호 및 정착을 지원하는 것으로 주택, 교육, 건강, 취업 등 모든 삶의 영역이 다뤄져야 하기 때문이다. 둘째, 통일부와 하나원, 그리고 남북하나재단과 하나센터로 연결되는 통일부 중심의 정착지원 전달체계가 탈북민의 사후관리 기능을 강화하거나 지방자치단체에 사후관리 기능을 부여해 전국 단위의 체계적인 지원과 보호가 이루어질 수 있는 지원 시스템을 갖추어나가야 할 것이다. 셋째, 정부 주도의 정착지원정책과 체계는 탈북민의 특수성에 기초해서 시민사회로부터 이들을 분리시키고 주변화하는 경향이 있으므로, 지자체와 민간의 참여를 확대하고 지역주민과의 교류를 확대해 나가야 할 것이다. 우선적으로 지자체와 민간의 참여 확대 및 제도화가 필요하다. 탈북민이 거주하는 지자체가 정착지원정책에 의무적으로 참여하고 사회통합 측면에서 지역주민과의 교류를 확대해 나가야 한다.

정착지원의 목표는 탈북민의 자립자활이다. 한국사회에서 첫 출발을 하는 탈북민들은 정착 초기의 많은 어려움에도 불구하고 선배들의 정착 경험과 지원제도의 장점을 활용하여 안정적으로 정착해 가고 있다. 이들은 지원제도, 교육자본 등을 적극 활용하는 것을 볼 수 있다. 탈북민 자신들이 주어진 상황을 능동적으로 받아들이고 미래를 대처해 가는 이들의 주체적인 내적 역량, 임파워먼트에 주목할 필요가 있다. 탈북 과정에서의 고난과 역경의 삶을 새롭게 바라보고 이들의 강점과 장점을 재인식하고, 한국 정착과정에서 교육자본, 인적자본을 적극적으로 활용하는 이들의 내적 역량을 재조명하였다.

정착과 자립을 방해하는 장애요인도 공존하고 있다. 남북한의 상이한 경제제도와 직업구조에 따른 취업능력의 부족과 직장문화의 차이, 재북과 탈북과정에서 누적된 건강 문제, 정착 초기 높은 브로커 비용의 상환문제, 직장과 출산·육아를 병행하는 문제, 높은 기초생활보장 수급률 등 다양한 요인들이 지적되고 있다. 정부는 탈북민의 취업지원과 직업역량 강화를 위해 정부, 지자체, 중견 기업, 유관 기업 등과 취업 지원에 관해 협력하며 양질의 일자리를 발굴하고자 노력하고 있다. 여기서 주목할 점은 자립역량을 높이기 위해서는 경제적 역량이 필수적이지만 심리정서적 안정과 사회적 역량이 중요하다. 이들의 사회적 관계와 지지망을 확대해 나가고, 남북주민이 통합할 수 있는 환경을 조성해야 한다.

5장에서는 탈북민의 한국사회 정착과 적응의 어려움에 대해 살펴보았다. 북한체제 및 탈북과정에서의 생존 트라우마는 이후 삶에도 영향을 미칠뿐만 아니라 한국사회 정착과정 자체도 문화적응 스트레스로 인해 심리정서적 부적응을 야기하고 있다. 그런데 탈북민이 외상을 경험했을지라도 사회적 지지, 미래에 대한 희망, 치유적 환경 등 다양한 성장 요인들을 통해 한국생활에 긍정적으로 적응할 수 있음을 제시하였다. 트라우마를 극복하고 적응능력을 높이기 위해 개인과 집단 차원에서 필요한 과제는 다음과 같다. 첫째, 탈북민 개인이 트라우마를 극복하고 적응 능력을 기르기 위해서는 트라우마를 회복할 수 있는 기회를 제공해야 한다. 둘째, 정신건강에서 안전한 유대관계의 확립과 관련해 사회적 지지체계를 마련해야 할 것이다. 탈북민 외상후 개인성장에 사회적 지지, 특히 한국사람들과의 사회적 지지가 긍정적 영향을 주는 것으로 나타났다. 셋째, 탈북 트라우마 극복은 탈북민 개인의 힘과 노력뿐만 아니라 주변에서 심리정서적 지지체계를 연결하는 것이 중요하다. 넷째, 트라우마에 대한 일반국민들의 인식 변화가 필요하다. 탈북민 개개인의 트라우마 현상을 개인적인 결핍이나 병리적인 현상으로만 바라볼 것이 아니라 사회구조적 문제 안에서 이해하고 제도적 해결을 위해 노력해야 할 것이다.

가족의 해체와 재결합, 복합가정의 어려움, 자녀 세대 교육의 문제를 분석하였다. 탈북민에게 있어서 가족은 탈북과 이주, 재정착 과정에서 삶을 지탱해주는 원천이면서도 정착을 어렵게 하는 장애요인이기도 하다. 탈북민의 안정적인 정착을 위해서는 가족중심의 지원이 필요하고, 가족의 기능이 강화돼야 한다. 탈북민 정착은 자녀 세대의 정착과 교육을 준비해야 할 때다. 현재 탈북청소년의 배경에는 탈북민을 부모로 둔 북한 출생, 중국 등 제3국 출생, 한국 출생을 포괄한다. 학교 현장에는 중국출생이 북한출생보다 더 많아졌고 이로 인해 여러 가지 교육적 어려움을 겪고 있다.

탈북청소년 교육의 과제는 다음과 같다. 첫째, 탈북민 자녀의 교육기회에 부모의 가정배경이 최소한으로 영향을 주도록 해야 할 것이다. 북한과 중국에서의 성장환경, 탈북 및 한국입국 경험, 가족 해체와 재구성, 가족의 경제적 및 심리 정서적 환경, 가족구성 형태 등이 탈북학생의 학교 적응과 학업 성취에 영향을 미치기 때문이다. 둘째, 탈북학생들에 대한 정착지 일반학교에서의 통합교육을 강화하면서 다양한 수준의 대안적 학습형태와 지원체계에 대한 논의가 이뤄져야 할 것이다. 셋째, 탈북청소년의 정체성 관련, 북한 출생과 제3국 출생의 정체성 문제가 완전히 다르다는 점을 이해하고 이에 맞는 인식 및 진로진학 지도가 이뤄져야 할 것이다. 마지막으로, 자녀 세대를 포함한 가족의 통합적 정착 지원을 수립해야 할 것이다. 그동안 탈북민 1세대, 1.5세대 지원정책에 초점을 두었다면, 이제는 2세대, 3세대 지원을 포괄하는 가족통합 지원으로 확장적 준비를 할 때이다.

대다수 탈북민은 한국사회에 정착하여 뿌리를 내리고 있지만, 일부 탈북민은 부적응과 불만을 넘어 탈남이라는 새로운 이동을 시도하였다. 탈남 이유로는 한국사회 부적응, 경제적 어려움, 미래에 대한 불안감 등을 꼽을 수 있다. 최근에는 탈남 이유 중에 자녀를 위한 '유학형 탈남'을 꼽기도 한다. 분단체제에서 보다 자유로운 나라, 사회보장제도가 잘 구비된 나라, 영어를 배울 수 있는 나라로 이주할 수 있다는 기대감이 탈남 배경이라는 것이다. 이는 탈북과 탈남의 문제를 '초국적 자본을 활용한 더 나은 삶의 기회를 찾아서' 라는 관점에서 바라보는 것이다. 탈북민은 '초문화적 자본'을 활용하고 이를 기반으로 새로운 '초국가적 가족, 공간, 연계망'을 만들어 나가고 있는 사람이기도 하다.

6장에서는 남북한 주민의 접촉과정에서 보이는 갈등 현상을 분석하고 탈북민과 한국인의 사회통합 문제에 대해 살펴보았다. 사회통합을 강조하고 있음에도 불구하고 탈북민이 느끼는 편견과 차별, 한국인의 부정적 인식은 증가하고 있다. 이러한 사회구조적 배경에는 한반도 분단체제가 놓여 있다. 한반도의 분단구조는 지역적 분단, 이념적 분단, 체제상의 분단, 그리고 문화적 분단을 이루고 있다. 분단체제는 남북을 갈라놓는 물리적 분단 외에도 심리정서적 분단, '마음의 분단'을 야기했다. 한국사회에 부과된 반공주의 트라우마에 의한 심리적 편견과 정체성의 혼란을 겪는 직접적 피해자는 바로 탈북민이다. 한국사람들은 분단체제의 영향으로 북한에 대한 적대적 이미지를 탈북자에게 투사해 북한사람과 동일시하여 차별하는 경향이 있다. 이러한 분단의식이 빚어낸 탈북민에 대한 부정적인 집단적 정서가 한국사회 적응을 어렵게 한다.

탈북민의 국내 입국 숫자가 증가하면서 남북주민 간의 접촉도 늘고 있다. 학교, 직장, 마을 등으로 접촉의 공간이 확대되고 있다. 남북주민 간의 만남과 접촉에서 서로를 인식하고 이해하는 내용이 달라 오해와 갈등이 생기고 있다. 의사소통 방식의 차이에서 오는 갈등유형은 외래어, 신조어 등 남북한 간 언어차이로 인한 오해다. 아울러 직설적·간접적 표현 등 의사소통과 언어예절 차이에서 오는 오해와 부적응에 의한 갈등이다. 문화와 생활방식의 갈등유형은 기본예절, 공동생활, 의식주, 문화활동 등 사회생활 전반에 걸친 남북주민의 생활양식 차이로 인한 것이다. 편견과 위축감에서 오는 갈등유형은 분단체제하에서 북한체제와 탈북민에 대한 부정적 인식에 의한 갈등이다. 마지막으로 남북한의 상이한 법체계와 경제시스템에 대한 몰이해로 인한 오해와 갈등이다. 이러한 남북한 주민 간 자주 발생하는 갈등 사례와 그 원인을 파악함으로써 상대방의 입장을 이해할 수 있고, 함께 소통할 수 있는 가능성이 열린다.

한편 한국사람들이 탈북민을 어떻게 인식하고 관계를 맺어갈 수 있을지도 짚어 보았다. 우선, 탈북민을 한국사회의 문화에 일방적으로 적응해야 하는 대상이 아니라 한국사람들과 상호작용의 관점에서 바라봐야 하고, 탈북민이 만들어가는 사회정치적 정체성, 즉 인정투쟁의 관점을 이해할 수 있어야 할 것이다. 또한, 한국사람들의 미래에 대한 불안과 생존에 대한 부담 등이 탈북민을 나와 동등한 개별적 주체로 인식하기보다 나와 다른 타자로 인식하는 경향을 보인다. 이는 탈북민을 온전히 공감하고 환대하지 못하며, 동정과 관용의 대상으로 바라보게 하는 것이다. 그런데 동정과 관용의 태도는 탈북민과 물리적 공존은 가능하지만 공감과 마음의 연대를 가질 수는 없다. 사람들과 마음의 연대를 위해서는 소수자를 동등한 인격체로 마주하며 '공감'할 때 진정한 환대가 가능하다.

또한, 남북한 주민통합은 한국사회의 교환에 기초한 사회적 관계를 호혜적 관계로 전환하는 윤리적 성찰과 실천으로 가능하다. 현행 정착지원제도는 탈북민이 한국사회로 전향한 대가로 정착금이라는 경제적 지원이 보장되고, 노력한 사람에게 노동의 대가로 경제적 인센티브가 보장되는 방식, 즉 교환과 계약 관계로 구축돼 있다. 탈북민이 한국사회에서 동등한 시민으로 인정받고 자리를 인정해주는 '인정의 정치'가 필요하다. 또한, 남북한 사람들간 만남에서 자신에 대한 성찰, 상호 이해, 상호 존중, 공감 등 상호의존과 상호환대의 관계경험을 가질 수 있는 여건이 조성돼야 한다. 이를 위해 남북한 사람들에게 상호 간 편견과 차별, 오해와 갈등을 감소시키는 소통 과정이나 상호작용을 위한 통합교육이 이뤄져야 될 것이다.

7장에서는 한반도 통일과 민족통합에 있어서 탈북민의 역할과 가능성을 고찰하였다. 대북·통일정책에 있어서 새로운 이산가족으로서 탈북민 정책이 필요하다. 1990년대 이후 북한주민의 대규모 탈북과 한국 입국이 이루어지면서 남과 북에는 새로운 탈북민의 이산가족이 생겨났다. 다수의 탈북민이 북한에 부모, 자녀 등 직계가족을 두고 있다. 그들은 북한에 두고 온 가족에 대한 그리움과 미안함을 느끼며 통화하거나 일정 금액을 송금하고 있다. 이러한 연결망은 탈북민과 재북 가족을 연결하는데 머물지 않고, 세계에서 가장 고립된 북한이 한국과 세계를 향해 열어놓은 중요한 창문이기도 하다. 분단체제하에서 냉전체제를 와해시키는 탈북민의 송금, 교신, 연쇄 이주 등은 불법적인 것으로 비판받을 수 있다. 그러나 인권이 중시되는 현대사회에서 보편적 인권차원에서 접근하는 자세도 필요하다. 이동의 자유와 가족 재결합은 부정할 수 없는 보편적 인권이다. 가족 재결합이라는 인권적 차원에서 탈북민과 재북 가족의 자유로운 왕래와 자유의사에 따른 정착을 위한 대북 정책을 준비해야 할 것이다.

한반도 통일과 민족통합의 관점에서 볼 때, 탈북민은 분단과 통일이라는 역사적·지리적 관점에서 다차원적 이해가 요구된다. 분단 상황에서 '북한주민', '탈북자', '북한이탈주민'의 속성을 지님과 동시에 통일 한반도에서 '통일민족'의 속성을 지닌다. 탈북민은 통일한국의 통일민족으로서 그 역할과 가능성을 바라보아야 할 것이다. 한편, 탈북민은 한국 사회에서 민족 유대감의 좌절을 겪고 있는데 이를 우리사회의 민족주의, 민족공동체, 다문화주의와 상호문화주의에 대한 논의를 통해 살펴보았다. 탈북민은 입국 초기에 한국에 대한 환상, 그리고 민족공동체라는 상상에 근거한 가치와 정서를 바탕으로 한국사회 적응을 시도하지만 곧 깨져버리는 경험을 하게 된다. 이러한 탈북민의 차별경험은 같은 민족을 차별하는 민족적 유대가 훼손되는 경험이며, 민족동질성의 욕망이 좌절되는 경험과 깊이 관련돼 있다. 한반도 통일과 통합을 위해서는 민족주의와 다문화주의의 강점은 비판적 성찰을 통해 긍정적으로 활용돼야 할 것이다.

통일사회 만들기에 있어서 탈북민의 역할과 가능성을 분석하였다. 탈북민은 남북한 경제체제를 동시에 경험했고,

한국 정착과정에서 전문가적 소양을 갖춘 이들이 적지 않다. 이들은 내적 통합의 역할뿐만 아니라 통일 이후 북한지역의 재건이나 변화에 있어 중요한 동력의 역할을 할 수 있다. 그리고 탈북민이 지닌 고향으로서의 북한을 향한 애착심과 강한 민족적 유대감은 남북의 소통, 화해를 위한 매개가 될 수 있다. 탈북민은 한국 현대사에서 가장 비극적인 존재이면서 고통의 나눔으로 통일을 일깨우고 있다. 또한, 탈북민의 경계적 존재의 특성은 남과 북을 통합하거나, 남과 북을 뛰어넘을 수 있는 통일 상상력을 확장시킬 수 있다.

통일 한반도의 비전 속에서 탈북민의 존재는 남북분단의 증거이기도 하지만 동시에 분단을 뛰어넘어 남과 북의 거리를 좁힐 수 있는 새로운 자원일 수 있다. 탈북민은 통일을 간절히 소망하고 통일에 열광하는 사람들이다. 탈북민은 고난의 스토리텔링을 통해 '통일'이라는 거대담론을 한국사회와 전 세계에 전파하는 SNS시대의 적극적 전달자이기도 하다. 고향을 떠나 중국과 제3국을 거쳐 한국으로 온 고난과 시련, 정착과 극복의 스토리텔링을 노래하는 탈북민들과 연대해 견고한 통일 팬덤을 이룰 수 있기를 기대한다.

부록

1. 북한이탈주민 연도별 입국 현황(2022년12월 말 기준, 단위: 명)

연도 구분	~1998	1999 ~2001	2002	2003	2004	2005
남성	831	565	510	474	626	424
여성	116	478	632	811	1,272	960
합계	947	1,043	1,142	1,285	1,898	1,384
여성 비율	12%	46%	55%	63%	67%	69%

연도 구분	2006	2007	2008	2009	2010	2011
남성	515	573	608	662	591	795
여성	1,513	1,981	2,195	2,252	1,811	1,911
합계	2,028	2,554	2,803	2,914	2,402	2,706
여성 비율	75%	78%	78%	77%	75%	71%

연도 구분	2012	2013	2014	2015	2016	2017
남성	404	369	305	251	302	188
여성	1,098	1,145	1,092	1,024	1,116	939
합계	1,502	1,514	1,397	1,275	1,418	1,127
여성 비율	73%	76%	78%	80%	79%	83%

구분 \ 연도	2018	2019	2020	2021	2022	계
남성	168	202	72	40	35	9,510
여성	969	845	157	23	32	24,372
합계	1,137	1,047	229	63	67	33,882
여성 비율	85%	81%	69%	37%	48%	72%

※ 북한이탈주민 입국인원은 보호센터 입소 기준으로 집계

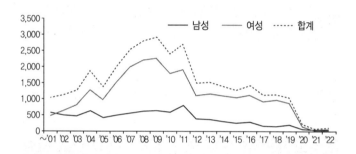

2. 북한이탈주민 연령별 현황 (2022년 12월 말 기준, 단위: 명)

구분	0~9세	10~19세	20~29세	30~39세	40~49세	50~69세	60세 이상	계
남	651	1,705	2,628	2,160	1,400	588	353	9,485
여	646	2,106	6,973	7,559	4,611	1,461	995	24,351
합계	1,297	3,811	9,601	9,719	6,011	2,049	1,348	33,836
비율	3.8%	11.3%	28.4%	28.7%	17.8%	6.0%	4.0%	100%

※ 최근 입국하여 보호시설에 있는 인원은 제외

3. 북한이탈주민 재북 직업별 현황 (2022년 12월 말 기준, 단위: 명)

구분	관리직	군인	노동자	무직 부양	봉사 분야	예술 체육	전문직	아동·학생 등	계
남	411	722	4,176	3,215	93	84	238	546	9,485
여	139	161	9,233	11,955	1,460	221	526	666	24,351
합계	550	883	13,399	15,170	1,553	305	764	1,212	33,836
비율	1.6%	2.6%	39.6%	44.8%	4.6%	0.9%	2.3%	3.6%	100%

※ 최근 입국하여 보호시설에 있는 인원은 제외

4. 북한이탈주민 재북 학력별 현황 (2022년 12월 말 기준, 단위: 명)

구분	취학 전 아동	유치원	소학교 (인민학교)	중학교 (초급, 고급)	전문대	대학 이상	무학 (북)	기타 (불상 등)	계
남	418	135	806	5,743	857	1,126	360	40	9,485
여	404	215	1,499	17,728	2,680	1,217	515	93	24,351
합계	822	350	2,305	23,471	3,537	2,343	875	133	33,836
비율	2.4%	1.0%	6.8%	69.4%	10.5%	6.9%	2.6%	0.4%	100%

※ 최근 입국하여 보호시설에 있는 인원은 제외. 해당 학력별 재학·중퇴자는 포함

5. 북한이탈주민 출신 지역별 현황(2022년 12월 말 기준, 단위: 명)

구분	강원	남포	양강	자강	평남	평북	평양	함남	함북	황남	황북	개성	기타 (불상 등)	계
남	224	75	1,558	78	460	379	482	777	4,853	270	185	46	98	9,485
여	377	89	4,455	165	655	507	345	2,106	14,999	203	285	33	132	24,351
합계	601	164	6,013	243	1,115	886	827	2,883	19,852	473	470	79	230	33,836
비율	1.8%	0.5%	17.8%	0.7%	3.3%	2.6%	2.4%	8.5%	58.7%	1.4%	1.4%	0.2%	0.7%	100%

※ 최근 입국하여 보호시설에 있는 인원은 제외

6. 탈북학생 재학 현황(2022년 4월 말 기준, 교육부, 단위: 명)

구분	정규학교						기타학교*		합계
	초등학교		중학교		고등학교				
	남	여	남	여	남	여	남	여	
재학현황 (2022년 4월)	274	248	329	330	374	351	80	75	2,061
	522		659		725		155		

* 특수학교, 각종학교, 공민학교, 고등공민학교, 고등기술학교, 방송통신중·고등학교, 학력인정 평생교육시설 등

7. 탈북학생 출생국가별 재학 현황(2022년 4월 말 기준, 교육부, 단위: 명, %)

구분	초등학교		중학교		고등학교		기타학교		계	
	학생수	비율	학생수	비율	학생수	비율	학생수	비율	학생수	비율
북한출생*	92	(17.6)	194	(29.4)	305	(42.1)	44	(28.4)	635	(30.8)
중국 등 제3국 출생**	430	(82.4)	465	(70.6)	420	(57.9)	111	(71.6)	1,426	(69.2)
계	522	(100)	659	(100)	725	(100)	155	(100)	2,061	(100)

* 군사분계선 이북지역(북한)에서 출생한 학생
** 부모 중 한 명 이상이 북한이탈주민으로 중국 등 제3국에서 출생한 학생

8. 탈북학생 연도별 출생국가별 재학 현황(2022년 4월 말 기준, 교육부, 단위: 명, %)

연도	구분	학생수				계
		초등학교	중학교	고등학교	기타학교*	
2011년 4월	북한 출생	435	275	363		1,073
	중국 등 제3국 출생	585(57.4%)	13(4.5%)	10(2.7%)		608(36.2%)
	계	1,020	288	373		1,681

연도	구분	학생수				
		초등학교	중학교	고등학교	기타학교*	계
2015년 4월	북한 출생	541	344	341		1,226
	중국 등 제3국 출생	683(55.8%)	480(58.3%)	86(20.1%)		1,249(50.5%)
	계	1,224	824	427		2,475
2016년 4월	북한 출생	450	359	391		1,200
	중국 등 제3국 출생	693(60.6%)	414(53.6%)	210(34.9%)		1,317(52.3%)
	계	1,143	773	601		2,517
2017년 4월	북한 출생	361	332	408		1,101
	중국 등 제3국 출생	666(64.8%)	394(54.2%)	377(48%)		1,437(56.6%)
	계	1,027	726	785		2,538
2018년 4월	북한 출생	262	315	353	78	1,008
	중국 등 제3국 출생	670(71.9%)	367(53.8%)	398(53%)	95(54.9%)	1,530(60.3%)
	계	932	682	751	173	2,538
2019년 4월	북한 출생	237	288	378	79	982
	중국 등 제3국 출생	640(73%)	450(61%)	374(49.9%)	85(51.8%)	1,549(61.2%)
	계	877	738	752	164	2,531

2020년 4월	북한 출생	193	268	364	82	907
	중국 등 제3국 출생	548(74%)	514(65.7%)	374(50.6%)	94(53.4%)	1,530(62.8%)
	계	741	782	738	176	2,437
2021년 4월	북한 출생	127	238	355	69	789
	중국 등 제3국 출생	527(80.6%)	502(67.8%)	384(52%)	85(55.2%)	1,498(65.5%)
	계	654	740	739	154	2,287
2022년 4월	북한 출생	92	194	305	44	635
	중국 등 제3국 출생	430(82.4%)	465(70.6%)	420(57.9%)	111(71.6%)	1,426(69.2%)
	계	522	659	725	155	2,061

9. 탈북청소년 특성화 학교 및 대안교육시설 현황

번호	시설(학교)명	소재지	비고
1	한겨레중고등학교	경기 안성	특성화 학교
2	드림학교	충남 천안	중고등학교 학력인가
3	여명학교	서울 강서	중고등학교 학력인가
4	하늘꿈중고등학교	경기 성남	중고등학교 학력인가
5	장대현중고등학교	부산 강서	중고등학교 학력인가
6	남북사랑학교	서울 구로	비인가
7	다음학교	서울 서초	비인가
8	반석학교	서울 서초	비인가
9	우리들학교	서울 관악	비인가
10	한꿈학교	경기 의정부	비인가
11	해솔직업사관학교	강원 춘천	직업교육, 비인가

10. 제5기 지역적응센터(하나센터) 지정현황
(2022~2024, 전국 25개소)

시·도	센터명	운영단체	지정 시기	관할 서비스지역
서울 (4)	동부	대한적십자사서울지사	'10.2.	성동, 광진, 동작, 관악, 서초, 강남, 송파, 강동
	서부	가양7종합사회복지관	'10.2.	강서, 은평, 마포, 서대문, 종로, 중구, 용산
	남부	한빛종합사회복지관	'10.2.	양천, 구로, 영등포, 금천
	북부	공릉종합사회복지관	'09.3.	강북, 노원, 성북, 동대문, 도봉, 중랑
부산	부산	부산YWCA 새터민지원센터	'19.1.	전 지역

시·도	센터명	운영단체	지정 시기	관할 서비스지역
대구	대구	(사)더나은세상을위한공감	'09.3.	대구, 경산
인천	인천	하이사회복지센터	'10.2.	전 지역
광주	광주	사회복지법인 가톨릭광주사회복지회	'22.1.	전 지역
대전	대전	생명사회복지관	'09.9.	전 지역(세종 포함)
울산	울산	KVO국제봉사기구	'10.5.	전지역
경기 (6)	동부	청솔종합사회복지관	'10.2.	성남, 하남, 구리, 용인, 광주, 이천, 여주, 양평
	서부	북한인권정보센터	'20.7.	부천, 광면, 시흥, 안양, 과천
	남부	평택YMCA	'10.7.	화성, 오산, 평택, 안성 * 화성지역사무소
	북부	(사)평화와함께	'19.1.	포천, 양주, 연천, 의정부, 남양주, 동두천, 가평
	서북부	(사)더불어함께새희망	'22.1.	고양, 파주, 김포
	중부	선부종합사회복지관	'18.4.	수원, 안산, 군포, 의왕
강원 (2)	남부	명륜종합사회복지관	'10.2.	원주, 횡성, 평창, 영월, 정선, 강릉, 동해, 삼척, 태백
	북부	남북하나재단	'22.1.	춘천, 홍천, 철원, 화천, 양구, 인제, 속초, 고성, 양양
충북	충북	충청북도사회복지협의회	'16.1.	전 지역 * 충주지역사무소
충남	충남	천안쌍용종합사회복지관	'10.2.	전 지역
전북	전북	전주YMCA	'22.1.	전 지역
전남	전남	광주구천주교유지재단	'13.1.	전 지역 * 여수지역사무소
경북	경북	(사)경북이주민센터	'10.2.	전 지역(경산 제외) * 포항지역사무소
경남	경남	남북하나재단	'22.1.	전 지역 * 양산지역사무소
제주	제주	남북하나재단	'17.1.	전 지역

주

제1부 ┃ 탈북의 동기와 과정

2장　　탈북의 의미와 동기

1) 한희원, "새로운 환경에 따른 북한인권법의 제정과 탈북자의 난민성에 대한 고찰," 『법학연구』 제50권 (2013), pp. 45-47.
2) 송영훈, "해외체류 탈북자와 북한인권 개념의 복합구조: 국민, 난민, 이주민," 『다문화사회연구』 제9권 2호 (2016), pp. 83-84.
3) 신효숙·김창환·왕영민, "북한주민, 탈북자, 북한이탈주민: 시공간적 경험공유집단 분석을 통한 북한이탈주민 속성 재해석," 『통일인문학』 제67집 (2016), p. 51, p. 71.
4) 윤보영, "경계인 이론을 통한 남한 정착 북한이탈주민 이해에 관한 연구," 『사회과학연구』 제22집 3호 (2015).
5) 이희영, "탈북-결혼이주-이주노동의 교차적 경험과 정체성 변위: 북한 여성의 생애사 분석을 중심으로," 『현대사회와 다문화』 제6집 (2012); 정병호, "냉전 정치와 북한 이주민의 침투성 초국가 전략," 『현대북한연구』 제17권 1호 (2014).
6) 김성경, "북한이탈주민의 월경과 북·중 경계지역: 감각되는 장소와 북한이탈여성의 젠더화된 장소 감각," 『한국사회학』 제47집 제1호 (2013), pp. 51-57.
7) 진미정·김상하, "북한이탈주민의 가족 이주 특성과 유형," 『한국가정관리학회 학술발표대회 자료집』 (2015).
8) "탈북민 출신 1호 변호사 이영현," 『법률신문』, 2022년 8월 15일.
9) 이희영 (2012), pp. 16-18 재인용.
10) 박종수, 『현대 북러관계의 이해』 (서울: 명인문화사, 2021), pp.

316–322.

11) 김영희·김병욱, "북한 경제난의 원인과 실태," 이대우(편),『탈북자와 함께 본 북한사회』(서울: 오름, 2012), pp. 95–125.

12) 통일교육원,『북한이해 2010.』(서울: 통일교육원, 2010), p. 135; 김용현, "탈북자 문제에 대한 북한의 입장과 대응,"『동향과 전망』10호 (2005).

13) 통일교육원 (2010), pp. 145–146.

14) 통일연구원,『2012 북한인권백서』(서울: 통일연구원, 2012).

15) 주성하,『북에서 온 이웃』(서울: 휴먼앤북스, 2022), pp. 80–81.

16) 신효숙, "북한 사회의 특성과 북한청소년의 일탈행동,"『아시아교정포럼』제3권 1호 (2009).

17) 신효숙, "북한이탈여성의 초국적 이주와 가치관 형성: 북한 학교교육 경험 및 중국-남한으로 이주와 경험을 중심으로,"『통일교육연구』제17권 2호 (2020), p. 43.

18) 주성하 (2022), pp. 180–193.

19) 이형종,『북한 사회주의심리학의 이해』(서울: 경남대 극동문제연구소, 2022).

20) 신효숙·김창환·왕영민 (2016), pp. 56–62의 내용을 정리하였음.

21) 민성길,『통일과 남북청소년』(서울: 연세대학교출판부, 2000), p. 159.

22) 서용석·문형만, "북한사회의 범죄,"『북한 사회론』(서울: 나남출판, 1994), pp. 226–228.

23) 양문수,『북한경제의 구조: 경제개발과 침체의 메커니즘』(서울: 서울대학교출판부, 2001).

24) 전병유,『북한의 시장·기업 개혁과 노동 인센티브 제도』(서울: 한국노동연구원, 2004).

25) 서재진,『또 하나의 북한사회』(서울: 나남출판, 1995).

26) 황진태·홍민·강채연·최용호,『팬데믹 시대 정책 환경 변화와 북한의 대응』(서울: 통일연구원, 2022), pp. 154–160.

27) 통일부,『2022 북한이탈주민 정착지원 실무편람』(서울: 통일부, 2022).

28) 남북하나재단,『2022 북한이탈주민 정착실태조사』(서울: 남북

하나재단, 2022).

29) 신하영·김영지, 『이주관점의 북한이탈여성 정책지원방안 연구』 (서울: 서울시여성가족재단, 2019), p. 80.

30) 정정애·손영철·이정화, "북한이탈주민의 탈북동기와 남한사회 적응에 관한 연구:적응유연성의 조절효과를 중심으로," 『통일정책연구』 제22권 2호 (2013).

31) 윤여상, 『북한이탈주민 사회통합을 위한 정책 개발』, (서울: 국회 외교통일위원회 정책연구, 2016).

3장   탈북 과정

1) "탈북 경로," https://namu.wiki/w/%ED%83%88%EB%B6%81 (검색일: 2023년 3월 26일)

2) "북 탈북자 집단입국 관련 베트남 비난," 『한국경제』, 2004년 8월 3일.

3) "'김정은 금고지기 사위' 北 전 쿠웨이트 대사대리도 한국행," 『서울신문』, 2021년 1월26일; "국정원, 탈북 조성길 이탈리아 떠나.. 어디선가 신변 보호," 『조선일보』, 2019년 8월1일.

4) 이애리아·박수성, "러시아 연해주 지역의 북한 노동자 현황 연구," 『현대북한연구』 제25권 2호 (2022).

5) "러시아 北 노동자 집단 탈북에 관계자 즉시 평양 소환," 『데일리NK』, 2016년 10월12일.

6) "러 외화벌이 북 9명 집단탈북 … 돈바스 끌려갈까봐," 『중앙일보』, 2023년 1월 25일.

7) "귀순 북한 병사 5~6곳 총상 … '생명엔 지장 없어'," 『연합뉴스』, 2017년 11월 14일.

8) "6년만에 일가족 목숨 건 귀 순…"北 극심한 식량난 때문인 듯," 『동아일보』, 2023년 5월 18일.

9) 통일연구원 (2012), pp. 429-431; 통일연구원, 『북한인권백서 2021』 (서울: 통일연구원, 2021), pp. 418-419; 이기현, "중국의 탈북자 정책 동학과 한국의 대응전략," 『통일정책연구』 제21

권 제2호 (2012).

10) 이규창, "무국적 탈북자 보호를 위한 법제도적 대응 방안 모색," 『통일정책연구』 제21권 1호 (2012), p. 219.

11) 이규창 (2012), pp. 219-220.

12) 조용관·김윤연, 『탈북자와 함께하는 통일』 (서울: 한울, 2009), pp. 19-20.

13) 주성하 (2022), pp. 61-64. pp. 181-187.

14) 안태윤·정요한, 『경기도 북한이탈여성 정착실태연구』 (경기: 경기도가족여성연구원, 2016), pp. 57-61.

15) 남북하나재단, 『북한이탈주민 정착실태조사 2022』 (서울: 남북하나재단, 2022), pp. 83-84.

16) 통일연구원, 『북한인권백서 2022』 (서울: 통일연구원, 2022).

17) 서보혁, "김정은 정권의 인권정책 10년: 추세와 함의," 『Online Series』 CO 21-09 (2021).

18) 송영훈, "해외체류 탈북자와 북한인권 개념의 복합구조: 국민, 난민, 이주민," 『다문화사회연구』 제9권 2호 (2016), p. 75.

19) 송영훈 (2016), pp. 85-89.

20) 김미주, 김석향, "중국 내 탈북여성·아동 인권침해 경험 분석." 『젠더와 문화』 제13권 2호 (2020).

21) 김미주·김석향 (2020), pp. 216-217.

22) 이규창 (2012), pp. 224-228.

23) 김용현, "탈북자 문제에 대한 북한의 입장과 대응," 『동향과 전망』 10호 (2005); 조정현, "국제기구를 통한 탈북자 보호에 대한 국제법적 고찰: UNHCR 및 UN 인권이사회를 중심으로," 『통일정책연구』 제19권 제2호 (2010); 이기현 (2012).

24) 통일연구원 (2021), p. 419, p. 426.

25) 이기현 (2012).

26) 조정현 (2010); 장복희, "북한이탈주민의 인권 보호," 『이화젠더법학』 제9집 2호 (2017).

제2부 | 탈북민들의 한국사회 정착

4장   탈북민 정착의 체계화

1) 통일부, 『북한이탈주민 정착지원 실무편람』 (서울: 통일부, 2022) 참조하여 작성.

2) 남북하나재단, 『2022 북한이탈주민 정착실태조사』 (2022).

3) 서울대 통일평화연구원, 『2022 통일의식조사』 (2022).

4) 통일부 (2022), pp. 24−26.

5) 윤여상 (2016), pp. 74−75.

6) 신하영·김영지, 『이주관점의 북한이탈여성 정책지원방안 연구』 (서울: 서울시여성가족재단, 2019), pp. 80−81.

7) 신하영·김영지 (2019), pp. 114−115.

8) 윤여상 (2016), pp. 56−57; 권숙도, "사회통합을 위한 북한이탈주민 정착지원체계 개선방안 제안," 『통일연구』 제22권 1호 (2018); 김화순, "분단체제 탈북민 정책의 인식과 이행과제: '배제적 통합'의 연속화에 대한 비판," 『이화젠더법학』 제11집 제3호 (2019), pp. 67−106; 김화순·최대석, "탈북이주민 정착정책의 인식과 과제: 정착지원을 넘어 사회통합으로," 『통일정책연구』 제20집 제2호(2011).

9) 남북하나재단, "미래행복통장 정착 주인공, 김주희 대표," 『동포사랑』 101호 (2022).

10) 남북하나재단, "정책을 실현하라. 그것이 정착이다," 『동포사랑』 103호 (2023).

11) 남북하나재단, 『북한이탈주민과 함께 한 10년』 (서울: 남북하나재단, 2020), pp. 46−67.

12) 남북하나재단, "영농정착사례," 『동포사랑』 104호 (2023).

13) 남북하나재단 (2020), pp. 56−57.

14) 박영자·현인애·김화순, 『북한주민의 임파워먼트: 주체의 동력』 (서울: 통일연구원, 2015), pp. 11−14.; 김안나·김효진·이은미, 『다시 하나되기: 북한이탈주민의 임파워먼트와 사회통합』 (서울: 공동체, 2020).

15) 주성하, 『북에서 온 이웃』 (서울: 휴먼앤북스, 2022), pp. 55-71.

16) 문은희·윤영, "중국 경유 탈북여성의 다중문식성(multiliteracies)에 관한 합의적 질적 연구," 『현대사회와 다문화』 제11권 1호 (2021).

17) 강동완, "국내 입국 탈북여성의 경계짓기: 직행과 중국행 사이의 차이를 중심으로," 『정치·정보연구』 제22권 1호 (2019); 신하영·김영지 (2019).

18) "주성하 기자의 북에서 온 이웃," 『동아일보』, 2022년 12월 6일.

19) 신하영, 김영지 (2019), p. 78.

20) 송현진·조현정, "북한이탈여성의 학습생애사를 통해 본 학습과 삶의 관계," 『통일인문학』 제88집 (2021)

21) 강채연, "북한이탈주민들의 정체성의 이주 패러다임에 관한 연구," 『다문화사회연구』 제11권 2호 (2018), pp. 25-26 재인용.

22) 조민희·유호열, "북한이탈주민의 취업지원제도 개선방안 연구," 『한국동북아논총』 24권 1호 (2019).

23) 박성재, "북한이탈주민의 한국사회 통합제고를 위한 취업지원제도 개선방안," 『노동 리뷰』 10월호 (2012).

24) 신효숙·김본영·김창환·이일현·최영준·권은성·장인숙·왕영민·강민주, 『북한이탈주민 정착 지표 연구(Ⅱ) 자립지표』, (서울: 남북하나재단, 2017).

5장   탈북민의 한국사회 정착과 부적응

1) "고독사 '탈북민 롤모델' 쓸쓸한 장례 … 하루 9명씩 죽는다. 아무도 모르게," 『중앙일보』 2022년 12월 24일.

2) 김현경·엄진섭·전우택, "북한이탈주민의 외상 경험 이후 심리적 성장," 『통일 실험, 그 7년』 (서울: 한울아카데미, 2010), pp. 226-253.

3) 이소희·이원웅·이해우·전진용·노진원·한우리, 『북한이탈주민 인권피해 트라우마 실태조사』 (서울: 국가인권위원회, 2017).

4) 성정현, "탈북여성들의 남한사회에서의 차별 경험과 트라우마 경험의 재현에 관한 탐색적 연구," 『한국콘텐츠학회논문지』 제

14권 5호 (2014), pp. 120–121.

5) 엄태완, "북한이탈주민의 남한이주 과정의 외상적 체험에 대한 현상학적 연구," 『한국사회복지학』 제61권 2호 (2009).

6) 김규보, "북한이탈주민의 사회적 트라우마와 긍휼의 실천," 『복음과 실천신학』 57권 (2020); 김경숙, "탈북여성의 가정폭력 경험과 트라우마에 관한 연구," 『한국기독교상담학회지』 제29권 3호 (2018).

7) 감희, 『북한 사람 이해하기』 (서울: 한울, 2021); 김경숙 (2018).

8) 김현경·전우택, "북한이탈주민의 삶이 질이 외상 경험 이후 심리적 성장에 미치는 영향," 『통일 실험, 그 7년』 (서울: 한울아카데미, 2010), pp. 260–292; 김현경·엄진섭·전우택 (2010), pp. 226–253.

9) 김현경·전우택 (2010), p. 288, p. 292.

10) 샤우나 샤피로 지음·박미경 옮김, 『마음챙김』 (서울: 로크미디어, 2022), pp. 52–54.

11) 심우찬·이순민, "탈북여성들이 경험하는 도덕적 손상에 관한 탐색적 연구," 『한국콘텐츠학회논문지』 제18권 4호 (2018), p. 647.

12) 남북하나재단 (2022).

13) 손명아·김석호, "북한이탈주민의 가족이주에 관한 연구: 연쇄이주 현상을 중심으로," 『한국인구학』 제40권 1호 (2017); 권금상, "이주과정으로 재구성된 탈북여성 가족의 현재성," 『통일인문학』 제86집 (2021); 이덕남, "북한이탈주민의 가족재구성 경험과정연구: 정책적 시사점 도출을 중심으로," 『한국컴퓨터정보학회논문지』 제18집 11호 (2013).

14) 신효숙 (2020).

15) 문은희·윤영 (2021).; 김현경, "제3국 출생 북한이탈주민 자녀의 삶의 제한성으로부터 가능성 연계과정에 관한 연구," 『젠더와 문화』 제8권 1호 (2015).

16) 김현경 (2015), p.185.

17) 김경미·김미영, "북한이탈 남성주민의 남한 사회에서의 적응경험," 『대한간호학회지』 제43권 3호, 2013; 조민희, "북한이탈주민 남성의 자기표상과 타인표상에 관한 연구," 『한국동북아논

총』, 제27권 4호, 2022; 오태봉. 『탈북남성의 사회적응 특성과 남성성』. 연세대학교 박사학위논문, 2020.

18) 김현경 (2015), pp. 185-186 수정 재인용.

19) 신효숙·조정아·윤상석·이강주·백민지, 『탈북청소년 남과 북 통합의 미래』(서울: 남북하나재단, 2015), pp. 96-111.

20) "평양 시민을 탈북민 대하듯? 통일 때려치우라 할 것, 영국에 거주하는 최승철 씨,"『프레시안』, 2019년 9월 18일.

21) "'제2의 임지현' 재입북자 명단과 재입북 사유," 『UPI뉴스』, 2020년 6월 3일; "먹고 살기 힘들어…'탈남'하는 북이탈주민 800명 안팎," 『국민일보』, 2022년 1월 9일; "통일부, 지난 10년간 재입북한 탈북민 31명 … 그들은 왜 다시 북으로 갔을까," 『BBC 코리아』, 2022년 9월 28일.

22) 통일연구원, 『2022 북한인권백서』(서울: 통일연구원, 2022), pp. 468-469.

23) 엄태완, "이주민으로서의 북한이탈주민 경험 연구 : 생존과 일상의 경계를 넘어,"『한국사회복지행정학』제18권 1호 (2016).

24) 신혜란, "동화-초국적주의 지정학: 런던 한인타운 내 한국인과의 교류 속 탈북민의 일상과 담론에서 나타난 재영토화,"『대한지리학회지』제53권 1호 (2018), p. 48.

25) 이수정·이우영, "영국 뉴몰든 코리아 타운 내 남한이주민과 북한난민 간의 관계와 상호인식,"『북한연구학회보』제18권 1호 (2014), pp.148-149, p.167.

26) 정병호 (2014).; 이수정·이우영 (2014).; 오원환, 『탈북청년의 정체성 연구: 탈북에서 탈남까지』, 고려대학교 박사학위논문 (2011).

27) 손명아·김석호. "북한이탈주민의 가족이주에 관한 연구: 연쇄이주 현상을 중심으로."『한국인구학』. 제40권 1호 (2017).

28) 이희영, "국제 인권장치와 비극의 서사:탈북난민들의 독일 이주에 대한 사례 연구를 중심으로,"『경제와 사회』제109호 (2016), pp. 219-223; 이희영, "(탈)분단과 국제이주의 행위자 네트워크: '여행하는' 탈북 난민들의 삶과 인권에 대한 사례연구,"『북한연구학회보』제17권 1호 (2013).

29) 정병호 (2014).

제3부 | 탈북민들의 한국사회 정착

6장 탈북민과 한국인의 사회통합 과제

1) 주승현, 『조난자들』 (서울: 생각의 힘, 2018), pp. 88-89.
2) 모춘흥·이상원, "타자와의 조우: 북한이탈주민의 존재성과 분단체제의 현실 이해," 『문화와 정치』 제6집 1호 (2019); 이병수, "탈북자 가치관의 이중성과 정체성의 분화," 『통일인문학』 제59집 (2014).
3) 김성경, "분단체제가 만들어낸 '이방인', 탈북자: 탈냉전과 대량 탈북시대에 남한 사회에서 '탈북자'라는 위치의 한계와 가능성," 『북한학연구』 제10권 1호 (2014).
4) 이병수 (2014), pp. 138-145.
5) 이병수 (2014), pp. 138-145; 엄태완, "남북주민 갈등에 관한 아비투스 맥락의 새로운 해명," 『다문화사회연구』 제14집 2호 (2021).
6) 백낙청, 『흔들리는 분단체제』 (서울: 창작과 비평사, 1998), p. 18.
7) 안승대, "분단구조와 분단의식 극복을 위한 통일교육의 과제," 『통일인문학』 제54권 (2012).
8) 이기호, "냉전체제, 분단체제, 전후체제의 복합성과 '한반도 문제'에 대한 재성찰," 『민주사회와 정책연구』 29호 (2016), p. 255.
9) 김성경, "분단체제에서 사회 만들기," 『창작과 비평』 제46권 1호 (2018).
10) 권혁범, "한반도 분단현실과 통일교육의 방향", 『한국정치학회 춘계학술회의 자료』 (2000); 문아영·이대훈, 『분단체제를 살아내며 넘나드는 탈분단 평화교육』 (서울: 피스모모, 2019); 허지영, "고질갈등 이론을 통해 살펴본 한반도 갈등과 갈등의 평화적 전환 접근 방안 연구," 『평화학연구』 제22권 1호 (2021); 안승대 (2012).
11) "한국 온 탈북자 3만 명 … 함께 살 준비 됐나요," 『동아일보』, 2016년 7월 23일.

12) 서울대 통일평화연구원 (2022); 남북하나재단, 『2022 북한이탈주민 사회통합조사』(2022).

13) 유시은·아리모토 슌·김윤영 외, 『북한이탈주민 인식개선 및 사회통합을 위한 갈등사례 심층연구』(서울: 남북하나재단, 2018).

14) 신효숙·황봉연·김보연·기자희·조민희·홍희경, 『남북소통 이야기: 사회통합교육 프로그램』(서울: 남북하나재단, 2020), pp. 9–10.

15) 엄태완, "남북주민 갈등에 관한 아비투스 맥락의 새로운 해명," 『다문화사회연구』. 제14권 2호(2021), pp. 48–51.

16) 전영선, 『북한의 언어』(서울: 에스에이치미디어, 2013).

17) 이병수 (2014).

18) 정영선, "북한이탈청년이 인식하는 차별 경험에 대한 현상학적 연구," 『한국청소년연구』 제29집 4호 (2018).

19) 이병수 (2014).

20) 주승현, 『조난자들』(서울: 생각의 힘, 2018), p. 122.

21) 강동완, "국내 입국 탈북여성의 경계짓기: 직행과 중국행 사이의 차이를 중심으로," 『정치·정보연구』 제22권 1호 (2019).

22) 김성경 (2014).

23) 이희영, "새로운 시민의 참여와 인정투쟁: 북한이탈주민의 정체성 구성에 대한 구술 사례연구," 『한국사회학』 제44집 1호(2010), p. 306.: 이희영 (2012), pp. 212–214.

24) 강진웅, "한국 시민이 된다는 것: 한국의 규율적 가버넌스와 탈북 정착자들의 정체성 분화," 『한국사회학』 제45집 1호 (2011).

25) 이병수 (2014), pp. 138–145.

26) 정병호 (2014).

27) 강진웅, "한국사회의 종족적 민족주의와 다문화 통일교육," 『교육문화연구』 제21집 3호 (2015), p. 255.

28) 이희영 (2010), p. 238.

29) 이형종, "마음의 연대를 위한 공감의 실천: 북한이탈주민의 '공감험'에 대한 분석을 통해," 『문화와 정치』 제6권 3호 (2019).

30) 홍용표·모춘흥, "탈북민에 대한 환대 가능성 탐색," 『통일인문학』 제78집 (2019); 모춘흥·이상원 (2019).

31) 김성경, "북한 출신자와 사회 만들기: 호혜성과 환대의 가능성," 『문화와 정치』 제5권 1호(2018).

32) 신효숙, "한반도 평화교육의 방향 탐색: 남북한 주민 갈등과 통합교육을 위한 제언." 『기독교와 통일』 제14권 1호 (2023), pp. 48-51. 남북주민 통합교육의 방향을 정리하였음.

7장   정착, 통합, 한반도 통일

1) 통일부, 『2008 북한이탈주민 정착지원업무 실무편람』 (서울: 통일부, 2008).

2) 통일부, 『2007 통일백서』 (서울: 통일부, 2007).

3) 이지연, "탈북민의 북한 가족 송금의 수행성과 분단 통치성," 『경제와 사회』 제124호 (2019), pp. 248-249.

4) 김성경 (2014).

5) "고향에 보내주세요, 탈북민 김련희씨 적십자에 북송 요구," 『연합뉴스』, 2018년 6월 22일.

6) 장복희, "북한이탈주민의 인권 보호," 『이화젠더법학』, 제9집 2호 (2017), pp. 144-145.

7) 신효숙·김창환·왕영민 (2016), pp.69-72의 내용을 정리하였음.

8) "탈북은 '다문화 이민' 아니다," 『조선일보』, 2013년 11월 19일.

9) 이병수 (2014), pp. 138-145.

10) 엄태완 (2021), pp. 67-70.

11) 통일부, 『2022 북한이탈주민 정착지원 실무편람』 (서울: 통일부, 2022), p. 8.

12) 박영자, "다문화시대 한반도 통일·통합의 가치 및 정책방향: '상호문화주의' 시각과 교훈을 중심으로," 『국제관계연구』 제17권 1호 (2012), p. 303.

13) 오경섭, "한국의 다문화주의: 특징과 과제," 『e-Journal Homo Migrans』 Vol.1 (2009); 윤인진, "한국적 다문화주의의 전개와 특성: 국가와 시민사회의 관계를 중심으로," 『한국사회학』 제42

권 2호 (2008).

14) 강진웅 (2015), p. 254.

15) 김성경 (2014), p.62.

16) 박영자 (2012).

17) 윤인진, "민족문제의 재성찰: 민족주의와 국민정체성," 『한국사회학회심포지엄』(2005).

18) 김창근, "다문화시대의 '민족주의'와 통일교육," 『한국윤리학회』 77집 (2010).

19) 허준영. "북한이탈주민 사회통합정책 방안 모색: 서독의 갈등관리에 대한 비판적 검토," 『통일정책연구』 제21권 1호 (2012), pp. 291-293.

20) 신효숙·김창환·설동훈·채정민·장인숙·왕영민. 『북한이탈주민 정착 지표·지수 모형 및 측정도구 개발』 (서울:남북하나재단, 2016).

21) 김영수, "남북한 사회통합 비전 나누기," 『북한이탈주민 정착지원 전문관리사 과정 자료집』 (서울: 남북하나재단, 2019), p. 79.

22) 김영수 (2019), p.80.

23) 마석훈, 『우리가 만난 통일, 북조선 아이』 (서울: 필요한책, 2018), p. 254.

24) 마석훈 (2018), p. 253.

25) 마석훈 (2018), pp. 256-257.

26) 엄태완 (2021), p. 73; 이병수 (2014), pp. 146-147.

27) 윤보영 (2015), p. 211.

28) 이병수 (2014), pp. 146-147.

참고문헌

감희. 『북한 사람 이해하기』. 서울: 한울, 2021.

강동완. "국내 입국 탈북여성의 경계짓기: 직행과 중국행 사이의 차이를 중심으로." 『정치·정보연구』 제22권 1호 (2019).

강진웅. "한국사회의 종족적 민족주의와 다문화 통일교육." 『교육문화연구』 제21집 3호 (2015).

_____. "한국 시민이 된다는 것: 한국의 규율적 가버넌스와 탈북 정착자들의 정체성 분화." 『한국사회학』 제45집 1호 (2011).

강채연. "북한이탈주민들의 정체성의 이주 패러다임에 관한 연구." 『다문화사회연구』 제11권 2호 (2018).

권금상. "이주과정으로 재구성된 탈북여성 가족의 현재성." 『통일인문학』 제86집 (2021).

권숙도. "사회통합을 위한 북한이탈주민 정착지원체계 개선방안 제안." 『통일연구』 제22권 1호 (2018)

권혁범. "한반도 분단현실과 통일교육의 방향." 『2000년도 한국정치학회 춘계학술회의』 2000.

김경숙. "탈북여성의 가정폭력 경험과 트라우마에 관한 연구." 『한국기독교상담학회지』 제29권 3호 (2018).

김규보. "북한이탈주민의 사회적 트라우마와 긍휼의 실천." 『복음과 실천신학』 제57권 (2020).

김미주·김석향. "중국 내 탈북여성·아동 인권침해 경험 분석." 『젠더와 문화』 제13권 2호 (2020).

김성경. "경험되는 북·중 경계지역과 이동경로: 북한이탈주민의 경계 넘기와 초국적 민족 공간의 경계 확장." 『공간과사회』 제22권 2호 (2012).

_____. "북한이탈주민의 월경과 북·중 경계지역." 『한국사회학』 제 47권 1호 (2013).

_____. "북한 출신자와 '사회 만들기' 호혜성과 환대의 가능성." 『문화와 정치』 제5권 1호 (2018).

_____. "분단체제가 만들어낸 '이방인' 탈북자 : 탈냉전과 대량탈북 시대에 남한 사회에서 '탈북자'라는 위치의 한계와 가능성." 『북한학연구』 제10권 1호 (2014).

_____. "분단체제에서 사회 만들기." 『창작과 비평』 제46권 1호 (2018).

김안나·김효진·이은미. 『다시 하나되기: 북한이탈주민의 임파워먼트와 사회통합』. 서울: 공동체, 2020.

김영수. "남북한 사회통합 비전 나누기." 『북한이탈주민 정착지원 전문관리사 과정 자료집』. 서울: 남북하나재단, 2019.

김영희·김병욱. "북한 경제난의 원인과 실태." 『탈북자와 함께 본 북한사회』. 서울: 오름, 2012.

김용현. "탈북자 문제에 대한 북한의 입장과 대응." 『동향과 전망』 10호 (2005).

김창근. "다문화시대의 '민족주의'와 통일교육." 『한국윤리학회』 77집 (2010).

김태훈·김영순. "남북한 통일교육 강사의 협업 경험에 관한 상호문화교육적 의미." 『한국교육문제연구』 제39권 2호 (2021).

김현경. "제3국 출생 북한이탈주민 자녀의 삶의 제한성으로부터 가능성 연계과정에 관한 연구." 『젠더와 문화』 제8권 1호 (2015).

김현경·엄진섭·전우택. "북한이탈주민의 외상 경험 이후 심리적 성장." 『통일 실험, 그 7년』. 서울: 한울아카데미, 2010.

김현경·전우택. "북한이탈주민의 삶의 질이 외상 경험 이후 심리적 성장에 미치는 영향." 『통일 실험, 그 7년』. 서울: 한울아카데미, 2010.

김화순. "분단체제 탈북민 정책의 인식과 이행과제: '배제적 통합'의 연속화에 대한 비판." 『이화젠더법학』 제11집 제3호 (2019).

김화순·최대석. "탈북이주민 정착정책의 인식과 과제: 정착지원을 넘어 사회통합으로." 『통일정책연구』 제20집 제2호 (2011).

남북하나재단. 『2022 북한이탈주민 사회통합조사』. 서울: 남북하나재단, 2022.

_____. 『2022 북한이탈주민 정착실태조사』. 서울: 남북하나재단, 2022.

_____. "미래행복통장 정착 주인공, 김주희 대표." 『동포사랑』 101호 (2022)

_____. 『북한이탈주민과 함께 한 10년』. 서울: 남북하나재단, 2020.

_____. "영농정착사례." 『동포사랑』 104호 (2023).

_____. "정책을 실현하라. 그것이 정착이다." 『동포사랑』 103호 (2023).

마석훈. 『우리가 만난 통일, 북조선 아이』. 서울: 필요한책, 2018.

모춘흥·이상원. "타자와의 조우: 북한이탈주민의 존재성과 분단체제의 현실 이해." 『문화와 정치』 제6집 1호 (2019)

문은희·윤영. "중국 경유 탈북여성의 다중문식성(multiliteracies)에 관한 합의적 질적 연구." 『현대사회와 다문화』 제11권 1호 (2021).

민성길. 『통일과 남북청소년』. 서울: 연세대학교출판부, 2000.

박명규, 김병로, 김수암, 송영훈, 양운철. 『노스코리안 디아스포라: 북한주민의 해외탈북이주와 정착실태』. 서울: 서울대학교 통일평화연구원, 2012.

박성재. "북한이탈주민의 한국사회 통합제고를 위한 취업지원제도 개선방안." 『노동 리뷰』 10월호 (2012).

박영자·현인애·김화순. 『북한주민의 임파워먼트: 주체의 동력』. 서울: 통일연구원, 2015.

박정진. "갈등전환이론에 대한 검토:이론의 고찰과 보완을 통한 한반도 분단 갈등에의 적용 가능성." 『동서연구』 제24권 4호 (2012).

박종수. 『현대 북러관계의 이해』. 서울: 명인문화사, 2021.

백낙청. 『흔들리는 분단체제』. 서울: 창작과 비평사, 1998.

서보혁. "김정은 정권의 인권정책 10년: 추세와 함의." 『Online Series』. CO 21-09, 2021.

서용석·문형만. "북한사회의 범죄." 『북한 사회론』. 서울: 나남출판,

1994.

서재진.『또 하나의 북한사회』. 서울: 나남출판, 1995.

성정현. "탈북여성들의 남한사회에서의 차별 경험과 트라우마 경험의 재현에 관한 탐색적 연구."『한국콘텐츠학회논문지』제14권 5호 (2014).

손명아·김석호. "북한이탈주민의 가족이주에 관한 연구:연쇄이주 현상을 중심으로."『한국인구학』제40권 1호 (2017)

송영훈. "해외체류 탈북자와 북한인권 개념의 복합구조:국민, 난민, 이주민."『다문화사회연구』제9권 2호 (2016).

송현진·조현정. "북한이탈여성의 학습생애사를 통해 본 학습과 삶의 관계."『통일인문학』제88집 (2021)

신하영·김영지.『이주관점의 북한이탈여성 정책지원방안 연구』. 서울: 서울시여성가족재단, 2019.

신혜란. "동화-초국적주의 지정학: 런던 한인타운 내 한국인과의 교류 속 탈북민의 일상과 담론에서 나타난 재영토화."『대한지리학회지』제53권 1호 (2018).

신효숙. "북한 사회의 특성과 북한청소년의 일탈행동."『아시아교정포럼』제3권 1호(2009).

_____. "북한이탈여성의 초국적 이주와 가치관 형성: 북한 학교교육 경험 및 중국-남한으로 이주와 경험을 중심으로."『통일교육연구』제17권 2호 (2020).

_____. "한반도 평화교육의 방향 탐색: 남북한 주민 갈등과 통합교육을 위한 제언."『기독교와 통일』제14권 1호 (2023).

신효숙·김본영·김창환·이일현·최영준·권은성·장인숙·왕영민·강민주.『북한이탈주민 정착 지표 연구(Ⅱ) 자립지표』. 서울: 남북하나재단, 2017.

신효숙·김창환·왕영민. "북한주민, 탈북자, 북한이탈주민 : 시공간적 경험공유집단 분석을 통한 북한이탈주민 속성 재해석."『통일인문학』제67집 (2016).

신효숙·조정아·윤상석·이강주·백민지.『탈북청소년 남과 북 통합의 미래』. 서울: 남북하나재단, 2015.

신효숙·황봉연·김보연·기자희·조민희·홍희경. 『남북소통 이야기: 사회통합교육 프로그램』. 서울: 남북하나재단, 2020.

심우찬·이순민. "탈북여성들이 경험하는 도덕적 손상에 관한 탐색적 연구." 『한국콘텐츠학회논문지』 제18권 4호 (2018).

안승대. "분단구조와 분단의식 극복을 위한 통일교육의 과제." 『통일인문학』 제54권 (2012).

안태윤·정요한. 『경기도 북한이탈여성 정착실태연구』. 경기: 경기도가족여성연구원, 2016.

양문수. 『북한경제의 구조: 경제개발과 침체의 메커니즘』. 서울: 서울대학교출판부, 2001.

엄태완. "남북주민 갈등에 관한 아비투스 맥락의 새로운 해명." 『다문화사회연구』 제14집 2호 (2021).

_____. "북한이탈주민의 남한이주 과정의 외상적 체험에 대한 현상학적 연구." 『한국사회복지학』 제61권 2호 (2009).

_____. "이주민으로서의 북한이탈주민 경험 연구 : 생존과 일상의 경계를 넘어." 『한국사회복지행정학』 제18권 1호 (2016).

여현철. "북한이탈주민들의 사회 적응에 관한 연구: 40대 북한이탈주민 대상 심층면접을 중심으로." 『사회사상과 문화』 제18권 3호 (2015).

오원환. 『탈북청년의 정체성 연구: 탈북에서 탈남까지』. 고려대학교 박사학위논문, 2011.

오태봉. 『탈북남성의 사회적응 특성과 남성성』. 연세대학교 박사학위논문, 2020.

윤보영. "경계인 이론을 통한 남한 정착 북한이탈주민 이해에 관한 연구." 『사회과학연구』 제22집 3호 (2015).

윤여상. 『북한이탈주민 사회통합을 위한 정책 개발』. 서울: 국회 외교통일위원회 정책연구, 2016.

윤인진. "민족문제의 재성찰: 민족주의와 국민정체성." 『한국사회학회심포지엄』 (2005).

_____. 『북한이주민:생활과 의식, 그리고 정착지원정책』. 서울: 집문당, 2009.

이규창. "무국적 탈북자 보호를 위한 법제도적 대응 방안 모색." 『통일정책연구』 제21권 1호 (2012).

이금순. 『북한주민의 국경이동실태: 변화와 전망』. 서울: 통일연구원, 2005.

이기현. "중국의 탈북자 정책 동학과 한국의 대응전략." 『통일정책연구』 제21집 2호 (2012).

이기호. "냉전체제, 분단체제, 전후체제의 복합성과 '한반도 문제'에 대한 재성찰." 『민주사회와 정책연구』 29호 (2016).

이덕남. "북한이탈주민의 가족재구성 경험과정연구: 정책적시사점 도출을 중심으로." 『한국컴퓨터정보학회논문지』 제18집 11호 (2013).

이민영. "북한이탈주민과 남한주민 부부의 갈등과 타협 경험에 관한 질적 연구." 『한국사회복지질적연구』 제3권 2호 (2009).

이병수. "탈북자 가치관의 이중성과 정체성의 분화." 『통일인문학』 제59집 (2014).

이소희·이원웅·이해우·전진용·노진원·한우리. 『북한이탈주민 인권피해 트라우마 실태조사』. 서울: 국가인권위원회, 2017.

이수정·이우영. "영국 뉴몰든 코리아 타운 내 남한이주민과 북한난민 간의 관계와 상호인식." 『북한연구학회보』 제18권 1호 (2014).

이애리아·박수성. "러시아 연해주 지역의 북한 노동자 현황 연구." 『현대북한연구』 제25권 2호 (2022).

이지연. "탈북민의 북한 가족 송금의 수행성과 분단 통치성." 『경제와사회』 제124호 (2019).

이형종. "마음의 연대를 위한 공감의 실천: 북한이탈주민의 '공감경험'에 대한 분석을 통해." 『문화와 정치』 제6권 3호 (2019).

_____. 『북한 사회주의심리학의 이해』. 서울: 경남대 극동문제연구소, 2022.

이희영. "국제 인권장치와 비극의 서사:탈북난민들의 독일 이주에 대한 사례 연구를 중심으로." 『경제와 사회』 제109호 (2016).

_____. "새로운 시민의 참여와 인정투쟁:북한이탈주민의 정체성 구성에 대한 구술 사례연구." 『한국사회학』 제44권 1호 (2010).

_____. "탈북-결혼이주-이주노동의 교차적 경험과 정체성 변위: 북한 여성의 생애사 분석을 중심으로."『현대사회와다문화』제6집 (2012).

_____. "(탈)분단과 국제이주의 행위자 네트워크: '여행하는' 탈북난민들의 삶과 인권에 대한 사례연구."『북한연구학회보』제17권 1호 (2013).

장명선·김선욱. "북한이탈주민정착지원 법제의 쟁점과 과제-젠더적 관점을 중심으로."『법학논총』제29권 3호 (2017).

장복희. "북한이탈주민의 인권 보호."『이화젠더법학』제9집 2호 (2017).

전병유.『북한의 시장·기업 개혁과 노동 인센티브 제도』서울: 한국노동연구원, 2004.

전영선.『북한의 언어』. 서울: 에스에이치미디어, 2013.

정병호. "냉전 정치와 북한 이주민의 침투성 초국가 전략."『현대북한연구』제17권 1호 (2014).

정영선. "북한이탈청년이 인식하는 차별 경험에 대한 현상학적 연구."『한국청소년연구』제29집 4호 (2018).

정정애·손영철·이정화. "북한이탈주민의 탈북동기와 남한사회적응에 관한 연구: 적응유연성의 조절효과를 중심으로."『통일정책연구』제22권 2호 (2013).

정주진. "평화연구로서의 갈등해결 연구."『통일과 평화』제5권 1호 (2013).

조민희. "북한이탈주민 남성의 자기표상과 타인표상에 관한 연구."『한국동북아논총』제27권 4호 (2022).

조민희·유호열. "북한이탈주민의 취업지원제도 개선방안 연구."『한국동북아논총』24권 1호 (2019).

조용관·김윤영.『탈북자와 함께하는 통일』. 서울: 한울, 2009.

조정아. "탈북청소년의 경계 경험과 정체성."『현대북한연구』제17권. 제1호 (2014).

조정현. "국제기구를 통한 탈북자 보호에 대한 국제법적 고찰: UNHCR 및 UN 인권이사회를 중심으로."『통일정책연구』제19

권 제2호 (2010).

존 폴 레더락 지음. 박지호 옮김. 『갈등을 바라보는 새로운 패러다임 갈등전환』. 서울: 대장간, 2014.

주성하. 『북에서 온 이웃』. 서울: 휴먼앤북스, 2022.

주승현. 『조난자들』. 서울: 생각의 힘, 2018.

진미정·김상하. "북한이탈주민의 가족 이주 특성과 유형." 『한국가정관리학회 학술발표대회 자료집』 (2015).

통일교육원. 『북한이해 2010』. 서울: 통일교육원, 2010.

통일부. 『2022 북한이탈주민 정착지원 실무편람』. 서울: 통일부, 2022.

통일연구원. 『2012 북한인권백서』. 서울: 통일연구원, 2012.

_____. 『2021 북한인권백서』. 서울: 통일연구원, 2021.

_____. 『2022 북한인권백서』. 서울: 통일연구원, 2022.

한명진. "북한이탈주민의 사회통합을 위한 법정책적 고찰-북한이탈주민의 보호 및 정착지원에 관한 법률의 내용을 중심으로." 『공법학연구』 제21권 1호 (2020).

한희원. "새로운 환경에 따른 북한인권법의 제정과 탈북자의 난민성에 대한 고찰." 『법학연구』 제50권 (2013)

허준영. "북한이탈주민 사회통합정책 방안 모색 : 서독의 갈등관리에 대한 비판적 검토." 『통일정책연구』 제21권 1호 (2012)

허지영. "고질갈등 이론을 통해 살펴본 한반도 갈등과 갈등의 평화적 전환 접근 방안 연구." 『평화학연구』 제22권 1호 (2021).

홍용표·모춘흥. "탈북민에 대한 환대 가능성 탐색." 『통일인문학』 제78집 (2019).

황진태·홍민·강채연·최용호. 『팬데믹 시대 정책 환경 변화와 북한의 대응』. 서울: 통일연구원, 2022.

"6년만에 일가족 목숨 건 귀순… 北 극심한 식량난 때문인 듯." 『동아일보』. 2023년 5월 18일.

"고독사 '탈북민 롤모델' 쓸쓸한 장례 … 하루 9명씩 죽는다. 아무도 모르게."『중앙일보』. 2022년 12월 24일.

"고향에 보내주세요. 탈북민 김련희씨 적십자에 북송 요구."『연합뉴스』. 2018년 6월 22일.

"국정원, 탈북 조성길 이탈리아 떠나.. 어디선가 신변 보호."『조선일보』. 2019년 8월 1일.

"귀순 북한 병사 5~6곳 총상 … '생명엔 지장 없어'."『연합뉴스』. 2017년 11월 14일.

"'김정은 금고지기 사위' 北 전 쿠웨이트 대사대리도 한국행."『서울신문』. 2021년 1월26일.

"러 외화벌이 북 9명 집단탈북 … 돈바스 끌려갈까봐."『중앙일보』. 2023년 1월 25일.

"러시아 北 노동자 집단 탈북에 관계자 즉시 평양 소환."『데일리NK』. 2016년 10월12일.

"먹고 살기 힘들어…'탈남'하는 북이탈주민 800명 안팎."『국민일보』. 2022년 1월 9일.

"북 탈북자 집단입국 관련 베트남 비난."『한국경제』. 2004년 8월 3일.

"'제2의 임지현' 재입북자 명단과 재입북 사유."『UPI뉴스』. 2020년 6월 3일.

"주성하 기자의 북에서 온 이웃."『동아일보』. 2022년 12월 6일.

"탈북 경로," https://namu.wiki/w/%ED%83%88%EB%B6%81 (검색일: 2023.03.26)

"탈북민 출신 1호 변호사 이영현."『법률신문』. 2022년 8월 15일.

"탈북은 '다문화 이민' 아니다."『조선일보』. 2013년 11월 19일.

"통일부, 지난 10년간 재입북한 탈북민 31명 … 그들은 왜 다시 북으로 갔을까."『BBC 코리아』. 2022년 9월 28일.

"평양 시민을 탈북민 대하듯? 통일 때려치우라 할 것, 영국에 거주하는 최승철 씨."『프레시안』. 2019년 9월 18일.

"한국 온 탈북자 3만명 … 함께 살 준비 됐나요."『동아일보』. 2016년 7월 23일.

찾아보기

저자소개

신효숙 (shsuk13@hanmail.net)

고려대학교 교육학과 졸업
한국학중앙연구원 대학원 석·박사(철학박사)

현 북한대학원대학교 겸임교수
   통일부 통일교육위원, (사)한반도평화연구원 연구위원,
   (사)한국통일교육학회 부회장 등

남북하나재단 교육지원부장
민주평화통일자문회의 상임위원
한국교육개발원 부연구위원, 탈북청소년교육지원센터 팀장
고려대, 동국대, 서강대, 숭실대 등 시간강사 역임

주요 논저
『소련군정기 북한의 교육』(교육과학사)
"한반도 평화교육의 방향 탐색: 남북한 주민 갈등과 통합교육을
   위한 제언" (기독교와 통일)
"북한이탈여성의 초국적 이주와 가치관 형성" (통일교육연구)
"북한주민, 탈북자, 북한이탈주민" (공저, 통일인문학)
『남북 소통이야기: 사회통합교육 프로그램』(공저, 남북하나재단)
『체제전환국의 경험과 북한의 교육개혁 방안』(공저, 한울 아카
   데미) 외 다수

자본주의
· David Coates 지음 | 심양섭 옮김
· ISBN: 978-89-92803-98-4 | 가격: 13,000원

1. 자본주의란 무엇인가? / 2. 위로부터의 자본주의 /
3. 아래로부터의 자본주의 / 4. 자본주의 논쟁 / 5. 자본
주의와 그 결과 / 6. 자본주의와 그 미래

신자유주의
· Damien Cahill & Martijn Konings 지음 |
  최영미 옮김
· ISBN: 979-11-6193-012-1 | 가격: 12,000원

1. 신자유주의의 역사적 관점 / 2. 신자유주의 금융 /
3. 노동과 복지 / 4. 기업 권력 / 5. 권력, 불평등,
그리고 민주주의 / 6. 위기와 복원

사회주의
· Peter Lamb 지음 | 김유원 옮김
· ISBN: 979-11-6193-052-7 | 가격: 14,000원

1. 서론 / 2. 자유, 평등, 공동체 / 3. 국가와 경제 /
4. 정치적 그리고 사회적 변화 / 5. 사회주의적 사회를
위한 청사진들 / 6. 결론

정치철학
· Charles Larmore 지음 | 장동진 옮김
· ISBN: 979-11-6193-068-8 | 가격: 19,000원

서론 / 1. 정치철학과 도덕철학의 관계 / 2. 정치적 현실
주의에서 진리 / 3. 정치적 자유주의와 정당성 / 결론

세계무역기구: 법, 경제, 정치

· Bernard M. Hoekman & Petros C. Mavroidis 지음
  김치욱 옮김
· ISBN: 979-11-6193-063-3 | 가격: 17,000원

서론 / 1. 세계무역체제의 간단한 역사 / 2. 세계무역
기구의 개요 / 3. 상품무역 / 4. 서비스, 지적재산권과
복수국 간 협정 / 5. 분쟁해결과 투명성 / 6. 개발도상국
과 다자무역체제 / 7. 세계무역체제의 쇠퇴?

정치사회학

· Elisabeth S. Clemens 지음 | 박기덕 옮김
· ISBN: 979-11-6193-020-6 | 가격: 12,000원

서론 / 1. 권력과 정치 / 2. 국가, 제국, 민족국가 / 3. 체제와
혁명 / 4. 민주정치에서 항의와 투표 / 5. 국가의 재소환 /
6. 사회운동과 사회변화 / 7. 초국적주의와 정치질서의
미래(들)

문화정책

· David Bell & Kate Oakl 지음 | 조동준, 박 선 옮김
· ISBN: 979-11-6193-057-2 | 가격: 15,000원

1. 서론 / 2. 문화정책에서 문화 / 3. 문화정책에서 정책 /
4. 도시 문화정책 / 5. 국가 문화정책 / 6. 국제 문화정책

세계질서의 미래

· Amitav Acharya 지음 | 마상윤 옮김
· ISBN: 978-89-92803-92-2 | 가격: 9,800원

1. 복합적 세계 / 2. 단극순간의 등장과 쇠퇴 / 3. 자유
주의적 패권의 신화 / 4. 신흥국들: 나머지의 부상? / 5.
지역적 세계들 / 6. 부딪히는 세계들

일본의 정치체제와 제도

· 한의석 지음
· ISBN: 979-11-6193-035-0 | 가격: 13,000원

1. 서론: 일본과 일본정치 / 1부 일본정치의 변천 / 2. 근대
일본의 형성과 제국주의 / 3. 전후 일본의 정치와 55년
체제 / 4. 탈냉전과 세계화 시대의 일본 / 2부 일본정치의
제도와 구조 / 5. 선거와 정당 / 6. 정부와 관료제 / 7. 정치
문화와 시민사회 / 3부 일본정치의 현안과 쟁점 / 8. 정치
경제 / 9. 헌법과 개헌논쟁 / 10. 외교안보 / 11. 미일동맹과
중일관계 / 12. 한일관계 / 13. 결론

한반도 평화: 분단과 통일의 현실 이해

· 김학성 지음
· ISBN: 979-11-6193-049-7 | 가격: 13,000원

1. 서론 / 1부 평화란 무엇인가? / 2. 평화에 대한 다양한
시각 / 3. 한반도 문제의 구조와 평화의 조건 / 2부 한반도
분단현실과 평화 요구 / 4. 동북아 지역의 협력과 갈등,
그리고 지역질서의 변화 / 5. 남북한 사이의 대결과 협력 /
6. 남남갈등: 경쟁하는 통일담론의 정치화 / 3부 한반도
평화와 통일을 위한 실천 과제들 / 7. 평화적 국제환경 조성:
비핵화와 평화체제 구축 / 8. 남북관계의 제도적 발전:
분단의 평화적 관리를 위한 기반 / 9. 올바른 통일준비: 내적
통일역량의 증대 / 10. 결론: 무엇을 어떻게 할 것인가?

중일관계: 3M의 권력정치

· Giulio Pugliese & Aurelio Insisa 지음 | 최은봉 옮김
· ISBN: 979-11-6193-023-7 | 가격: 13,000원

1. 서론: 미래로의 회귀? 역사를 기념하는 해에 들려오는
중국과 일본이 치는 북소리 / 2. 중일 정체성의 정치 이면에
숨겨진 힘의 정치 / 3. 센카쿠/댜오위다오 섬 분쟁: 이동
하는 힘의 축의 반영 / 4. 힘(Might): 중일관계 속에서
균형 유지의 중요성 / 5. 돈(Money): 중일의 경제적 경쟁
관계와 경제 국정운영 기술 / 6. 정신(기, Minds): 중국의
프로파간다 공격과 일본의 대응 / 7. 결론: 중일관계의
적대의식은 지속될 것인가?